ANTES DE DIZER ADEUS

Susan Spencer-Wendel

com Bret Witter

ANTES DE DIZER ADEUS

SEXTANTE

Título original: *Until I Say Good-Bye*

tradução: Vera Ribeiro
preparo de originais: Rafaella Lemos
revisão: Ana Grillo e Juliana Souza
projeto gráfico e diagramação: Ilustrarte Design e Produção Editorial
capa: Miriam Lerner
imagem de capa: AleksandarNakic / iStock
impressão e acabamento: Bartira Gráfica e Editora S/A

CIP-BRASIL. CATALOGAÇÃO NA PUBLICAÇÃO
SINDICATO NACIONAL DOS EDITORES DE LIVROS, RJ

S729a

Spencer-Wendel, Susan
Antes de dizer adeus / Susan Spencer-Wendel, Bret Witter [tradução de Vera Ribeiro]; Rio de Janeiro: Sextante, 2014.
336 p.; 14 x 21 cm.

Tradução de: Until I say good-bye
ISBN 978-85-431-0038-8

1. Habilidades de vida. 2. Conduta. 3. Esclerose lateral amiotrófica. 4. Biografia. I. Witter, Bret. II. Título.

14-08985 CDD: 158.1
CDU: 159.947

GMT Editores Ltda.
Rua Voluntários da Pátria, 45 – Gr. 1.404
Botafogo – 22270-000 – Rio de Janeiro – RJ
Tel.: (21) 2538-4100 – Fax: (21) 2286-9244
E-mail: atendimento@esextante.com.br
www.sextante.com.br

Para Stephanie,
que Deus me concedeu como irmã

Feliz o homem

Feliz o homem, e feliz apenas ele,
Que pode afirmar que o hoje lhe pertence.
Que, em seu íntimo, pode dizer
Por pior que seja o amanhã, hoje eu vivi.
Seja bom ou ruim, chova ou faça sol,
As alegrias que tive, apesar do destino, são minhas.
Nem mesmo o Céu sobre o passado tem poder,
O que passou passou, e eu tive o meu prazer.

– John Dryden

Introdução: Um beijo no golfinho

Meu filho Wesley queria nadar com os golfinhos. Ele ia fazer 9 anos no dia 9 do mês nove – 9 de setembro de 2012 – e esse foi seu pedido especial.

Eu havia prometido uma viagem a cada um dos meus três filhos, para o destino que cada um deles escolhesse. Um momento de união. Uma oportunidade de plantar lembranças.

Um presente para eles – e para mim.

Em julho, fui a Nova York com Marina, minha filha adolescente. Em agosto, nossa família passou uma semana na ilha Sanibel, na costa oeste da Flórida, a pedido de Aubrey, meu filho de 11 anos.

As viagens faziam parte de um plano maior: um ano completamente dedicado a viver com alegria. Um ano em que fiz sete viagens com as sete pessoas mais importantes da minha vida. Fui ao Yukon, no Canadá, à Hungria, às Bahamas, ao Chipre...

Foi também um ano de viagem interior: fazendo álbuns com fotos da minha vida inteira, escrevendo, construindo um refúgio no quintal – uma cabana com as laterais vazadas, telhado de folhas de palmeira e poltronas confortáveis, para onde eu convidava lembranças e amigos.

Jornadas mais perfeitas do que aquelas com que eu havia sonhado.

A viagem de Wesley foi a última e a mais simples. Um trajeto de três horas de carro, da nossa casa no sul da Flórida até o Discovery Cove, em Orlando.

– Que passeio lindo – comentou minha irmã Stephanie, animada como sempre, ao passarmos pela monotonia pantanosa da região central da Flórida.

O Discovery Cove tinha uma enorme lagoa artificial, uma praia cercada de pedras. Palmeiras se destacavam sobre a paisagem exuberante, parecendo fogos de artifício, anunciando a ocasião festiva.

Estava garoando quando nos reunimos, e ficamos observando as nadadeiras cortando a água do outro lado da lagoa.

– Qual é o nosso? – perguntou Wesley. – Qual é o nosso?

Uma treinadora nos levou para dentro d'água. De repente, uma criatura apareceu diante de nós: a cara cinzenta e lisa, olhos pretos reluzentes, a boca larga com os cantos virados para cima, como se estivesse sorrindo. Seu focinho comprido subia e descia, como que indicando que queria brincar.

Wesley ficou extasiado. Não parava de falar e dava pulos, empolgado demais para ficar quieto. Com seu cabelo louro comprido, seus olhos azuis e aquela roupa de mergulho, ele parecia um dos surfistas que eu tanto havia admirado na juventude.

Feliz aniversário, meu filho.

Aubrey e Marina ficaram ao lado dele, igualmente encantados.

– Não é uma maldade eles ficarem presos aqui? – perguntou Marina, sem se dirigir a ninguém em particular. Então o golfinho veio à tona e ela riu do orifício nas costas do animal. Minha filha tinha quase 15 anos, e sua mente ainda misturava ideias infantis com pensamentos adultos.

A treinadora nos apresentou. O nome dela era Cindy – o golfinho, não a treinadora. Cindy ficou nadando perto de nós, devagar, deixando que passássemos as mãos nela. Fiquei estarrecida com seu tamanho: 2,60 metros de comprimento, quase 230 quilos de músculos sólidos feito pedra.

– Adorei a Cindy – derreteu-se Wesley.

Ela tinha mais de 40 anos. Perguntei se tinha filhos.

– Não, a Cindy priorizou a carreira – respondeu a treinadora.

Como eu, que fui jornalista a vida inteira. Mas tive filhos. Agora estávamos ali, e eu tive a chance de aproveitar com eles aquele momento, com a água pela cintura, alisando a pele de uma criatura aquática tão maravilhosa.

A treinadora nos disse para levantar as mãos e fazer um sinal para o golfinho.

– Façam o gesto de quem enrola a linha no anzol – ela propôs, e Cindy produziu um som igualzinho.

Wesley ficou boquiaberto, admirado:

– Adorei a Cindy! – repetiu.

Com a ajuda da treinadora, Wes segurou a nadadeira dorsal do golfinho e se deitou com o corpo estendido sobre o dorso do animal. Durante a meia hora seguinte, ela puxou cada um de nós pela água. Primeiro as crianças, depois Stephanie e meu marido, John.

Quando chegou minha vez, recusei:

– Deixe o Wesley dar a volta por mim – falei. Porque era o dia dele. Enquanto Cindy deslizava com ele pela superfície da água, o deslumbramento em seu rosto era visível.

Tiramos muitas fotos. De Wesley. De Aubrey e Marina. Da nossa família sorrindo na praia, sob a chuva.

Há uma fotografia que eu adoro: John levantando metade do meu corpo fora da água para que eu pudesse beijar o focinho risonho de Cindy.

Naquele momento, eu estava pensando apenas no gigante meigo diante de mim, no geladinho que senti quando beijei a sua carinha lisa e bojuda.

Hoje, quando olhei essa foto pensei em John, no gigante meigo atrás de mim, me colocando para cima como faz todos os dias. Pensei em meus filhos, cuja felicidade me enriquece. Pensei na minha irmã e nos meus amigos, que me fazem rir.

Pensei em Wesley, cujo aniversário de 9 anos é provavelmente o último de que vou participar.

Não posso andar. Fui empurrada até a lagoa numa cadeira de rodas.

Não consigo sustentar meu próprio peso, nem mesmo na água. John me carregou da cadeira até lá e ficou me segurando para eu não me afogar.

Não consigo levantar os braços para me alimentar nem para abraçar meus filhos. Meus músculos estão morrendo, e não tem volta. Nunca mais poderei movimentar a língua para dizer com clareza "eu amo você".

Rapidamente, definitivamente, estou morrendo.

Mas hoje eu estou viva.

Quando me vi na fotografia beijando o golfinho, não chorei. Não fiquei amargurada pelo que estava perdendo. Em vez disso, sorri, revivendo aquela alegria.

Depois, virei-me na cadeira de rodas da melhor maneira que consegui e beijei John também.

Decologem

Julho - Setembro

Uma pessoa de sorte

É esquisito pensar na minha vida de antes.

Mais de quarenta horas por semana trabalhando num emprego que eu adorava, escrevendo para a seção policial do *Palm Beach Post*. Outras quarenta horas enfrentando a batalha diária das brigas entre irmãos, dos deveres de casa e dos compromissos – pediatra, dentista, ortodontista, psiquiatra (nada surpreendente, não é?).

Um tempão em aulas de música com meus filhos – ou dirigindo entre uma atividade e outra.

Noites dobrando roupas limpas na mesa da sala de jantar.

Um jantar ocasional com amigos ou com minha irmã Stephanie, que morava na mesma rua que eu.

Uns minutos no fim do dia boiando na piscina do quintal com meu marido, geralmente sendo interrompida por alguma briga das crianças por causa da televisão. Ou então por Wesley, na época com 6 anos, que aparecia do nada perguntando se podia desenhar nas nossas colheres.

– Está bem, mas use as brancas, de plástico. As de prata, não!

Eu me sentia sortuda.

Eu me sentia feliz.

E, como qualquer um, esperava que essa felicidade me acompanhasse indefinidamente ao longo da vida – por festas de formatura e colações de grau, casamentos, netos, aposentadoria e algumas décadas de lento declínio.

Mas então, numa noite do verão de 2009, quando trocava roupa para me deitar, olhei para minha mão esquerda.

– Ai, meu Deus! – dei um grito esganiçado.

Virei-me para meu marido:

– Olhe para isso.

Levantei a mão esquerda. Estava esquelética e pálida. Na palma, eu podia ver as linhas dos tendões e os nós dos ossos.

Levantei a mão direita. Estava normal.

– Você precisa ir ao médico – disse John.

– Tá.

Estava chocada demais para dizer qualquer outra coisa. Parecia que a minha mão estava morrendo. Mas não me preocupei muito. Tudo que eu conseguia pensar era: *Como é que vou arranjar tempo para ir ao médico?*

Acabei consultando a médica da família, uma mulher gentil que me perguntou de cinco maneiras diferentes se eu sentia alguma dor na mão ou no braço esquerdo.

– Não – respondi.

– Bem, nesse caso, provavelmente não é síndrome do túnel do carpo. Quero que você procure um neurologista.

E assim começou a odisseia de um ano por consultórios médicos para tentar explicar o que estava acontecendo com a minha mão. Queríamos encontrar uma resposta diferente da que John, que vinha pesquisando por conta própria, mencionou ao fim da minha primeira consulta com o neurologista: ELA.

A esclerose lateral amiotrófica (ELA), também conhecida como doença de Lou Gehrig, é um distúrbio neuromuscular em que os nervos que se ligam aos músculos morrem, fazendo com que estes também morram. É uma doença degenerativa progressiva, ou seja, vai sempre avançando, de um músculo para outro. Não há causa conhecida. Não há tratamento nem cura.

Se isso fosse verdade, significaria que o problema na minha mão esquerda se espalharia pelo meu braço. E então pelo resto do corpo. Eu iria enfraquecer aos poucos, uma parte de cada vez, até ficar paralisada.

E aí, depois de uns três a cinco anos do aparecimento dos primeiros sintomas, eu morreria.

Não, isso não podia acontecer. Tinha que haver outra explicação.

Uma lesão, talvez? Alguns meses antes, quando eu estava indo de patins à casa da minha mãe, levei um tombo tão feio que a marca do concreto ficou na minha mão esquerda por uma hora.

Além disso, eu estava com um problema em um dos discos da coluna, mas não no ponto que afetaria a minha mão.

O Dr. José Zuniga, meu primeiro neurologista, sugeriu a doença de Hirayama, um distúrbio misterioso que leva à perda da função muscular. A descrição se encaixava nos meus sintomas, exceto por um detalhe: a maioria das vítimas era japonesa.

– Você não é japonesa – observou o Dr. Zuniga.

Topo ficar com essa explicação, pensei. Fui direto comprar comida japonesa. Em vez de pedir os inofensivos california rolls, escolhi sushi de enguia.

Não era doença de Hirayama.

Um especialista em ELA, o Dr. Ram Ayyar, sugeriu neuropatia motora multifocal (NMM) – um distúrbio muscular progressivo que costuma começar nas mãos. Havia um exame capaz de diagnosticá-la, ao contrário da ELA. Custava três mil dólares. Fui descobrir da pior maneira possível que meu plano de saúde não cobria o exame. Fiquei mais irritada e frustrada com isso do que com o resultado: negativo para neuropatia multifocal.

Consultei quatro especialistas em seis meses. Até viajei à ilha de Chipre à procura de uma causa hereditária.

Como não encontrava nenhuma resposta, parei de fazer exames. Entrei num estado de total negação e fiquei assim por um ano. Mas era uma negação tão obtusa e míope que hoje chega a ser constrangedor admitir.

Na primavera de 2010, quando começou a ficar mais difícil fazer ioga, pedi a uma amiga que tirasse fotografias minhas em todas as 26 posturas da série Bikram, para a eventualidade de que eu não pudesse mais continuar praticando.

Na comemoração das bodas de ouro de meus pais, em novembro do mesmo ano, John teve que cortar a carne para mim. Eu podia comer sem problemas, porém não conseguia mais enfrentar aquela dança de garfo e faca.

Fraca demais para carregar minha pasta para o trabalho, troquei-a por uma mochila com rodinhas.

Em janeiro de 2011, enquanto escovava os dentes, percebi que minha língua estava tremendo. Por mais que tentasse, eu não consegui fazê-la parar.

Semanas depois, estávamos jantando na casa da minha irmã, Stephanie, e notei que ela me olhava com os olhos arregalados. John estava segurando o garfo, pronto para me dar a comida na boca. Espere aí, quando é que isso tinha virado rotina para nós?

– Pare com isso, John – falei, bruscamente. – Eu posso comer sozinha.

Para a sobremesa, Steph serviu torta de creme de amendoim. Minha língua não estava funcionando.

– Você está tentando me matar? – brinquei, depois de desistir de mover aquela pasta pegajosa pela boca.

Eu me recusava a me entregar. Conscientemente, pelo menos.

Mas somos criaturas movidas pelo inconsciente. Comprei o livro *Budismo para leigos*, na tentativa de tranquilizar minha mente.

Fui passar um fim de semana prolongado em Nova Orleans com minha melhor amiga, Nancy, e o marido dela e o meu. Foi logo depois do Mardi Gras de 2011, a tradicional terça-feira de carnaval. As ruas ainda estavam cheias de serpentinas, lantejoulas e lixo.

Nancy quis dar uma volta pela região afetada pelo furacão Katrina. Não a acompanhei, mais interessada em me distrair do que em ver tragédias.

À noite, John e eu fomos parar na porta de uma boate de striptease.

Bem, esse tipo de lugar não faz meu estilo. Só entrei em casas como essas duas vezes na vida, e ambas para fazer reportagens para o jornal.

A primeira delas era sobre um homem que havia processado uma dançarina depois de ser atingido no rosto por um sapato durante a apresentação. A sapatada tinha lhe causado um descolamento da retina e uma fratura do osso orbital.

Sério.

A segunda era sobre uma pessoa desaparecida. Eu tinha ido falar com uma parente dele que trabalhava no Clube das Gatinhas. Entrei na boate no exato momento em que a moça rebolava seus 100 quilos pelo palco. Seus seios pareciam irmãos gêmeos em plena luta livre.

– Vamos entrar! – propus ao John. – Vamos desligar a cabeça de tudo.

O lugar estava lotado. Devíamos ter cara de grandes gastadores, porque o leão de chácara arranjou uma mesa bem em frente ao palco.

O número era composto por três mulheres – que estariam completamente nuas, não fosse por uma saia xadrez em estilo colegial, com 10 centímetros de comprimento – e um colchão sujo.

Dava para perceber que uma delas dera à luz recentemente. Tinha o corpo rijo, a não ser pela barriga flácida e cheia de estrias. Parecia que ia vazar leite de seu peito a qualquer momento. Ela fazia de tudo para nos convencer a colocar notas entre seus seios.

– Vamos, benzinho! Relaxe! – ela dizia.

– Pelo amor de Deus, John – falei. – Dê a ela algum dinheiro para o bebê e vamos embora daqui.

Saímos à caça de algum lugar menos nojento – onde havia um palco enorme e poltronas confortáveis. Sentamos *bem* longe das dançarinas dessa vez.

As mulheres faziam *pole dance*. Levantavam e abaixavam, se penduravam, se enroscavam, ficavam de pé, viravam de lado, de cabeça para baixo. Era uma distração abundante, mas eu só conseguia olhar para as mãos delas.

Fortes.

Segurando.

Apertando.

Baixei os olhos para minha mão esquerda inútil, sabendo que nunca mais seria capaz de agarrar nada daquele jeito. Meus dias de *pole dance* estavam acabados, mesmo antes de começarem.

No café da manhã com Nancy, no dia seguinte, dei a má notícia:

– Parece que as polainas estão voltando à moda.

Rimos e esqueci minha mão.

Nancy e eu sempre rimos quando estamos juntas.

Mas, no abraço de despedida no aeroporto, percebi a verdade nos olhos dela. Preocupação. Tristeza. Nancy sabia que eu estava com esclerose lateral amiotrófica. E eu também.

Comecei a chorar bem ali, no aeroporto de Nova Orleans.

– Não chore – disse Nancy. – Por favor, não chore.

Ela começou a imitar o motorista octogenário do ônibus que nos levara até ali, que havia ficado uns dez minutos berrando no celular.

Rimos e nos despedimos, ambas enxugando os olhos.

Já de volta em casa, mergulhei numa depressão profunda.

Fazia mais de um ano que eu mantinha meus medos a distância. Havia confiado em minha saúde, apesar de ver a fraqueza se espalhando pelo meu corpo. Eu me focara nos meus filhos, no trabalho, no casamento e nos amigos queridos.

Nessa primavera, no entanto, comecei a fazer aquilo que eu me advertira a não fazer. Em vez de viver o momento, passei a ter pavor do futuro como portadora de ELA.

Eu me imaginei incapaz de andar e de comer. Incapaz de abraçar meus filhos ou lhes dizer que os amo. A paralisia tomaria meu corpo, mas minha mente permaneceria intacta. Eu compreenderia e vivenciaria cada perda. E depois morreria, com meus filhos ainda pequenos.

Comecei a pensar insistentemente nesse futuro. Quando me sentava para uma refeição, me pegava pensando na sensação de não poder mais mastigar. Às vezes, eu ficava acordada de madrugada olhando para o teto, e pensava: *Um dia, Susan, é só isso que você vai poder fazer. E vai acontecer em breve.*

O que eu mais temia não era a morte. Era depender inteiramente dos outros. Ser um fardo para a minha família e para as pessoas queridas.

Um dia, conversando com uma amiga advogada sobre meu medo de ter essa doença, ela disse em tom de gracejo:

– Ah, a ELA é pior do que uma pena de morte.

Nunca mais lhe dirigi a palavra.

Por um longo tempo, evitei falar da doença, pois, no fundo, eu também acreditava nisso, que meu futuro seria pior do que a morte.

Eu devia acabar logo com aquilo. Com dignidade, do meu próprio jeito.

Comecei a pensar em suicídio mais ou menos com a mesma frequência com que a gente vê borboletas. A ideia entrava esvoaçando na minha cabeça e eu a estudava, deslumbrada com sua beleza. Depois, ela voava para longe e eu a esquecia, porque era só um pensamento passageiro.

Mas ela começou a voltar no dia seguinte, e no outro. A minha cabeça era um jardim. Bem cuidado, cultivado, mas sem controle de entrada. Um lugar perfeito para borboletas.

Pensei em contratar um matador de aluguel. Entrar num beco escuro do outro lado da cidade e ser "assassinada". Como jornalista, eu me sentara muitas vezes no tribunal ao lado de assassinos desse tipo. Estava particularmente bem preparada para premeditar um homicídio – o meu.

Depois de algum tempo, abandonei essa ideia idiota. Ridícula.

Resolvi pedir a ajuda de amigos. Então me dei conta de que eles poderiam ser presos por isso. Mudei meu pedido: quando eu não puder mais me mexer, venham ler para mim, por favor.

A borboleta voltou, fascinante.

Encomendei dois livros sobre suicídio entre os muitos encontrados na Amazon. Refleti profundamente sobre minha convicção de que, como seres humanos, devíamos ter o direito de escolher nossa forma de morrer.

Descobri uma organização na Suíça, chamada Dignitas, na qual os doentes terminais morrem de acordo com seu desejo: imediatamente. Em paz. Legalmente.

Perfeito.

Então li isto: "Para obter acesso ao serviço de suicídio assistido, a pessoa deve possuir um nível mínimo de mobilidade física, o suficiente para se ministrar a droga."

Com ELA, eu perderia a capacidade de levantar um copo. Também não conseguiria engolir o coquetel fatal. Afinal, o esôfago é revestido de músculos. Ele também morre.

Não me inscrevi na Dignitas.

Não li os livros.

Sabe essas pessoas que reclamam de cada dor de cabeça, de cada gripe? Eu não sou assim.

Então fiquei de boca fechada. Continuei a trabalhar. A criar meus filhos. A viver. Nem mesmo John tinha conhecimento das minhas ideias. Até o dia em que ele encontrou os livros sobre suicídio na gaveta da minha escrivaninha.

– Dei uma olhada neles – eu lhe disse, com sinceridade. – Pensei nisso. Mas nunca cheguei a fazer planos.

– Por favor, Susan...

– Não vou me matar. Nunca faria isso com você – dei uma pausa – nem com os nossos filhos.

Não acredito que minha morte vá arruinar a vida da minha família. Mas sei que a maneira como vou morrer pode afetar sua capacidade de viver com alegria.

O suicídio diria aos meus filhos que sou fraca.

E eu sou forte.

Marquei a minha ida ao neurologista para 22 de junho de 2011, quatro dias depois do aniversário de 10 anos de Aubrey.

Fazia um ano que eu não ia ao médico, e estava cansada de adiar a consulta. Já estava farta da tensão de ficar imaginando o tamanho do raio que ia cair na minha cabeça.

Passei a noite da véspera sozinha em Miami porque não queria conversar com ninguém. John me permitiu isso. Amar é concordar, mesmo quando não se compreende.

Fiquei no apartamento vazio do irmão da minha amiga Nancy, em Miami Beach. Era no segundo andar de uma construção art déco à beira-mar. Foi uma luta arrastar minha mochila escada acima.

A chave tinha sido deixada embaixo do capacho. Pedi a um vizinho que a girasse na fechadura para mim.

A geladeira estava vazia. Havia um lençol cobrindo a janela. Tinha fotos de família sobre móveis antigos. Lembrei-me de ter visto aqueles móveis na casa em que Nancy e o irmão haviam morado na infância.

O dono do apartamento era cineasta e tinha uma preciosa coleção de filmes, livros e guias de viagem do mundo inteiro. Pensei nas numerosas viagens que eu mesma fizera e na amizade que nutria por aquelas pessoas das fotografias.

Pensei no amor que eu havia experimentado ao longo da vida. Naquele tipo de amor generoso e abnegado como o que senti ao amamentar meu filho à luz da lua. Naquele amor romântico e excitante em que tudo que a gente quer é agradar o outro.

Eu tenho sorte, pensei. Vivi amores extraordinários.

Sou feliz, não importa o que aconteça amanhã.

Nancy me mandou uma mensagem de texto: "Soube que você está em Miami. Estava pensando em você."

"Eu não quis preocupá-la", respondi.

Lutei para abrir a porta da varanda. Sentei-me do lado de fora e fumei um cigarro – um hábito que se tornara um consolo.

Entre outras coisas, cultivei a solidão. Ficar sozinha não era confortável. Nascemos sós e morremos sós, mas os melhores momentos da minha vida tinham sido na companhia de outras pessoas.

Pensei nas vítimas que eu tinha visto nos tribunais em meus dez anos como jornalista e em suas famílias. Pensei em quantas delas haviam seguido em frente apesar da tragédia e em quantas nunca tinham se recuperado.

Preparei-me mentalmente para a minha própria tragédia no dia seguinte.

Disse a mim mesma: *Quando lhe disserem que você está com ELA, fique firme. Nada de choro. Nada de ficar histérica. Você precisa ser forte no começo.*

Eu tinha aprendido isso nas competições de natação, quando o técnico repetia insistentemente que devíamos dar a partida com muita força e energia. Cabeça baixa, pronta para a explosão da largada.

A estabilidade vence a corrida, não é? É o que eles sempre dizem. A estabilidade vence.

Eu já estava exausta de tanto pensar. Peguei o filme com mais ação que vi na prateleira: *Profissão de risco*. Cocaína! Violência! A distração perfeita! Tomei um comprimido para dormir e fui deitar sem trocar de roupa.

De manhã, peguei um táxi e fui até um prédio como qualquer outro no centro de Miami. Por todo lado havia gente circulando de jaleco e estetoscópio no pescoço, a cabeça curvada sobre o iPhone. Fiquei imaginando quem seria o médico que iria mudar a minha vida.

John chegou. Atrasado, como sempre.

Ele vai chegar atrasado no meu enterro, pensei. Isso me fez sorrir. Não mude nunca, John. Por favor, não mude nunca.

Na sala de espera, um representante simpático da ADM (Associação de Distrofia Muscular) cumprimentava os pacientes como se eles fossem velhos amigos. Uma enfermeira mediu meus sinais vitais. Minha pressão sanguínea estava mais baixa que o normal – 9 por 6. Respirei fundo, devagar.

Ela nos conduziu ao consultório.

O Dr. Ashok Verma entrou na sala e examinou a minha ficha. Ele é um indiano alto e distinto, e me desarmou com o sotaque anglo-indiano que eu gosto tanto. O Dr. Verma é chefe da clínica de ELA da Universidade de Miami.

Formulou algumas perguntas, fez uns testes de força, sentou-se à escrivaninha e disse, em tom jovial:

– Eu acho que você tem ELA.

Ele falou como se estivesse me convidando para uma festa de aniversário. E estava sorrindo. Não sei se era um sorriso de solidariedade ou de nervosismo, mas nunca vou me esquecer daquela expressão.

Eu já tinha planejado como reagiria ao ouvir aquelas palavras. Tinha me revestido de uma couraça. Ficaria firme! Teria um início impetuoso. Uma explosão de energia me impulsionaria para a corrida.

Cabeça baixa, pronta para a largada... e desatei a chorar.

Eu não conseguia evitar. Era como tentar impedir meu coração de bater. Chorei sem parar.

O Dr. Verma continuou falando sobre sua clínica e sobre o seu desejo de que eu fosse até lá.

– Temos que parar de fingir que é outra coisa – disse ele.

John ficou claramente aborrecido:

– Ei, vai com calma. Dá um tempo para ela.

Eu me lembro do catarro enchendo minhas narinas, escorrendo. Lembro-me de ter pensado em um colega jornalista e no quanto ele havia sido cruel ao ridicularizar um homem que estava depondo, chorando e com o nariz escorrendo, enquanto lamentava ter matado seis pessoas num acidente de automóvel.

Esquisito, não é? As coisas que a gente lembra em certas horas.

O Dr. Verma me estendeu uma caixa de lenços. John enxugou meu rosto. Eu me recompus o suficiente para falar e saquei o meu trunfo.

Células-tronco – a reserva pessoal que eu tinha.

Havia pesquisadores no mundo inteiro estudando-as na esperança de curar doenças degenerativas. Contei a história de um policial portador de ELA cujos colegas tinham organizado eventos para arrecadar fundos e mandá-lo ao exterior, para se tratar com células-tronco.

E eu tinha minha própria reserva de material genético, vindo diretamente da fonte da vida: quando meus filhos nasceram, eu mandei guardar o sangue do cordão umbilical no banco de sangue – um baú do tesouro de células, a ser usado para combater doenças futuras.

– Será que não há um pesquisador que possa usar essas células-tronco em mim? – perguntei.

– O problema – começou o Dr. Verma, devagar – é que os cientistas não sabem como fazê-las chegar ao lugar certo.

Ele disse que tinha mandado 45 portadores de ELA ao exterior para receber esse tipo de tratamento, mas nenhum deles alcançou a cura ou teve a vida prolongada.

– Apenas ficaram mais pobres – acrescentou.

Fazia muito tempo que eu tinha decidido que, em hipótese alguma, levaria minha família à falência na busca por uma cura. Não imploraria para fazer parte de um teste clínico, correndo o risco de receber apenas um placebo. Não sairia à caça de médicos nem enlouqueceria no Google à procura de falsas esperanças.

Então é isso, pensei, enquanto John limpava de novo meu nariz.

Saímos de lá em silêncio.

Seguimos viagem em silêncio.

– Estou com fome – disse John, confirmando o que eu já sabia há muito tempo: um homem é capaz de comer em qualquer situação.

Fomos ao Burger King. Recostei num bloco de concreto no estacionamento e fiquei fumando um cigarro enquanto John entrava para comprar o lanche.

Eu havia assistido inúmeras vezes ao discurso de despedida do ex-jogador de beisebol Lou Gehrig, em 1939. No vídeo, ele se declara o homem mais sortudo da face da Terra, mesmo depois de "encarar uma maré de azar". Mesmo depois de ser diagnosticado com uma doença que o impediria de continuar exercendo seu talento e lhe tiraria a vida. Eu sempre me perguntava se ele tinha sido honesto. Será que ele achava isso mesmo? Ou será que tinha sido apenas uma ideia grandiosa que lhe ocorrera por estar cercado de milhares de fãs?

Mas então aconteceu comigo – sentada sozinha do lado de fora do Burger King. E não foi num momento de confusão. Minha vida passou diante dos meus olhos, completamente nítida.

Quarenta e quatro anos de saúde perfeita. Raras vezes eu chegara a ter um resfriado ou uma cárie.

Quarenta e quatro anos, e meu pior problema de saúde havia sido passar mal depois de comer um sanduíche de frango estragado.

Tive três gestações tranquilas, dei à luz três bebês rosados e gorduchos. Tirei de letra as cesarianas, e já estava andando no dia seguinte.

Conheci o amor verdadeiro; viajei pelo mundo inteiro; casei-me com um homem fantástico; tinha um emprego que eu adorava.

Descobri minhas origens. Adotada ainda bebê por pais muito afetuosos, aos 40 anos conheci minha mãe biológica e, logo depois, a família de meu pai biológico. Eu sabia que a ELA não tinha sido herdada deles. Sabia que meus bebês rosados e gorduchos não precisariam temer o mesmo destino que eu.

Eu estava viva. Tinha um ano pela frente. Talvez mais, mas sabia que teria pelo menos um ano de boa saúde.

E decidi ali, naquele estacionamento, que iria vivê-lo com sabedoria.

Faria as viagens que sempre tinha desejado e experimentaria tudo que quisesse.

Iria organizar aquilo que eu deixara para trás.

Plantaria para a minha família um jardim de lembranças que viesse a florescer no futuro.

Lou Gehrig era um atleta. A ELA o privara de seu talento imediatamente.

Mas eu era uma escritora. A doença poderia atrofiar meus dedos e enfraquecer meu corpo, mas não me privar do meu talento.

Eu tinha tempo para me expressar. Para construir um lugar com cadeiras confortáveis, onde eu pudesse pensar, escrever e reunir meus amigos. Onde eu pudesse fazer um passeio pelo meu próprio jardim de lembranças e registrá-las.

Uma jornada que, ultrapassando todas as minhas expectativas, se transformou neste livro.

Não um livro sobre doença e desespero, mas o registro de meu último e maravilhoso ano.

Um presente para os meus filhos, para que eles saibam quem eu fui e aprendam como superar uma tragédia:

Com alegria.

E sem medo.

Se Lou Gehrig pôde sentir que era uma pessoa de sorte, eu também podia.

E devia.

Tornei a baixar a cabeça, preparando-me para a largada. Firme.

– Estou contente por ter acabado – falei, quando John voltou com um café para mim e um sanduíche enorme para ele. – E ainda me sinto incrivelmente sortuda.

A clínica

Clínica.

Ah, como eu amo essa palavra.

Evoca a ideia de uma enfermeira gentil, uma cama, um pirulito e a oportunidade de voltar da escola mais cedo e ficar em casa assistindo TV com a mamãe.

A clínica do Dr. Verma, no entanto, era o abrangente centro multidisciplinar de ELA da Universidade de Miami, localizada no Hospital de Reabilitação St. Catherine, em North Miami Beach. Esse nome deveria ter sido minha primeira dica.

John e eu chegamos lá por volta de uma da tarde, cerca de três horas depois da minha consulta com o Dr. Verma. Duas horas depois do meu diagnóstico. Uma hora depois de eu ter jurado viver com alegria enquanto John devorava um sanduíche do Burger King.

A clínica era, essencialmente, um consultório médico. Havia uma sala de espera com uma recepção, várias portas e revistas. Os pacientes pareciam normais. Um senhor idoso com sua esposa. Uma mulher com sua filha muito, muito grávida. Conversamos sobre o neném que ia chegar.

Ela perguntou se tínhamos filhos.

Pela primeira vez nesse dia, vi os olhos de John se encherem de lágrimas.

Então as portas se abriram e a equipe médica foi entrando. Todos pareciam apressados, inclusive a mulher que estava no comando de tudo, Ginna, a enfermeira-chefe.

A Dra. Enfermeira nos conduziu a uma sala de exames. Logo depois entrou a fisioterapeuta, uma mulher miúda, com sapatos sóbrios e um acessório estranho pendurado na cintura, como se ela fosse fazer rapel num penhasco.

Em tom animado, ela foi soltando as perguntas:

– Quando você foi diagnosticada?

– Hoje.

– Ah...

Ela fez uns testes de força.

– Ótimo – disse. – Como está se sentindo?

– Bem.

– Você vai precisar de fisioterapia para continuar forte. Quando começaram os sintomas?

– Há dois anos.

– Maravilha! Vejo você na próxima consulta!

Em seguida apareceu a fisioterapeuta respiratória, que me mandou soprar.

– Excelente! – proclamou. – Você está respirando bem. Vamos monitorá-la para identificar os problemas à medida que os seus músculos da língua e da garganta forem enfraquecendo.

Meia hora e – *pimba!* – lá se foi ela, da mesma forma que a outra fisioterapeuta. John e eu nos entreolhamos. Estávamos em choque, reagindo sem compreender.

E então, *pimba!*, na hora marcada, lá veio o fonoaudiólogo.

Ah, entendi, pensei com meus botões. *É como aquele esquema dos encontros rápidos. A Dra. Enfermeira é a supervisora que mantém os médicos num rodízio entre os consultórios.*

Puxa, quantas pessoas têm essa doença?

– Para mim, chega – decretei. – Estou indo embora.

– Mas a senhora tem outras consultas! – protestou a Dra. Enfermeira.

– Hoje não.

Ela me falou de um paciente que tinha ELA havia trinta anos e ainda jogava golfe, aos 70.

– Com a lentidão que a sua doença está avançando, pode ser que também seja assim com a senhora – disse ela. – Quem sabe? Não temos como saber ao certo.

Talvez eu ainda tenha vários anos. Talvez. Mas não será por frequentar essa clínica. Aquilo ali parecia um teste coletivo de elenco, não um tratamento. *Não existe cura para a ELA!*, gritou meu cérebro. Eles estavam medindo a minha decadência para a morte.

– Até a próxima – disse a Dra. Enfermeira, com um sorriso simpático.

Acho que não, pensei, enquanto John me acompanhava porta afora.

Eu encontraria meus próprios psicólogos e fisioterapeutas. Mas não frequentaria a clínica do Dr. Verma.

Eu era oficialmente portadora de ELA havia menos de um dia, mas já sabia como não queria abordar minha doença.

A maravilha

O que a gente faz quando não quer olhar para si?

Olha para fora. Ou, mais precisamente no meu caso, olha para cima.

Sempre fui amante do céu. Para mim, ele é muito mais do que um teto permanente. Todos os dias olho para ele em busca de glória – um pôr do sol lilás, um nascimento brilhante da lua, um cometa atravessando o entardecer, nuvens coloridas que parecem a capa de um disco.

Em 2005, depois do furacão Wilma, o sul da Flórida ficou vários dias sem energia elétrica. Na redação do *Palm Beach Post*, enquanto os repórteres eram escalados para escrever sobre a escassez de combustível, a visita do presidente e os hospitais funcionando à base de geradores, pedi aos editores que me deixassem escrever sobre as estrelas, que se tornavam mais luminosas à medida que as cidades caíam nas trevas. Fiquei encantada quando eles concordaram que era importante mostrar aos leitores que havia algo de bom naquela situação.

Escrevi uma matéria com o título: "O poder do Universo: Um show de luzes todas as noites", que começava assim:

Acenda uma vela em vez de reclamar da escuridão.

Não. Esqueça a vela. Saia, olhe para o céu, maravilhe-se com a escuridão.

Olhe as ESTRELAS!

Tenho um livro de fotografias feitas pelo telescópio Hubble. Imagens do infinito, além da cúpula celeste. De coisas que estão a milhões de anos-luz de distância.

Lembro-me claramente das imagens, mas não sei exatamente o que elas são – em grande medida porque aquilo é incompreensível para mim. É incrível o Universo ser vasto a ponto de a Terra parecer apenas um ponto minúsculo. Um ponto final de uma frase num livro de milhões de páginas.

Uau!

Por pouco não ficamos sem essas imagens. Quando o Hubble foi lançado ao espaço, as primeiras fotos que chegaram à Terra vieram borradas (as coisas realmente podem dar errado!). O espelho principal apresentava um desvio. De quanto? Dois mícrons. Um quinquagésimo da espessura de uma folha de papel.

A NASA mandou um astronauta chamado Story (que fofo!) até lá para consertar o problema.

Depois, outro astronauta precisou remover 32 parafusos minúsculos para substituir um jogo de baterias – usando o que parecia um par de luvas térmicas de cozinha. O menor furo no traje espacial poderia matá-lo. Ele contou que ignorou a Terra lá embaixo e o vazio negro em que estava flutuando e se concentrou em retirar um parafuso de cada vez.

Uma tarefa de cada vez.

Um dia de cada vez.

O que a NASA faz é inspirador para mim. Fico realmente assombrada, e poucas coisas na vida me comovem tanto.

Foi uma feliz coincidência, portanto, que no dia 8 de julho de 2011 – menos de três semanas depois de eu receber meu diagnóstico – viesse a ocorrer um dos eventos mais comentados da NASA: o lançamento do último ônibus espacial.

Morei durante quase toda a minha vida no sul da Flórida, a apenas três horas de carro da plataforma de lançamento no Cabo Canaveral. Nos horários das decolagens, eu sempre largava tudo e corria para fora ou para a janela na esperança de ver o ônibus espacial – àquela distância, pequeno como uma estrela – subir chispando pelo céu.

Mas nunca tinha visto um de perto.

Vá, disse uma voz na minha cabeça. *Não sinta pena de si mesma. Não fique aí pensando na fraqueza do seu braço. Realize seu sonho pessoal, esteja lá no lançamento do* Atlantis.

Mergulhei nessa experiência, lendo tudo o que pude encontrar sobre as viagens espaciais – as despedidas, as curiosidades, as descobertas ao longo dos trinta anos de voo, as dificuldades econômicas que levaram ao fim da era espacial.

Li que um executivo da NASA havia pendurado uma citação do Dr. Seuss em seu escritório para enxergar as coisas sob outra perspectiva: "Não chore porque acabou. Sorria porque aconteceu."

Sempre me lembrarei dessa frase.

Não era garantido que o lançamento aconteceria. Inclusive já tinha sido cancelado uma vez. Como explicou um astrofísico do site Space.com, para que o *Atlantis* partisse, as condições meteorológicas em quatro locais do mundo tinham que estar "correlacionadas com uma infinidade de outros fatores e obedecer a uma rede complexa de exigências contingenciais, condições limítrofes e restrições".

A previsão do tempo para o dia 8 de julho era ruim. A perspectiva de lançamento era de apenas 30%.

Parti para lá de qualquer maneira, já que esse era o único jeito. Meu filho de 7 anos, Wesley, me acompanhou. Aubrey e Marina estavam visitando os pais de John na Pensilvânia.

Na noite da véspera, Wesley e eu fomos de carro para a casa de minha amiga Nancy, em Orlando. Na expectativa de pegar um engarrafamento monstruoso na estrada de manhã, levantamos antes do amanhecer e partimos junto com Nancy e os filhos dela até o alto de um edifício-garagem em Cocoa Beach, de onde teríamos uma visão panorâmica do foguete do ônibus espacial – caso realmente fosse lançado – e do céu infinito sobre as nossas cabeças.

Ligamos o rádio para ouvir a transmissão ao vivo. O tempo estava nublado e o lançamento era pouco provável. Esperamos. Conversamos. Curtimos a incerteza.

O poeta Rainer Maria Rilke escreveu: "Não procure as respostas que não podem lhe ser dadas agora, pois você não poderia ser capaz de vivê-las. E é disso que se trata, de viver tudo. Viva as perguntas agora. E então, talvez, num futuro distante, gradualmente e sem perceber, você passe a viver as respostas."

Pensei na minha nova incerteza: *quanto tempo poderei viver com ELA*?

Então me corrigi: "Não procure as respostas. Viva as perguntas."

Aproveite ainda mais a vida por causa da incerteza, e não menos.

O estacionamento estava lotado. Circulamos por ali e encontramos gente de todo o país. Alguém ligou o som. Apareceu um homem vendendo cerveja em lata.

Fomos até uma loja de artigos de surfe que ficava por perto para mostrar às crianças o enorme tanque de água salgada com um tubarão. Uma amiga de Nancy e seus dois filhos nos acompanhavam. No meio daquela confusão, me distraí e perdi Wesley de vista. Levamos alguns minutos para encontrá-lo – brincando na escada rolante. Estava completamente fascinado pelos degraus que se moviam.

Na metade da manhã, o *Atlantis* já estava com os tanques de combustível cheios e pronto para o lançamento. Voltamos para o estacionamento, subimos no teto do meu furgão e ficamos parados ali. Wesley ficou maravilhado. Estávamos em cima do carro!

– Vocês vão amassar o teto – gritou alguém lá de baixo.

– Que importância isso tem? Vamos entrar para a História! – retruquei.

Aguardamos, ouvindo as homenagens e as retrospectivas. Será que vão lançar o foguete? Será que não? A incerteza era a melhor parte.

A contagem regressiva começou.

A contagem parou quando faltavam 31 segundos para a decolagem.

Poucos minutos depois, sem aviso prévio, o ônibus espacial apareceu no meio das nuvens.

– Estou vendo! Estou vendo! – gritei.

Ficamos aplaudindo de pé no teto amassado do carro.

Não pudemos sentir o foguete fazendo o chão estremecer. Não conseguimos ver a explosão laranja que o lançou no espaço.

Mas experimentamos sua maravilha.

E sorrimos, apesar de já ter acabado.

Sorrimos porque havia acontecido.

Depois disso, caminhamos à beira-mar, ainda deslumbrados, esperando o trânsito melhorar. Não adiantou. Mesmo à tardinha, as estradas continuavam lotadas. Dirigi a menos de dez quilômetros por hora, o tempo todo pensando no ônibus espacial e na mensagem central da NASA: Busque. Explore. Sonhe alto. Vá.

Vá agora.

As grandes perguntas surgiram diante de mim: Aonde quero ir? Como quero viver? Qual é a mensagem central da minha vida?

E também as pequenas: Onde estão as fotos? O que vou comer quando minha língua parar de funcionar? E o que fazer com essa bexiga completamente cheia?

Droga... Eu precisava fazer xixi.

Não havia a menor chance de parar naquele engarrafamento. Além disso, com meus braços e dedos fracos, usar um banheiro público já não era tão simples assim.

Você tem uma bexiga de camelo, pensei. *Vai aguentar até a casa de Nancy.*

E aguentei. Passei três horas segurando o xixi e, quando chegamos lá... Nancy ainda não tinha chegado. Wesley e eu havíamos ultrapassado seu carro em algum ponto da estrada.

Tentei as portas. Trancadas.

Olhei em volta, pensei em esperar... e dei de ombros.

Meia hora depois, quando Nancy e seus filhos chegaram, Wesley e eu estávamos na piscina, completamente vestidos, com um largo sorriso no rosto.

Wesley

Depois dessa viagem, levei algum tempo para convencer Wesley de que não costumamos entrar na piscina de roupa. Mas demorou muito mais ensiná-lo a usar roupas de banho.

Acho que eu devo explicar essa parte.

Eu tinha 36 anos quando Wesley nasceu. Ele foi meu terceiro filho, e eu sabia que seria o último. Ainda assim, quando o médico se ofereceu para ligar minhas trompas durante a cesariana, recusei, porque não queria que esse período da minha vida acabasse.

Desfrutei sua primeira infância, até as noites em claro, como só uma mãe experiente é capaz de fazer. Wesley era muito agarrado comigo, e eu adorava isso. Quando adormecia no meu seio, eu passava horas a contemplá-lo. *Lembre-se disso!*, dizia a mim mesma, repetidas vezes.

Ele não engatinhou muito, ao contrário de Marina e Aubrey, mas começou a falar cedo. Ao completar 1 ano, já dizia frases inteiras, como "Vamos ver o hipopótamo hoje?".

– Ele é um gênio! – dizia John.

Como fomos descobrir só depois, Wesley apenas imitava os

sons. Não fazia ideia do que estava dizendo nem sequer de estar usando palavras.

Os problemas de comportamento começaram quando ele tinha 3 anos. Batia as portas sem parar, acendia e apagava compulsivamente as luzes, ignorava tudo o que John e eu dizíamos. Eu costumava bater numa panela atrás dele para ver se ele escutava, já que era completamente indiferente a nossas vozes. Ele sempre dava um pulo.

A situação chegou ao limite naquele Natal. Levamos as crianças ao shopping para ver o Papai Noel, e havia lâmpadas natalinas, árvores de Natal, gigantescos flocos de neve pendurados no teto, centenas de pessoas e pelo menos dois coros rivais cantando músicas natalinas ao mesmo tempo... Wesley entrou em parafuso.

Estávamos esperando na fila interminável para a foto com o Papai Noel, e meu filho não conseguia ficar quieto nem parar de gritar. John e eu o levamos para dar uma volta e entrar nas lojas. Não adiantou. Wesley tentou subir no chafariz.

Desistimos e arrastamos as crianças para o carro, agora com as três reclamando. Eu fumava, mas só alguns cigarros por dia e raramente na frente dos meninos. Entretanto, depois de uma hora tentando acalmar Wesley, eu estava completamente esgotada.

– Mamãe, o que você está fazendo? – gritou Marina, de 8 anos, ao olhar pela janela do carro e me ver fumando. – Mamãe!! Não pode jogar lixo na rua! – berrou ela.

Peguei a guimba de cigarro e a joguei no chão do furgão. Wesley gritava e se debatia tanto que me sentei no chão a seus pés para tentar acalmá-lo.

Estávamos a meio caminho do shopping seguinte – menor e mais discreto – quando sentimos o cheiro de fumaça. A ponta do cigarro estava em brasa no tapete do carro da empresa de John.

Entramos no Palm Beach Mall cantando pneus: eu batendo no tapete enfumaçado; John furioso, soltando meia dúzia de palavrões; Marina reclamando e descontando no Aubrey, que estava desolado – "Não existe Papai Noel, seu idiota!" –; Wesley enlouquecido.

Arrastamos as crianças pelo shopping semideserto até o "País das Maravilhas" do Papai Noel. Não havia fila, mas ele estava saindo para fazer uma pausa. O elfo tentou nos deter, mas Papai Noel deu uma olhada na nossa família e disse:

– Não, não. Esses eu vou atender.

John e eu demos um empurrãozinho em Aubrey com uma das mãos, enquanto tentávamos controlar Wesley com a outra. Aubrey tinha 5 anos, era meio tímido e tinha a língua presa. Ele estancou de repente e, parecendo confuso, virou-se para John e perguntou:

– Papai, *pou* que o Papai Noel não é *blanco*?

O Papai Noel apenas sorriu. Ele tinha mais espírito natalino do que nós todos juntos.

Depois das festas de fim de ano (uma sucessão de desastres), insisti em levar Wesley para uma avaliação psicológica. Lembro-me da psicóloga dizendo:

– Ele olha para você. Isso é bom.

E eu pensando: *Ai, que merda!*

A psicóloga nos chamou de volta ao consultório na semana seguinte. Havia uma luz suave e uma caixa de lenços de papel ao lado do sofá.

– Acredito que Wesley tenha a síndrome de Asperger – disse ela.

Mais uma vez, eu não fazia a menor ideia do que ela estava falando.

– O que é síndrome de Asperger?

– É um tipo de autismo.

Estendi a mão para pegar a caixa de lenços, já chorando. Esse foi e sempre será o pior dia da minha vida. Até hoje, ainda não consigo passar em frente ao prédio onde Wesley foi diagnosticado.

Em dois anos, ele já tinha feito um progresso gigantesco. Depois de muita burocracia e muito planejamento, de noites cansativas e longos telefonemas, conseguimos matriculá-lo no maternal do programa para crianças com necessidades especiais, na escola de Meadow Park. A equipe de lá fez milagres, atenuando seus comportamentos estranhos e fazendo-o se concentrar em aprender.

Ele começou no jardim de infância regular da escola em 2009. A reunião de pais para os novos alunos foi na biblioteca, cerca de um mês depois de eu ter notado minha mão murcha – uma semana depois de eu ouvir pela primeira vez aquelas três letras: ELA.

Enquanto os professores falavam, a maioria das crianças desenhava em silêncio, ao lado dos pais. Uma delas até parecia estar tomando notas. Wesley corria pela sala, derrubando livros das estantes e insistindo para que outro garotinho corresse atrás dele.

O músculo da minha perna começou a tremer. Eu estava com um dos tornozelos apoiado no joelho da outra perna e vi pequenos espasmos na minha panturrilha – um dos primeiros sintomas de esclerose lateral amiotrófica. Dudley Clendinen, um redator do *The New York Times* que morreu dessa doença, descreveu esses tremores da maneira mais linda: "Parecem borboletas batendo as asas embaixo da pele."

Apertei os músculos para fazê-los parar de tremer. Mas, quando os soltei, as borboletas voltaram.

– Mamãe – chamou Wesley, falando o mais alto que conseguia. Ele sempre fazia isso. – Mamãe! Mamãe!

Sorri. É verdade, Wesley estava tirando livros das estantes na reunião de pais do jardim de infância. Mas também estava chamando outra criança para brincar. Sim, era o lugar errado, na hora errada – e estava barulhento demais –, mas ele estava falando com alguém. Fiquei tão feliz por ele naquele momento, tão otimista, que nada no mundo seria capaz de me aborrecer. Nem mesmo o tremor na minha panturrilha.

– Isso é espasmo de Google – disse John naquela noite. – Você lê sobre os sintomas da ELA na internet e aí começa a senti-los.

Vai ficar tudo bem, eu disse a mim mesma. *Wesley vai ficar bem.*

Animais e expectativas

Em agosto de 2010, adotamos um cão. Em muitos sentidos, essa era uma responsabilidade a mais de que eu não precisava. Meus problemas musculares vinham se espalhando e eu continuava trabalhando em horário integral. Ao mesmo tempo, ainda dava conta de três crianças cheias de energia.

Mas Marina e Aubrey reclamavam constantemente por não terem um cachorro. Por não terem cachorro nem TV a cabo – nessa ordem. O horror!

– Simplesmente não é normal, mamãe – queixava-se Marina.

– Eu tenho um peixe, mamãe – dizia Aubrey, com um suspiro. – Isso não é animal de estimação que se preze.

E Wesley, pobre Wesley. Seu comportamento havia melhorado, mas ele continuava distante e desligado. As frases que ele falava sem parar nunca formavam uma conversa. Era capaz de assistir os episódios dos seus adorados *Backyardigans* várias vezes seguidas, mas raramente expressava emoção, amor ou afeição – a não ser por Piglet, seu porquinho de pelúcia.

Abraçá-lo era mais ou menos como abraçar uma árvore.

– Você tem que encontrar um jeito de entrar no mundo dele – dissera a médica, ao diagnosticá-lo.

Moramos perto de um pequeno jardim zoológico. Durante anos, esse tinha sido o passeio favorito de Wesley. Os animais não pediam que ele os olhasse nos olhos nem lhe davam ordens. Wesley desenhava seres humanos como bonecos palito, mas, já aos 6 anos, fazia desenhos extraordinários de golfinhos, cachorros e ursos. Os animais o deixavam à vontade.

Então disse a mim mesma que o cachorro seria um presente para ele.

Eu não admitia quanto precisava dessa distração nem que queria muito a atenção de um animal. Apenas pensava: *quanto mais afeição em torno das crianças – especialmente de Wesley –, melhor.*

E eis que entrou em cena o melhor amigo do homem!

Fazia dez anos desde a última vez que eu tivera um cachorro. Alva era uma mestiça de rottweiler, uma vira-lata que minha amiga Nancy e eu adotamos na época da faculdade. Ela tinha uma porção de cacoetes dos tempos em que vivia na rua. Comia tudo, inclusive lixo, sapatos e canetas – e rotineiramente nos deixava um presente fedorento no único metro quadrado de tapete que tínhamos em casa.

Ela teve câncer e precisou amputar uma perna. Nunca se viu um cachorro de três pernas mais feliz do que Alva.

No meu estado, porém, apostar a sorte num vira-lata de rua não era uma opção. E os filhotinhos são como bebês, não é? Eu não ia entrar nessa de novo.

E assim começou a busca por um cão que precisasse de uma casa mas já soubesse se comportar. Um animal de estimação para Marina e Aubrey. Um amigo para Wesley.

Um consolo para uma mãe carente.

E onde é que fui encontrar o cachorro certo, aquele que aqueceria a vida do meu filhotinho?

No lugar mais frio de todos: a prisão.

Um dia, eu estava levantando informações sobre um assassino no site do Departamento Correcional da Flórida. É, eu fazia isso com frequência, era parte do meu trabalho como repórter. Depois dos avisos de "Mais Procurados", de descrições de registros policiais e de fotografias de agentes da tropa de choque, havia um coraçãozinho – "Quer me adotar?" – e fotos dos cães que haviam se formado nos programas de adestramento dos presídios da Flórida.

Esses cães, resgatados de abrigos locais, passavam oito semanas sendo treinados por detentos. Aprendiam a obedecer, a ficar parados, a deitar, a largar, a se deixar conduzir numa coleira e a não entrar nem sair sem ter ouvido o comando correspondente. Eram vacinados e adestrados para dormir na casinha e fazer xixi e cocô no lugar certo.

Eram... perfeitos!

Em menos de cinco minutos, eu estava falando ao telefone com Sandy Christy, a diretora do programa.

Ela me recomendou uma cadela que estava sendo adestrada. Gracie pesava 27 quilos, mas era dócil e obediente.

– Gracie é a estrela da turma – disse ela.

Logo recebi algumas fotografias: Gracie sentada, deitada, em pé, com a língua para fora. Era uma cadela branca e forte, com focinho cor-de-rosa e olhos dourados. Com certeza, tinha tudo para se tornar o novo amor da casa.

Mas estava a 800 quilômetros de distância, numa penitenciária perto da cidadezinha de White City, no noroeste da Flórida.

Olhei as fotos e imaginei as crianças correndo para ficar perto dela. Imaginei-a mastigando os saltos dos meus sapatos de grife, nadando na piscina e depois se esparramando no meu sofá caríssimo; deitada ao lado das crianças à noite, roendo os edredons; seguindo o pequeno Wesley para lá e para cá, quando ele se afastasse do resto de nós.

Conversei com meu pai. Ele já encarava as tarefas diárias de levar as crianças à escola e buscá-las, bancar a babá e fazer alguns consertos domésticos. Será que assumiria também a responsabilidade por um cão?

– Acho uma ótima ideia – disse ele. – Vou pegá-la com você.

John era mais imprevisível. Num dia era categórico – "Um cachorro, não! Aí já é demais, Susan" –, mas, já no dia seguinte, estava todo derretido, falando sobre o buldogue mais fofo do mundo que ele tinha visto num abrigo.

– Será que é loucura nossa? – perguntei-lhe. – Adotar assim, às cegas, um cachorro que está a 800 quilômetros de distância?

– Lembre-se de que alguém adotou você assim, às cegas.

Feita a viagem de ida e volta ao presídio, 1.600 quilômetros depois, Marina e Aubrey saíram correndo enlouquecidos pela porta da frente.

– Gracie! Gracie! – vieram, aos gritos.

Wesley ficou esperando dentro de casa. Depois que entramos, porém, ele se juntou à gritaria, fazendo festa para nosso bichinho de estimação. Gracie, coitadinha, urinou no tapete.

Não tinha problema.

Wesley nunca abraçaria um ser humano espontaneamente. Nunca. Mas, nessa noite, ele entrou no canil com Gracie, se sentou ao lado dela e lhe deu alguns tapinhas (às vezes fortes demais), falando com ela NESTE TOM DE VOZ.

E *paft, paft, paft*, fazia a cauda de Gracie, sacudindo de um lado para o outro.

– Olha, mamãe, ela tem dentes afiados! – exclamou Wesley, repuxando os lábios da cadela. Gracie lhe deu uma grande lambida na bochecha.

– Posso dormir com ela? – perguntou.

E, pronto, simples assim. Gracie se tornou parte da família. Era ela quem perseguia lagartixas, a perita em cavar buracos (isso os prisioneiros devem ter ensinado a ela, dizíamos brincando). A primeira a ganhar o bom-dia dos meus filhos pela manhã e a última a receber os beijos de boa-noite.

Em poucos dias, Wesley e Gracie tornaram-se companheiros inseparáveis. Quando ela se deitava de costas, pedindo uma coçada na barriga, ele a atendia.

Ele parou de lavar as mãos depois de comer suas tirinhas de rabanada, preferindo, em vez disso, deixar Gracie lamber a calda que ficava grudada em seus dedos.

Wesley lia livros ilustrados para a cadela, ajudava a fantasiá-la para o Halloween (de pato) e sempre queria que ela ficasse no banheiro enquanto ele tomava banho.

Adorava deixá-la lamber seu rosto e curtia especialmente as lambidas que chegavam bem pertinho da boca.

– Eca – eu suspirava.

Mesmo assim, era uma maravilha, já que Wesley nunca sentira prazer no contato físico até então.

Eu costumava cantar todas as noites para meus filhos dormirem. Cantava baixinho e devagar, quase um murmúrio, até Wesley se acalmar.

John quase chora quando pensa nisso hoje em dia. Ele me contou que passou anos escutando atrás da porta de Wesley, me ouvindo cantar. Esse foi um de seus raros pedidos: que eu gravasse minha voz cantando aquela canção, antes que ela se perdesse.

Gracie me substituiu nessa função.

– Vá para a cama, Wesley – eu dizia a ele. – Fique quietinho e em silêncio.

– Depois Gracie vai vir também?

– Vai.

Ele corria para a cama, se cobria com seu cobertor de trenzinhos e ficava de olhos arregalados à luz do abajur, esperando.

Então eu levava Gracie para o quarto dele. Fiz isso até não conseguir mais andar. Ficava observando enquanto ela pulava na cama, lhe dava uma última lambida, se enroscava ao lado dele – mais perto do que jamais consegui ficar – e adormecia.

Wesley faria 8 anos no dia 9 de setembro de 2011. Seria o primeiro grande acontecimento depois do meu diagnóstico de ELA, em junho, e eu queria sossego. Ele também, que fica mais à vontade sozinho com Gracie. Uma multidão de convidados e a barulheira de uma festa seriam desagradáveis.

Eu tinha o plano perfeito: John, Wesley e eu passaríamos o aniversário dele no melhor jardim zoológico da região, o Metro Zoo, que ficava a uma hora e meia de carro, em Miami.

– Tem elefantes lá – eu disse a Wesley. – Quer ir vê-los em Miami?

– Sim! Quero ver os elefantes! – respondeu ele.

Antes de sair, estabeleci as regras com John:

– Vamos ver os animais que Wesley quiser ver e vamos deixar que ele nos guie, até não aguentarmos mais.

O Metro Zoo tem umas bicicletas de quatro rodas fantásticas, que parecem um carrinho, com um toldo amarelo para proteger os passageiros do sol. Alugamos uma e John pedalou até os elefantes asiáticos.

Depois fomos para o outro lado do zoo, onde ficavam os elefantes africanos.

E voltamos aos asiáticos, para ver as orelhas deles. E depois novamente aos africanos, para observar a diferença.

E para lá e para cá, de novo, para reparar na cabeça deles.

E, mais uma vez, para comparar seu tamanho.

Pedalamos o dia inteiro, tomando limonada, comendo algodão-doce e vendo os elefantes. Wesley estava no paraíso.

E eu também.

Eu não tinha nenhum outro plano para o meu ano de vida, além de viver com alegria. Simplesmente agarrava as oportunidades que surgiam: a maravilha do ônibus espacial, a simplicidade de um dia no zoológico, a paz de deitar ao lado de Gracie.

Foi por causa de Wesley que me dei conta de quanto essas experiências eram preciosas. Ele me ajudou a gostar de Gracie mesmo quando ela esburacou todo o nosso quintal, e me ensinou que os elefantes africanos têm orelhas no formato da África.

Por causa dele, sei que aquelas bicicletas para quatro pessoas são fabricadas na Itália e que são caras demais para uma família de classe média (pode acreditar, eu tentei comprar uma).

Não fosse por Wesley, eu não teria reconhecido como era emocionante ficar em pé no teto do furgão, no dia do lançamento do ônibus espacial.

Essas memórias continuam muito claras na minha mente. Sorrio toda vez que me lembro delas. Quando eu estiver paralisada, elas serão meu consolo e minha força.

Mas do que Wesley se lembraria? Essa era a questão.

Quando se está diante da morte, você quer deixar alguma coisa para trás, algo que permaneça. Eu queria semear memórias, mas as coisas de que Wesley se lembrava eram inteiramente aleatórias – o que é uma das características de sua síndrome. Com frequência, ele parecia não se lembrar de nada.

No fim de agosto de 2012, mais de um ano depois da viagem, comecei a escrever sobre nossa aventura para ver o lançamento do ônibus espacial – o teto amassado, a incerteza, o deslumbramento quando o foguete subiu em disparada.

Por curiosidade, perguntei a Wesley – sem tentar influenciá-lo – se ele se lembrava da nossa aventura.

Ele torceu o cabelo louro e comprido entre os dedos.

– Lembro – disse, estalando a língua. – Claro.

– Quem estava lá? – perguntei.

Ele disse um por um os nomes dos parentes de Nancy. Achei que os tivesse decorado, como frequentemente faz. Em seguida, acrescentou dois nomes – Samantha e Brooke –, as filhas da amiga de Nancy. Aquela havia sido a única vez que as tínhamos visto.

– Onde nós ficamos para ver o foguete?

– No teto do carro.

Wesley sorriu. Eu também sorri, encantada.

Algumas semanas depois, ele fez um desenho maravilhoso de Cindy, o golfinho, com canetinha preta. Nós o colocamos numa moldura e o penduramos acima da mesa de jantar.

Missão cumprida, eu penso quando olho para o desenho.

O jardim de Wesley já está crescendo.

Yukon

Outubro

Auroras boreais

Se você estivesse morrendo, o que faria? O que veria? Com quem passaria o seu último ano?

Eu sabia que queria viajar. Viajar sempre tinha sido uma coisa mágica para mim, a essência da vida. Os lugares que visitei sempre me proporcionaram tantos momentos felizes...

Estive adiando as viagens especiais desde o nascimento dos meus filhos, sempre pensando: neste momento estou muito ocupada, mas, quando as crianças estiverem maiores, quando o ritmo do trabalho diminuir...

Agora as desculpas haviam acabado. Não haveria mais espera. O mundo estava aberto para mim, e eu podia ir a qualquer lugar.

Qual-quer lu-gar.

Mas aonde? O que é que eu nunca tinha visto e que, mesmo à distância, me deixava maravilhada? A Grande Muralha da China? O Taj Mahal, na Índia?

Ou o deserto de Atacama, no Chile? Dizem que é como estar na superfície da Lua. Alguns astrônomos encontraram por lá partículas de asteroides que contêm os mesmos aminoácidos dos seres humanos. Ah, que fantástico seria conhecer o Atacama!

Ou será que eu devia ir ao refúgio mais romântico do mundo: à Espanha, num penhasco com vista para o mar, um antigo mosteiro transformado em hotel de luxo? Um lugar para fazer amor, enquanto isso ainda era possível, para viver aqueles tremores ardentes e deliciosos.

Foi a minha melhor amiga, Nancy Maass Kinnally, quem deu a ideia e chamou a minha atenção. Desde nossa viagem a Nova Orleans, quando eu havia admitido minha doença pela primeira vez, ela vinha tentando planejar algo exótico para nós duas: a melhor viagem da nossa vida.

Nancy e eu nascemos com duas semanas de diferença e crescemos a 5 quilômetros de distância uma da outra. Nós nos conhecemos quando tínhamos 11 anos, na Palm Beach Public Junior High School, e somos amigas desde então. Fizemos faculdade juntas, na Universidade da Carolina do Norte e depois na Universidade da Flórida.

Nancy sempre foi a mais certinha, enquanto eu... Bem...

Nós nos completávamos. Acho que nos entendíamos tão bem especialmente porque ríamos das mesmas coisas e podíamos mandar a outra calar a boca sempre que necessário.

Compartilhávamos a paixão pela aventura e tínhamos viajado juntas ao exterior, inclusive à Hungria e ao Peru. Visitamos Machu Picchu no solstício de verão de 1997, cercadas por um pessoal Nova Era da Califórnia que ficou reclamando sem parar que a comida não era orgânica.

Então fugimos deles e fomos escalar o pico do outro lado, o Huayna Picchu, em busca de paz, sossego e de uma visão da antiga moradia dos imperadores incas.

Eu estava grávida de cinco meses. Escorreguei e quase caí.

Mesmo assim, demos risada o tempo todo, e não paramos desde então.

Hoje – passados 34 anos, cinco filhos e trocentas crises pessoais –, Nancy e eu continuamos a ser aquelas garotas bobas da sétima série, rindo dos meninos e fazendo piadas escatológicas.

Seria bem difícil superar nossas experiências passadas. Mas Nancy estava determinada.

Ela chegou a entrar em contato com o irmão, que nos ofereceu seu luxuoso apartamento em Buenos Aires para usarmos como base para um tour pela América do Sul.

Não, Buenos Aires era encantadora, sem dúvida, mas eu não tinha nenhum sentimento especial em relação ao lugar.

Uma amiga em comum que mora em Goa, na Índia, nos convidou a visitá-la. Estudamos no sétimo ano com ela, que tinha se mudado para a Índia e se ordenara monja budista. Quem sabe não seria uma boa visitar o mosteiro dela e aprender a meditar?

Nancy queria muito ir à Índia.

– É sério? – perguntei. – Você consegue me imaginar num mosteiro budista? "Não posso meditar agora, está na hora de tomar uns drinques!"

A inspiração me veio numa tarde no fim de setembro. Havia uma brisa, mas continuava sendo a Flórida: quente como um forno. Nancy e eu estávamos num deque em West Palm Beach, à espera de umas amigas que chegariam de barco.

Eu já vinha tendo dificuldades para andar em terra firme. O deque, com seu ligeiro balanço, era um lembrete do meu futuro, quando até ficar de pé seria difícil. Eu me concentrei no céu – equilíbrio, Susan, equilíbrio – e pensei nas auroras boreais e austrais.

Podendo ser vistas perto dos polos da Terra, são um dos fenômenos mais maravilhosos da natureza, um espetáculo de luzes celestiais, geralmente verdes e brancas, às vezes vermelhas, cor-de-rosa, roxas e azuis.

O arco-íris do céu noturno.

Eu ficara fascinada ao ler pela primeira vez sobre as auroras boreais num livro do almirante Richard Byrd – *Alone* –, seu relato dos meses que passou na escuridão da Antártida, onde seus sentidos, até então negligenciados, se expandiram numa sensibilidade primorosa.

Byrd escreveu sobre uma gigantesca aurora elíptica verde:

> Cintilou no céu o que parecia ser uma cortina pendendo sobre o Polo Sul, composta de brilhantes raios de luz...
>
> No alto, a aurora começou a mudar de forma e se transformou numa imensa serpente reluzente, enquanto as dobras sobre o polo puseram-se a ondular, como se a cortina estivesse sendo puxada por uma presença celestial. Uma estrela após outra foram desaparecendo à medida que as dobras serpeantes as foram encobrindo.
>
> Fiquei com uma sensação de haver assistido a uma cena negada a outros mortais.

Sou uma pessoa espiritual. Acredito em Deus. Acredito em forças que estão além de nós no Universo, em maravilhas que somos pequenos demais para compreender.

Em fenômenos como as auroras, podemos vislumbrar esses pequenos milagres. Por um momento, na presença deles, somos capazes de perceber, sentir e ver.

– O Território de Yukon, no Canadá? No inverno? – disse Nancy, boquiaberta, quando lhe contei o meu desejo. Eu nunca havia falado sobre esse meu fascínio... E ela odeia o frio. – E a Índia? Por que a Índia não pode estar na sua lista de coisas para fazer antes de morrer? – falou ela meio brincando. (Eu acho.)

Mas acabou concordando:

– Tudo bem, claro – assentiu. – Eu faço o que você quiser.

Nesse momento, nossas amigas Lisa e Anatole chegaram de barco – uma pequena embarcação com adornos de teca, que um dia pertenceu a Jimmy Buffett.

Passamos o dia desfrutando o que há de melhor na Flórida: tomando sol, nadando, juntando-nos a um amontoado de outros barcos numa ilha próxima, onde as pessoas costumam ligar o som, abrir latinhas de cerveja e ficar lá, exibindo seus biquínis fio dental e suas tatuagens.

Lisa é juíza e passa a semana inteira ponderando sobre assuntos sérios demais. Foi um prazer vê-la relaxar, descontraída, enquanto assistíamos àquele desfile de corpos bronzeados diante de nós.

Estávamos curtindo tanto que não notamos a aproximação de uma tempestade gigantesca, até ela estar bem em cima de nós. Minhas amigas saíram correndo para levar nossas coisas para a praia, onde poderíamos esperar o temporal passar. Sem poder ajudar, fiquei sentada no barco, perto do toldo de metal. Senti a eletricidade no ar e pensei como seria perfeito se caísse um raio na minha cabeça.

Pedi para ficar no barco.

Nancy e Lisa nem quiseram escutar e me ajudaram a desembarcar. Junto com um homem simpático até demais que havíamos acabado de conhecer, nos aninhamos na praia e ficamos abraçadas umas às outras, enquanto a chuva fria nos golpeava e os raios caíam nas imediações.

Não faço ideia de qual seja a probabilidade de ser atingida por um raio.

Ou a probabilidade de eu ser atingida pela ELA.

Não tem importância. Poderia acontecer com qualquer um. Uma tempestade no paraíso. A ELA pode derrubar um famoso jogador de beisebol, um homem idoso, um filho, uma filha, uma mãe no auge da vida.

Eu a havia aceitado. Seguiria em frente.

Para o Território de Yukon. Para as auroras boreais.

Deixando o barco e caindo nos braços de minhas amigas.

Obrigada

Havia uma coisa que eu ainda precisava fazer antes de ir ao Yukon. Uma coisa que partiria meu coração: deixar o emprego que eu adorava.

Fazia mais de um ano que eu vinha lutando, improvisando soluções para driblar minha saúde frágil.

Quando não conseguia mais pegar meu laptop, pedia a outras pessoas que o tirassem da bolsa, o pusessem no meu colo e o abrissem para mim.

Quando a coreografia precisa dos meus dedos no teclado foi para o espaço e o mindinho já não conseguia chegar ao *p*, comecei a catar milho.

E comecei a perder prazos. Melhor dizendo, comecei a perder *mais* prazos.

Aquilo me inquietava. Eu produzia notícias atualizadas com os seis dedos que ainda funcionavam e chegava até a tuitar do tribunal. O *Palm Beach Post* estava contando comigo. Enfrentávamos uma recessão, especialmente no mercado jornalístico, e eu estava ocupando um lugar que poderia ser de algum profissional que tivesse as duas mãos intactas.

Comecei a passar noites em claro, preocupada por não estar dando conta da minha parte. Por não ser mais uma repórter de primeira. Aos poucos, comecei a ter medo de ir para o trabalho que eu tanto adorava.

Mas como poderia pedir demissão? Ser jornalista era a minha identidade. Seria como perder um pedaço de mim mesma.

E quanto ao dinheiro? Eu tinha grandes planos, mas não sabia se poderia arcar com tudo. Na verdade, não tinha certeza se poderíamos sequer pagar nossas contas sem meu emprego.

Nancy, como sempre, entrou em cena. Quero que todos entendam isto, porque é importante. Todos os dias, quando preciso de alguém, John está lá. A cada vez que o desespero me domina, pensar nos meus filhos é o que me consola. E em todos os momentos decisivos da minha vida, quando alguém precisa tomar uma providência, esse alguém é Nancy.

Ela trabalhava na assessoria de comunicação da Ordem dos Advogados da Flórida, em Orlando. Depois do meu diagnóstico de ELA, Nancy deduziu que devia haver dispositivos legais para ajudar pessoas na minha situação e sugeriu alguns advogados locais que poderiam examinar o assunto.

John e Stephanie, advogados da defensoria pública da Flórida, me explicaram a legislação sobre invalidez. Falaram-me sobre a licença médica.

John examinou toda a minha papelada, todo aquele negócio de RH do escritório que a gente enfia numa gaveta e nunca mais olha, e descobriu uma coisa: eu tinha uma apólice de seguro de vida pelo jornal. Uma apólice bem generosa. Se eu tivesse uma doença terminal – sim, infelizmente, esse era o caso –, poderia receber antecipadamente 70% da minha indenização. Não só antecipadamente, mas de imediato. Yukon, lá vou eu!

O processo todo levou quase três meses – o verão inteiro, enquanto tive tempo de ver o ônibus espacial com Wesley, abraçar meu futuro e planejar nosso passeio de aniversário ao jardim zoológico. Durante todo esse tempo, não disse praticamente nada a meus colegas. Apenas continuei trabalhando.

Trabalhei com mais afinco do que nunca, determinada a cumprir minhas tarefas como sempre havia feito.

E, por algum tempo, consegui. Trabalhei de maneira tão eficiente e com tanta alegria que comecei a me perguntar: será que eu poderia continuar trabalhando?

Aí, levei um tombo na escada.

Eu vinha forçando a barra, recusando-me a ceder à fraqueza. Mas forcei demais e, na escadaria do prédio da promotoria de justiça, minhas pernas não aguentaram.

Despenquei da escada. Não tive força nos braços para deter a queda e rolei até lá embaixo.

Quando me ajudaram a ficar de pé, havia sangue escorrendo pela minha perna esquerda.

– Você precisa de um médico – alguém disse.

– Não – retruquei. – Estou atrasada para uma entrevista.

A entrevista era com um promotor importantíssimo, que não era muito fã das minhas matérias. Quando entrei, ele me lançou seu olhar frio de praxe. Aquele olhar que diz "só vou falar com você porque sou obrigado".

Então, viu minha perna.

– Você se machucou? Você está machucada! Vamos fazer esta entrevista depois.

Naquele exato momento, compreendi: não havia como fazer as coisas depois. Eu nunca mais estaria melhor do que naquele dia.

– Não – respondi. – Vamos resolver isso agora.

Um pouco mais tarde, minha editora me telefonou:

– Que diabo está havendo com você?

– Ligue para o meu advogado – respondi.

Eu não tinha intenção de ser grosseira. As palavras me vieram à cabeça – *tenho ELA* –, mas não consegui dizê-las. Não sem irromper em prantos – e isso eu não podia fazer.

Alguns dias depois, eu estava no intervalo de uma audiência, fumando com o juiz Barry Cohen, um homem sobre quem tinha escrito ao longo de anos. Frequentemente almoçávamos juntos na lanchonete do tribunal, ao lado de outros juízes e advogados que eu admirava.

Não sei por que eu disse isto. Não era algo que tivesse planejado, mas, de repente, me virei para ele e declarei:

– Acho que não vou mais voltar.

Em seguida, dei meia-volta e me retirei o mais rápido que pude, com minha dignidade intacta.

Dessa vez eu chorei. Porque eu amava aquele trabalho, e havia acabado de admitir para mim mesma que ele estava encerrado.

Tirei uma licença médica em meados de agosto. Duas semanas depois, ganhei um prêmio da Ordem dos Advogados da Flórida por minhas notícias atualizadas no Twitter e na internet. Era um reconhecimento estadual, uma das maiores realizações para uma jornalista da minha área.

O prêmio seria entregue num grande jantar, ao qual compareceriam jornalistas, advogados e membros da Suprema Corte da Flórida. Meu chefe no *Palm Beach Post*, Nick Moschella, quis que eu fosse. Achou que seria bom para o jornal e para mim.

Mas o evento seria em Tallahassee, a capital do estado da Flórida, a 800 quilômetros de distância. Nas minhas condições, eu não tinha como dirigir, e seria uma viagem de última hora, porque eu não vinha verificando minha caixa de e-mails no trabalho. A passagem de avião custava 700 dólares.

Eu não podia justificar essa despesa, principalmente sabendo que não iria voltar ao trabalho.

– Por favor, use esse dinheiro para custear alguma matéria – eu disse ao Nick. – Eu pago a minha viagem a Tallahassee.

Resolvi ir de ônibus.

Eu andara de ônibus muitas vezes em outros países. Mas nunca tinha entrado num Greyhound nos Estados Unidos. Vá fundo, Susan, eu disse a mim mesma. Viva uma aventura.

A viagem foi longa, enfadonha e horrorosa. Acho que levou oito horas. Durante metade desse tempo, fiquei sentada em frente a integrantes de uma banda de heavy metal. Os músicos passaram o tempo todo falando ao celular, reclamando alto com o empresário por terem que tomar aquela porcaria de ônibus.

O ônibus era mesmo uma porcaria.

Numa das paradas, caí para trás, lutando para descer a escada do ônibus.

– Cara, ela está chapada – ouvi os sujeitos da banda dizerem.

Cheguei no dia da entrega dos prêmios. Imunda. Atordoada. De ônibus! No meu estado. Onde é que eu estava com a cabeça?

Nancy me deixou ficar no mesmo quarto que ela no hotel. Um banho, um cochilo e uma amiga: isso me reanimou. Naquela tarde, em meio a gritos de "vamos lá", encontramos no Google um jeito de passar as férias no Yukon e reservamos as passagens.

Aurora boreal, aqui vamos nós!

À noite, dei uma caprichada no visual com um vestido bonito. Eu me maquiei e pus meu colar favorito, com uma medalha de Santo André. E, infelizmente, calcei sapatos rasteiros. Pouco antes de tirar minha licença médica no trabalho, eu tinha levado um tombo ao sair de casa e fraturado a clavícula. Foi quando percebi que minhas pernas estavam fracas demais para eu continuar usando salto alto.

A cerimônia era no último andar do prédio da Assembleia Legislativa, num salão com janelões de vidro e 360º de paisagem, e na hora do pôr do sol, meu horário favorito do dia. Todos os figurões do ramo estavam presentes, inclusive alguns desembargadores da Suprema Corte estadual.

Mas eu não estava emocionada, até que um amigo, Neil Skene, contou a história do meu ano anterior e minha viagem de ônibus até ali. Enquanto eu caminhava para receber o prêmio, começaram os aplausos. Quando virei para a plateia, vi que todos estavam de pé.

Eu sabia que aquilo não era pelas minhas tuitadas; era por vinte anos de trabalho.

Aquilo me comoveu.

Não consigo me lembrar do meu discurso de agradecimento, mas acho que foi assim:

– Obrigada.

Na manhã seguinte, peguei o ônibus de volta para casa. Um mês depois, estava a caminho do Yukon com Nancy.

As luzes do Norte

Havíamos escolhido um local a cinco horas do Círculo Ártico, no Território de Yukon, no Canadá: uma cidadezinha chamada Whitehorse. Para isso, contatamos a agência de viagens Northern Tales Travel Service, especializada em conduzir aqueles que faziam a jornada rumo à aurora boreal.

Não tínhamos nenhuma informação privilegiada, só uma pesquisa no Google. Eu tinha ficado impressionada com as fotos de uma aurora boreal gloriosa e de uma cabana acolhedora no site da agência.

Com certeza, aquele parecia um local para uma "cena negada a outros mortais", como escrevera Byrd. "Um lugar onde os sentidos, até então negligenciados, se expandiram numa sensibilidade primorosa."

Nancy e eu fizemos a viagem em grande estilo. Primeiro um voo para São francisco, depois outro para Vancouver, deixando no hotel as roupas de clima mais quente para quando voltássemos. Whitehorse ficava a duas horas e meia de avião de Vancouver, e o trajeto era quase todo na direção norte.

Demos risada com os arranjos de flores tropicais de seda no balcão da Air North. Perguntei ao funcionário como estavam as condições do tempo em Whitehorse.

– Vinte graus negativos e nevando – disse ele.

O frio me tirou o fôlego, literalmente. Quando pisei do lado de fora, em Whitehorse, o ar se recusou a sair dos meus pulmões. Fiquei me perguntando se era possível que as narinas se fechassem por congelamento.

Pelo menos tínhamos o guia de viagens da Northern Tales, Stefan Wackerhagen, para nos proporcionar algum calor humano. Stefan era alemão, condutor de trenós de cães, adepto da vida ao ar livre, e parecia uma versão mais rústica do premiado jornalista Anderson Cooper. "Uau!" Nancy e eu demos uma piscadela uma para a outra.

Ele nos levou ao nosso hotel, o Best Western Gold Rush Inn, e nos entregou duas grandes mochilas vermelhas, com o equipamento de inverno que havíamos alugado. Fomos para nossos quartos e nos vestimos para a primeira das três noites de contemplação da aurora boreal.

Ou melhor, Nancy nos vestiu. Com minhas mãos fracas, eu não tinha a menor condição de puxar, fechar zíperes, amarrar cordões ou abotoar coisa alguma. Depois de terminar com suas próprias repuxadas e fechos, ela me espremeu na minha malha justa de corrida, em calças jeans, meias de lã, macacão forrado de penas de ganso, camiseta colante de nylon, blusa de algodão de gola alta, suéter de caxemira, parca forrada de pele e um par de botas pesadas de inverno, dessas de amarrar.

– Qual é a cantada número um no Yukon? – perguntei. – "Tenho certeza de que você está longe de ser tão gorda quanto parece nessa parca."

Ao longo da viagem, Nancy me vestiu e me despiu inúmeras vezes, declarando, a certa altura, que a camiseta de nylon estava imunda:

– Isso é lixo tóxico! – gracejou.

Pus a culpa no desodorante barato que ela colocava em mim.

Por volta das dez horas da noite, nosso guia nos conduziu de carro durante cerca de meia hora, na autoestrada Alaskan. Aceleramos em meio à completa escuridão, a neve pulverizada deslizando pela estrada à luz dos faróis. Deixamos a estrada por um caminho não sinalizado e coberto de neve, por entre as árvores, e estacionamos ao lado de uma pequena cabana no meio do nada.

Ao norte ficava um campo aberto branco, com bancos na lateral.

E, no alto, uma vasta extensão de céu a ser pintado pela mãe natureza.

Nessa primeira noite, os ventos estava tão fortes que não conseguimos fazer uma fogueira. Então passamos o tempo dentro da cabana, em volta de uma estufa preta de lenha, de brilho alaranjado.

Penduradas numa das paredes da cabana estavam peles de raposa e de um urso que tinha sido abatido na propriedade (um fato divertido que, no entanto, eu realmente não precisava saber).

Numa outra parede havia um mapa-múndi, onde os buscadores das luzes marcavam com alfinetes suas cidades natais, algumas muito distantes dali, no Taiti, na África do Sul, na Nova Zelândia. Um banco de madeira coberto de almofadas guarnecia todas as paredes da cabana. Havia um bar com dez tipos diferentes de chá quente, café e chocolate, biscoitos, batata frita e marshmallows.

Mas nada das luzes do Norte. A vasta imensidão do céu continuava envolta em nuvens.

Mas também, o que é que se pode fazer no inverno do Yukon, além de ficar num descampado no meio da noite?

A Northern Tales oferecia excursões diurnas – reservas ecológicas, passeios de trenó ou uma visita a uma fonte de águas termais. Assim, no dia seguinte, Nancy me vestiu com uma camada adicional de roupa: uma roupa de banho.

A fonte termal Takhini é um oásis ao ar livre, alimentado pela água que se infiltra nas profundezas da terra e depois volta à superfície, carregada de minerais e a uma temperatura de 40ºC.

Nancy e eu éramos as únicas visitantes naquela tarde. Olhei para os degraus que desciam para a piscina. O corrimão ficava do lado esquerdo, meu lado mais fraco.

De repente aquilo me pareceu má ideia. No calor, talvez pudesse ser legal, mas não numa roupa de banho molhada, a 23°C abaixo de zero. Imaginei Nancy num biquíni coberto de cristais de gelo, lutando para me levantar do chão congelado.

– Não vou entrar.

– O quê? Ora, vamos, Susan!

E ficamos nesse impasse até que Nancy foi pedir ajuda ao homem lindo da recepção. Eu o ouvi contando a ela sobre a senhora artrítica de 80 anos que ele havia ajudado a sair da piscina. Imaginei-o içando meu corpo frágil.

De jeito nenhum, pensei.

Então, ouvi Nancy lhe dizer uma coisa que me comoveu:

– Eu nunca a vi desse jeito até hoje.

– Está bem, está bem, eu entro! – gritei do vestuário.

Pela enésima vez, Nancy me despiu – parca, macacão, três blusas, duas calças. Descemos de maiô pela passarela que rangia por causa do frio e estendemos nossas toalhas num suporte coberto de neve.

Ela desceu a escada para dentro d'água.

– Puxa, parece que vai queimar a gente! – comentou.

Virou-se para me ajudar e deslizamos em silêncio para dentro d'água, mal fazendo marola.

Sufoquei um grito e trinquei os dentes, até me dar conta de que a água não estava me queimando. A temperatura estava perfeita, e a piscina fumegava no ar congelante. Encontramos as saídas de água quente da fonte e nos sentamos num banco ao lado deles, mergulhadas até o pescoço num paraíso termal de inverno.

A fonte desenhava um semicírculo e proporcionava uma vista larga das cercanias. Uma floresta de pinheiros congelados. Um céu de nuvens imóveis. O silêncio era tanto que se podia ouvir os galhos rangendo sob o peso da neve.

Uma a uma, as gotículas de água no nosso cabelo congelaram. Aos poucos, o cabelo da Nancy foi ficando branco, até ela parecer uma velhinha.

Imaginei-me sentada ao lado dela num hospital, num dia distante, esperando o nascimento de seu primeiro neto; ao lado dela em formaturas, casamentos e funerais que viriam.

Desde o meu diagnóstico, eu estava absorta em preparativos para a morte: fazer gravações de voz para meus filhos, planejar viagens, pensar obsessivamente nas finanças, tentando preservar a capacidade deles de viver com alegria, mesmo sem mim. Nesse momento, porém, vi o futuro no rosto da minha amiga – e vi a mim mesma como parte dele.

As nuvens se abriram, um céu azul brilhou ao pôr do sol e senti, dentro de mim, um sentimento de esperança retornar.

Na segunda noite de contemplação da aurora boreal o céu estava limpo e sereno. Nosso guia era um senhor cubano, Leandro Font. Guia de meio expediente e novato, ele mesmo ainda não tinha visto as luzes no local onde ficava a cabana.

E assim, lá estávamos nós, duas americanas da Flórida e um cubano, na expectativa. Olhos cravados na escuridão, tentando desvendar o milagre do subártico.

Vimos uma luz passando no horizonte, por trás de um arvoredo. Acertamos nosso zoom cósmico e perdemos o fôlego.

Era só um carro.

– *Creo que son los* faróis do Norte – gracejou Font.

Depois de algumas horas, entrei na cabana e me deitei perto do fogo. Despertei de um sono profundo com os gritos de Font:

– Está vindo! Está vindo!

Saí cambaleando para o campo, ao som dos gritos de Nancy:

– Olhe! Olhe! Está lá!

Lá estava ela – uma faixa horizontal a uns trinta graus de elevação, no céu noturno. Um fantasma celestial. Eu me perguntava se era verde ou branca, quando tropecei e caí na neve, batendo com a cabeça na queda.

No momento em que Nancy e Leandro acabaram de me levantar, a luz já havia desaparecido.

Em nosso último dia em Whitehorse, Stefan nos levou para um passeio de trenó no canil de Muktuk, que abrigava cerca de 120 huskies do Alasca. Estávamos agasalhadas em nossos trajes quase espaciais e botas de inverno, quando Stefan disse:

– Acho que essas botas não vão dar conta do frio. Vamos arranjar para vocês umas botas de coelho.

Botas de coelho, em borracha branca e com cadarços, feitas para temperaturas de -40°C, são uma invenção dos militares americanos. É mais ou menos como amarrar dois tijolos em cada pé – e igualmente confortável.

– Vocês têm algum problema de saúde? – nossa amável guia, Tori, perguntou à Nancy enquanto nos arrumávamos.

– Ah, sim – disse Nancy. – Tenho crise de asma se fizer muito esforço no frio.

Rimos e saímos para a temperatura de -23ºC. Tori e Nancy atrelaram oito cães e me encaixaram no trenó – uma almofada nas costas, um saco de água quente sobre o peito e, por cima, um saco de dormir. As duas fecharam o zíper da cobertura de lona e puxaram a gola alta da minha blusa de lã para cobrir minha boca e meu nariz, deixando apenas meus olhos de fora.

Tori deu à Nancy uma explicação rápida sobre a operação de trenós: um monte de instruções ininteligíveis para mim sobre freios, ganchos de neve e comandos de voz que só fazem sentido para os cães. A única coisa que consegui entender foi:

– Aconteça o que acontecer, não solte.

A última coisa que Tori disse à Nancy foi:

– Há uma subida em que você terá que descer do trenó e correr. Os cachorros não aguentam puxar o peso todo.

– Espere aí... o quê?!?

Tarde demais. Já tínhamos partido.

Logo chegamos à tal subida:

– Ai, meu Deus, eu devia ter comido meu cerealzinho – gemeu Nancy.

Ela ficou ao lado do trenó e subiu correndo a encosta nevada, com suas pesadas botas de coelho. Logo sua respiração estava mais difícil e ofegante.

Mais ou menos na metade da subida, eu a ouvi dizer com a voz entrecortada por arquejos:

– Eu queria saber... a que distância... nós estamos... de... um hospital.

Nancy não soltou o trenó em nenhum momento. Continuou segurando firme, mesmo quando ele ameaçou arrastá-la. Parecia estar à beira de uma crise de asma. Por fim, no alto da subida, conseguiu recuperar o fôlego.

– Você vai me pagar a porcaria do jantar – falou com esforço.

Rimos às gargalhadas pelo resto do passeio, na trilha plana, enquanto os cães nos puxavam pela floresta de pinheiros. O único som era o *tap, tap, tap* de 32 patas na neve.

Eu tinha ido até lá para ver o milagre silencioso do céu. E o encontrei no silêncio bem ao meu redor.

Isto é um sonho, pensei. *É um sonho.*

Nossa última noite de contemplação da aurora boreal caiu numa sexta-feira, e umas 12 pessoas se juntaram a nós. Turistas que haviam chegado para o fim de semana. Uma família chinesa. Um estilista japonês que se inspirava nos romances de Jack London. Um casal de Toronto que disse que ver as luzes era parte da sua lista de coisas a fazer antes da morte.

Não lhes perguntei por que nem contei a ninguém minhas razões.

Passei minha garrafa de conhaque aos outros e tomei baldes de chocolate quente e chá. Stefan havia previsto como seriam as fotografias que guardaríamos de lembrança – longas exposições em que ficaríamos completamente imóveis, enquanto a câmera captaria a cortina de luzes ondulantes atrás de nós.

Isso se elas aparecessem.

Eu havia parado de checar a previsão das auroras boreais na véspera. Sabia que não tinha controle sobre isso. Para que me preocupar? O que tivesse que ser seria.

Foi assim que minha psicóloga me orientou a responder às perguntas de meus filhos. Quando eles perguntam "Mamãe, você vai morrer?", eu respondo: "Não sei. O que tiver que ser será."

Mas é claro que torci para que as luzes aparecessem.

Corri os olhos pela cabana, vendo as fotos emolduradas de gloriosas auroras boreais verdes. Pensei na simpatia e na extraordinária gentileza de todos os canadenses que havíamos conhecido. Observei minha amiga querida conversando eufórica com o sósia rústico do Anderson Cooper.

A mesma que gastara milhares de dólares para percorrer 13 mil quilômetros até um lugar congelante em que não tinha o menor interesse – e sem a menor garantia de conseguir ver qualquer droga de luz.

Esperamos até as três da manhã.

Mas não era para ser.

– Você preferia ter visto as luzes, mas não ter conhecido todas essas pessoas nem vivido todas essas coisas? – perguntou Nancy.

– Não – respondi.

E então ela me relembrou:

– É a viagem que importa, não a chegada, certo?

– Certo – respondi. – É meio clichê, mas é verdade mesmo.

Ela suspirou. Eu sorri.

– Boa noite, minha amiga linda.

A praia dos destroços

No Yukon, o frio me deixou sem energia. Notei que meus pés se arrastavam nas botas pesadas e ficavam exaustos depois da tremedeira. Torci para que fosse só isso – o frio extremo.

Já em Vancouver, no trajeto de volta, descobri que não era bem assim. Continuei me sentindo fraca, mesmo depois de estar relativamente mais aquecida, com menos roupas e sapatos rasteiros bonitinhos.

Teríamos uma parada de um dia – Olá, Four Seasons! – e, assim, meu amigo Nick e sua namorada, Junmin, nos levaram para um passeio à tarde. Nick era produtor de um programa de televisão sobre crimes reais. Fazia pouco tempo que filmara um especial sobre minha vítima favorita – Heather Grossman, sobrevivente de um tiro, uma mulher inspiradora, tetraplégica, sobre quem eu tinha escrito muitas matérias. Apesar da minha fala arrastada, ele havia insistido que eu também fosse.

Nick sugeriu um local à beira-mar, com vista para a baía de Vancouver e as montanhas ao redor. Era um dia ensolarado, mas estava muito frio. Poderíamos fazer uma fogueira, disse ele, e ver o pôr do sol.

Perfeito!

A entrada da praia dos destroços era uma escadaria íngreme que descia para a floresta. Quinze metros abaixo, os degraus faziam uma curva e desapareciam. Não dava para ver onde terminavam.

Começamos a descer. No primeiro patamar, um toldo formado pelas copas das árvores escondeu o céu. Havia um pouquinho de neve nos degraus. Folhas caíam em silêncio pelo ar exuberante. Havia feixes de luz do sol aqui e ali.

Um lugar perfeito para se apaixonar, pensei.

Recomeçamos a descida, devagar, os degraus acarpetados com a escorregadia dádiva do outono.

Fizemos uma curva e vieram mais degraus escorregadios. O clima foi mudando à medida que descíamos, junto com as plantas. Mais samambaias. Mais umidade. Nenhuma neve.

Eu me lembrei de como minha fisioterapeuta me ensinara a caminhar – primeiro a perna mais fraca, a esquerda, depois a direita.

Fui medindo cada passada. Apoio na esquerda, apoio na direita. Um pé, outro pé. Esperando que Nancy se juntasse a mim em cada degrau para eu poder me segurar nela se eu escorregasse.

Então veio o cansaço. Sentei num banco com ela, para descansar.

– Quer voltar? – perguntou ela.

– Não.

Centenas de degraus, que fui medindo passo a passo, um pé após o outro.

Chegamos à praia.

O lugar era como Nick o havia descrito, divino: a baía, as montanhas e Vancouver inteira diante de nós.

Nick fez uma fogueira.

Eu estava exausta. Cansada demais para caminhar pela praia de pedras polidas. Sentei num tronco de madeira trazido pela maré. Fazia frio quando ventava. Perguntei-me se teríamos que chamar o corpo de bombeiros para me içar escada acima. Nancy pensou o mesmo.

Ela cobriu minhas pernas com um cobertor. Depois, eles me ajudaram a chegar até a fogueira.

Nick e Junmin contaram como haviam se conhecido. Ela era uma florista que Nick visitava com frequência.

Não é revelador o fato de sempre lembrarmos como dois apaixonados se conheceram?

Descansamos. O sol começou a se pôr. Nancy ficou de pé à luz dourada e Nick a fotografou. É uma das fotos dela que mais gosto.

Eu estava cansada demais para me levantar e fazer o mesmo.

– Está pronta? – perguntou Nancy.

– Mais pronta do que nunca – respondi.

Recomeçamos a subir os degraus. Uns quatrocentos. Nancy me segurava pelo cotovelo e ia dando um empurrãozinho a cada degrau. Em poucos minutos, eu estava ofegante. Paramos várias vezes para descansar.

Um descanso de cada vez.

Um passo de cada vez.

Um dia de cada vez.

Conseguimos subir a escadaria toda. Levou mais de uma hora. Quando chegamos, eu estava exausta demais para andar até o carro. Nick teve que buscá-lo e me carregar no colo para dentro.

Desde então não consigo andar direito. Tropeço. Não consigo levantar muito as pernas. Nas pessoas saudáveis, quando uma fibra muscular se rompe, ela se conserta sozinha e fica mais forte. Essa é a explicação biológica para o fato de praticar exercícios ser benéfico. Mas quando a fibra se rompe num paciente com ELA, nunca mais se recupera. Ela se foi para sempre.

Deixei muitas fibras musculares naqueles degraus.

– Você se arrepende? – perguntou Nancy, recentemente.

– Não – respondi.

E era verdade. Não me arrependo da praia dos destroços, nem por um segundo. Porque foi lindo. Um momento que valorizo muito e não trocaria por nada.

Na minha consulta seguinte, falei com Kathy, minha fisioterapeuta, sobre o Yukon e a praia. Ela percebeu quanto eu havia enfraquecido no período que estivera fora.

– Você precisa parar – falou. – O esforço dessas viagens está lhe fazendo mal.

Tarde demais. A viagem com Nancy tinha me oferecido um projeto para o meu ano. Uma semana depois de voltar, eu já tinha feito reservas para uma viagem com John à Hungria. Havia decidido retornar ao Chipre. Prometera uma viagem a cada um de meus filhos, sabendo que não poderia lhes dar nada mais precioso do que o meu tempo.

Kathy disse a mesma coisa depois de cada uma dessas viagens:

– Você está ficando cada vez mais fraca. Deveria parar.

E em todas as vezes respondi da mesma forma:

– Nem pensar.

Califórnia

Outubro

De volta ao passado

Pouquíssimas relações na minha vida são como minha amizade com Nancy. Tivemos nossas discordâncias, é claro, mas a pior delas, em trinta anos, continua a ser a ocasião, na época da faculdade, em que usamos uma roupa igual para ir a uma festa.

Nós duas poderíamos ter ido para um hotel de beira de estrada e, mesmo assim, a viagem teria sido especial.

Não seria tão simples com os outros, eu sabia. Nem mesmo com John e as crianças. E certamente não com minha mãe, Theodora Spencer, a "Tê".

Sabe quando você sai do chuveiro com água no ouvido? Não dói, só incomoda. E, quanto mais você se concentra naquilo, mais incomoda.

Foi essa a sensação que muitas vezes tive enquanto crescia. De água no ouvido. Uma inquietação na alma. Principalmente por causa da relação com minha mãe.

Quando jovem, minha mãe era uma beldade grega. Tinha as maçãs do rosto altas, cabelos negros como um corvo e olhos amendoados. Sua cintura era tão fina que a gente se perguntava como os órgãos cabiam lá dentro. As pessoas viviam lhe dizendo que ela era a cara da Sophia Loren.

O pai de Tê a adorava, assim como o meu pai.

– Ela era a mulher mais exótica e mais linda que eu já tinha visto – disse papai quando contou sobre quando a conhecera.

Pouco depois de eles se casarem, mamãe sofreu um aborto espontâneo que quase lhe tirou a vida. Além disso meus pais tinham um gene de hemofilia. Resolveram adotar filhos, em vez de gerar um.

Adotaram minha irmã Stephanie, uma morena linda, em 1964.

Quando foram fazer mais uma adoção, dois anos depois, mamãe pediu uma criança de origem grega, cujos pais tivessem formação superior, especificou no pedido. Sem cabelo ruivo nem sardas.

Encomendou sua filha ideal: uma criança igual a ela.

E lá vim eu. Rechonchuda. Loura. De olhos grandes e azuis.

A filha pouco expressiva de uma beldade notável.

Na maior parte do tempo, isso não era problema. Desde que eu fosse bem na escola – e eu ia muito bem –, mamãe ficava contente. Mas quando Tê se irritava com alguma coisa, cuidado! No momento em que seu lado cruel explodia, ela falava entre os dentes coisas de que nunca me esquecerei:

"Minha filha natural não faria uma coisa dessas!"

"Minha filha natural não teria essa aparência!"

Era comum ela me chamar de "palerma gorda!". Inflava as bochechas e dizia: "A sua cara é assim, sua vaca de olhos pequenos."

Eu estava uns quatro quilos acima do peso, eu acho.

Stephanie e eu sempre brincávamos sobre a decepção de mamãe comigo, rindo de como "aqueles caras da adoção deviam ter passado a perna nela", já que eu obviamente não era grega.

Eu me lembro de como ficava encantada quando diziam que eu era parecida com papai, porque ele também tinha olhos azuis. Eu queria muito ser parecida com alguém e queria muito ser próxima dele.

Minha relação com a mamãe foi mudando à medida que eu cresci e passei a revidar. Eu não tinha o menor medo de dizer "vá se danar!" ou então "Se você tornar a levantar a mão para mim, eu vou contar ao papai!".

Bem, isso não acontecia todo dia, nem mesmo uma vez por semana. Mamãe e eu passávamos meses sem uma cena dessas. Mas quando havia alguma – especialmente se Tê zombasse da minha aparência –, isso me marcava. E me deixava com a sensação de ser uma estrangeira de intercâmbio na minha própria casa.

Nossas personalidades eram tão diferentes quanto nossa aparência. Tê evitava chamar atenção e era sempre artificialmente respeitável em público. Sempre sorria e insistia que tudo estava uma maravilha, mesmo que não estivesse. A franqueza a deixava nervosa. O que iriam pensar?

Eu era praticamente incorrigível. No ensino médio, adiantava os relógios da escola para sairmos mais cedo para o almoço. Cortava as pontas do rabo de cavalo da queridinha da professora. Raspei o carro na garagem, depois de dar uma volta sem permissão no Camaro do papai, quando tinha 14 anos.

Tenho pilhas de fotos minhas de olhos vesgos e estufando as bochechas, na minha pose favorita de palhaçada. Mamãe devia detestar isso.

Eu não era uma garota má, apesar do Camaro.

Era uma aluna destacada, que só tirava dez. Fui eleita a Pessoa com Mais Probabilidade de Sucesso, era chefe dos tambores da banda, representante de turma e integrante do grupo indicado para concorrer a rainha do baile.

Minha paixonite da escola, David Hruda, partiu meu coração quando me disse:

– Você é boa demais para um garoto como eu.

Ele tinha razão.

Mas mamãe estava convencida de que eu só dava dor de cabeça – e de que uma filha biológica não seria assim.

E ainda havia a religião.

Durante a vida inteira meus pais foram membros de um enorme templo da Igreja Batista. A igreja deles é frequentada por algumas das pessoas mais generosas que eu já conheci. Nunca recebi outra coisa senão gentileza deles.

Mas, ali pelo ensino médio, comecei a questionar as convicções dos batistas a respeito do caminho único para o paraíso. Estremeci quando vi o judeu convertido que eles desfilaram diante da congregação, dizendo que ele havia encontrado o único caminho da salvação: "Aceitar Jesus Cristo como Senhor e Salvador."

E quanto aos milhões de pessoas que não conhecem Jesus?, eu perguntava. Ou que não o cultuam? E os budistas? Os muçulmanos? Os taoistas? Os hindus? E o que dizer dos judeus, cujo sistema de crenças antecedeu o cristianismo em mais de mil anos?

Milhões de pessoas seguem antigos sistemas de crenças dos quais Jesus não faz parte.

– E quanto a elas? – eu perguntava.

– Elas vão para o inferno. Por isso precisamos salvá-las. – Essa era a resposta dos batistas.

Meu coração dizia o contrário. E saí da igreja assim que tive idade suficiente, dizendo, em tom de brincadeira, que só voltaria lá num caixão.

Algo que tem se mostrado mais verdadeiro a cada dia que passa.

Depois do ensino médio, caí fora e fui estudar numa faculdade bem distante, na Universidade da Carolina do Norte, em Chapel Hill. Também estudei no exterior, na Suíça. Eu me formei em relações internacionais e estagiei na Organização das Nações Unidas.

Meus pais pagaram tudo isso, inclusive minhas numerosas viagens, embora nunca viajassem nem entendessem esse meu desejo.

Fiquei mimada. Fui falar com papai depois da faculdade e lhe propus que, se ele me financiasse uma viagem de volta ao mundo, depois eu arranjaria um emprego e lhe devolveria o dinheiro. Ele disse:

– Susan, acho que você entendeu ao contrário: a viagem é o prêmio que se recebe depois de trabalhar.

Assim, passei a época dos meus 20 e poucos anos inventando maneiras de viajar e morar no exterior. Paguei tudo sozinha. Acabei me afastando dos meus pais em espírito – assim como nos quilômetros físicos.

Mesmo depois de John e eu termos filhos e nos estabelecermos novamente no sul da Flórida, havia mais distância entre meus pais e nós do que o quilômetro e meio que separava nossas casas.

Em 2007, dois anos antes de eu começar a manifestar sintomas de ELA, dei uma fugida até Miami para um fim de semana com as irmãs de mamãe, Sue e Ramona. A viagem foi em segredo, porque Tê teria um chilique se soubesse, morta de medo de que pudéssemos falar dela. As irmãs Damiano – que, aliás, são muito parecidas – vivem trocando farpas. Houve épocas em que passaram anos sem se falar, ofendidas por causa disto ou daquilo.

A primeira coisa que eu disse quando cheguei a Miami foi:

– Não vou falar de Tê. Nem vocês.

Pois, dito e feito, não demorou para as irmãs começarem a falar mal de Tê. E, como já me acontecera tantas vezes, pensei comigo mesma: *Como diabos fui acabar neste clã tão briguento?*

Quando voltei para casa, havia uma carta na minha caixa de correio. Era de um assistente social. Dizia: "Se você é Susan Spencer, nascida em 28 de dezembro de 1966, entre em contato comigo, por favor. Tenho informações importantes para você."

Eu sabia exatamente do que se tratava.

Telefonei no dia seguinte.

– Sim. Sou eu. Fui adotada.

– A sua mãe biológica está querendo entrar em contato com você – informou.

Bem, eu sempre soube que tinha sido adotada. Uma vez, na adolescência, quando as coisas andavam tensas com Tê, paguei para participar de um registro estadual destinado a unir pais biológicos e filhos adotados se eles fornecessem informações que se encaixassem.

Tê ficou horrorizada quando descobriu isso.

Mas depois dos anos da adolescência, entretanto, encontrar meus pais biológicos nunca foi uma prioridade. Na verdade, no dia em que recebi essa carta, fazia mais de dez anos que não pensava no assunto.

Eu estava com 40 anos, tinha meus próprios três filhos. Era feliz.

O impacto foi forte.

Tão forte que recuei. Entrei no meu espírito de jornalista, despi-me de qualquer emoção e simplesmente anotei as informações relativas à minha mãe biológica. Ela é enfermeira aposentada. Certo. Faz jardinagem. Ótimo. Joga raquetebol. Adora viajar (ah, então foi daí que veio isso!). Acabou de participar de uma caminhada de três dias em defesa das pesquisas de câncer de mama. Tem uma filha que insistiu que ela me encontrasse.

Parece um ser humano respeitável, pensei, aliviada.

– E por que ela entregou o bebê para adoção? – perguntei, evitando usar a primeira pessoa.

– Ela pode explicar melhor. Gostaria de receber uma carta dela?

– Sim.

Desliguei e fitei minhas anotações. Não chorei. Não comemorei. Não liguei imediatamente para contar para alguém. Simplesmente pensei: *Puta merda!*

Nas semanas seguintes, fiz uma tomada panorâmica da minha vida, perguntando a mim mesma como teria reagido em outras ocasiões. Se minha mãe biológica me procurasse quando eu tinha 15 anos, eu teria dito "Me tire daqui!".

Aos 25, seria "Por que você fez isso comigo? Por que não gostou de mim?".

Aos 40, porém, depois de ter meus próprios filhos, fazia tempo que essa angústia havia sumido. Eu sabia que não tinha sido nada pessoal, que, ao me entregar para adoção, ela não me conhecia.

Imaginei-me entregando meus filhos recém-nascidos a uma estranha e me perguntando pelo resto da vida o que teria acontecido com eles. Percebi que o dano emocional da adoção devia ser mais duro para a mãe do que para o filho.

Senti vontade de conhecê-la. Queria agradecer a essa mulher, assegurar-lhe de que tudo tinha dado certo.

Tive vontade de ver meu rosto no rosto de outro adulto pela primeira vez na vida.

A carta veio num envelope pardo. Apalpei seu contorno dentro do envelope. Cheirei-a. Pus o envelope no meu carro, enfiado ao lado do banco do motorista, e passei semanas dirigindo com ele ali.

Estava nervosa. Será que eu ia gostar dela? Ela gostaria de mim?

Senti-me mal por meus pais, como se os estivesse traindo. Achei que uma filha melhor teria dito: "Não, obrigada, eu já tenho pais. Não quero saber de você."

Senti-me pior por minha irmã, Stephanie, também adotada. Achei que isso poderia magoá-la, fazer com que ela se perguntasse por que sua mãe biológica não a havia procurado também.

Resolvi que minha mãe, Tê Spencer, era a única pessoa do planeta que eu chamaria de "mamãe", em qualquer época. E então, sozinha numa tarde de domingo, abri a carta.

Em letra cursiva fluente e bem desenhada, li seu nome: Ellen Swenson. Em 1966, ela era enfermeira da Clínica Mayo. Meu pai biológico era médico. Os dois tiveram uma aventura rápida, e ela engravidou. Ela mudou de emprego e nunca disse nada ao rapaz, entregando o bebê para adoção logo após o parto.

Havia fotografias. Uma delas era um close da cabeça e dos ombros. Ellen era loura, olhinhos azuis, sorriso largo e alvo. Corri para o espelho do banheiro e segurei a foto ao lado do meu rosto. Senti a respiração presa na garganta – eu era parecida com ela!

Desviei os olhos. Foi como olhar de frente para o sol, tão intenso que tive que me virar, ir mais devagar e deixar meus olhos se adaptarem.

Meses depois, mandei uma carta a Ellen, confirmando: eu acreditava que ela era minha mãe biológica.

"Durante longos períodos da minha vida, ansiei por conhecê-la. E, justamente quando as coisas se acalmaram, quando me vi às voltas com meus próprios filhos e essa ânsia desapareceu, lá vem você. A vida é engraçada, não é? Perfeita assim", escrevi.

No começo, eu tinha escrito como jornalista – se alguém lhe conta uma história incrível, pelo amor de Deus, você investiga. Se alguém lhe diz que é sua mãe biológica, você trata de checar os fatos. Foi o que eu fiz. Escrevi e pedi a Ellen que revelasse detalhes do meu nascimento que só ela e eu poderíamos saber, como o nome do hospital.

Ela escreveu de volta com todas as respostas certas.

A coisa é para valer, pensei com meus botões, perambulando por uma semana. *A coisa é para valer. A coisa é para valer.*

Bem, nunca estive num terremoto. Mas imagino que seja parecido.

Um choque repentino sacode a alma da gente. Perdemos o chão. Em poucos minutos, já acabou, mas você demora muito para recuperar seu centro de equilíbrio.

E, assim, esperei e esperei, até conseguir escrever para ela com o meu coração.

Não há pressa, disse a mim mesma. A mulher esperou quarenta anos. Pode esperar mais um pouco.

Mergulhei nas minhas atividades. Eu tinha três filhos, um trabalho de cinquenta horas semanais e amigos que precisavam de mim. *Nossa, tenho que deixar o passado para trás*, pensei. *Será que preciso mesmo dessa intromissão?*

Em algum ponto dessa indefinição, no meio de um almoço apressado, minha mãe telefonou. Minha mãe "de verdade", a mulher que me criou, Tê Spencer.

Nunca me esquecerei daquela cena, sentada no estacionamento de uma padaria, quando mencionei, como quem não quer nada, que gostaria de dar uma passada na casa deles para conversar com ela e papai.

– O que houve? – perguntou mamãe.

– Vamos conversar pessoalmente – respondi, só querendo devorar meu sanduíche e desligar o telefone.

– Você está doente?

– Não. Nós conversamos mais tarde, mamãe.

– DIGA LOGO!

– A minha mãe biológica entrou em contato comigo. É ela, sim.

Silêncio.

Silêncio.

Então, com a voz trêmula, minha mãe disse:

– Eu sabia que esse dia ia chegar. Sempre soube que ia chegar.

Ora, se há uma pessoa com quem *não* entrar de cabeça numa crise de identidade emocional, essa pessoa é Tê Spencer. Por quê? Porque ela é insegura. Uma simples olhada de esguelha já é capaz de ferir seus sentimentos.

– Você ainda ama a gente? – perguntou ela.

Ai, meu Deus, pensei. *Isto vai ser um pesadelo.*

Poucos dias depois, enfiei as cópias das cartas que havia trocado com Ellen num envelope pardo e as levei à casa de meus pais. Para ser franca, não me lembro do que foi dito nesse dia. Foi meio parecido com as ocasiões em que entrevistei gente famosa. Eu ligava o gravador e falava no piloto automático, escutando à distância. Nessa ocasião, no entanto, eu não tinha gravador.

Lembro-me bem de uma das pouquíssimas perguntas de meu pai:

– Onde ela mora?

– Na Califórnia.

– Que bom. É bem longe daqui – disse ele. – Ela não vai aparecer de repente.

Lembro-me de mamãe pegando o vestidinho cor-de-rosa que eu estava usando quando ela me levou para casa pela primeira vez. E o vestidinho amarelo de Stephanie.

Não, não me lembro das palavras. Mas me recordo do sentimento. Não é isso que realmente importa – aquilo que sentimos?

Fiquei com pena deles. Do vestidinho cor-de-rosa da mamãe. Da emoção paralisada de papai.

Senti-me culpada. Porque, no fundo, eu sabia que faria o que quisesse, e eles também sabiam. Sempre fora assim. Nem a culpa, nem o risco, nem o medo jamais me impediram de fazer o que eu queria.

Sempre tinha sido *eu*, a filha que eles não podiam controlar, e *eles*, os pais horrorizados.

Mas esse encontro me fez diminuir o ritmo, me fez passar algum tempo sem tomar nenhuma atitude. Não agi. Passei semanas e semanas sem escrever de volta para Ellen.

De vez em quando, mamãe me perguntava se eu tivera algum outro contato com ela.

– Não.

Então ela disse uma coisa que me impressionou – e eu sou muito difícil de impressionar. Mamãe – a mulher que eu estava convencida de que se recolheria e se concentraria apenas em si mesma – falou:

– Não a deixe esperando assim, Susan. Ela está sofrendo. Ela é mãe.

Mesmo assim, esperei.

Na minha vida, muitas vezes fui guiada por sinais invisíveis. Costumo dizer que é "uma profecia dos deuses" quando as circunstâncias permitem que algo improvável ocorra.

Mais ou menos como o fato de, após anos tentando, eu ter sido aceita, naquele verão, num programa para jornalistas na Faculdade de Direito Loyola, em Los Angeles. Uma viagem à Califórnia com todas as despesas pagas caiu do céu.

Os deuses tinham oferecido a desculpa perfeita.

– Bem, mamãe – eu disse a Tê –, já que vou mesmo estar na Califórnia, posso muito bem encontrar com ela.

– Faça como quiser – respondeu ela. – Nós lhe daremos nosso apoio. Só não conte a seus filhos, por favor.

– Está bem, mamãe, eu não conto.

E assim escrevi uma carta a Ellen. Disse-lhe que, sim, ela era minha mãe biológica e que eu iria à Califórnia.

Porque a vida, quando a gente menos espera, é perfeita assim.

Fui à Califórnia em junho de 2008. Fico tentada a dizer que isso foi um ano antes do início dos sintomas de ELA, mas não sei se é verdade. Talvez a doença já estivesse comigo, só que sem ser notada. Talvez sempre tenha estado comigo, desde o meu nascimento.

Basta dizer que eu não desconfiava de nada. Passei uma semana no seminário da Faculdade de Direito Loyola, em que o orador principal era o advogado que acabara de vencer uma batalha judicial derrubando a proibição do casamento entre pessoas do mesmo sexo no estado. "O mundo está mudando", era o que eu ouvia o tempo todo. "O mundo está mudando."

E o futuro é totalmente desconhecido.

Depois disso, visitei uma amiga querida da época da faculdade: Cathy. Eu havia morado com ela por um tempo e também viajamos juntas, quando estudei na Suíça. Conversamos sobre os velhos tempos e vimos fotografias dos Alpes, da Hofbrauhaus e do Carnevale de Veneza.

Pensei em tudo que meus pais tinham me oferecido. Eles haviam se sacrificado tanto para que Stephanie e eu pudéssemos ir para a universidade. Pensei em Ellen. Minhas ideias seguiam num pingue-pongue incontrolável, para lá e para cá.

Levei uma vida tão boa. Por que estou fazendo isto?

Isto faz parte de você.

Como será que ela é? E se eu não gostar dela?

E se você gostar?

Nossa, tomara que ela não me dê um abraço apertado e desate a chorar.

Se for minimamente parecida com você, ela não vai fazer isso.

Ellen morava cinco horas ao norte de Los Angeles, no condado de Sonoma. Eu, com meu amor por vinhos, acabei ficando deslumbrada com minha boa sorte geográfica. Fui criada por abstêmios, mas sempre adorei beber.

Uma amiga contratou um motorista para me levar a Sonoma. Nancy se ofereceu para pegar um avião e se encontrar comigo, para me acompanhar nessa viagem. Nós íamos a todos os lugares juntas, falávamos de tudo e havíamos apoiado uma à outra em todos os grandes acontecimentos da vida. Mas, dessa vez, recusei. Não queria nenhuma distração. Queria estar absolutamente sozinha.

Só eu, meus pensamentos e Ellen. Um encontro de uma vida. Para saber dos detalhes, agradecer e deixá-la para trás. Esse era o meu plano.

No fim, optei por pegar um ônibus lotado. Agora que estava ali, não queria ficar sozinha. Pus os fones de ouvido e fui escutando a mesma música, repetidas vezes. A voz da cantora subia e descia, no ritmo do meu coração.

Cheguei a Sebastopol e me enfurnei num hotel, a poucos quilômetros da casa de Ellen. Eu havia pedido que não nos falássemos antes do encontro. Simplesmente apareceria à sua porta na hora marcada, na manhã seguinte.

Percorri metade do trajeto a pé, avaliando a distância e gastando minha energia nervosa. Depois, perambulei pela praça central de Sebastopol, observando mulheres descalças, de cabelo comprido e blusas tingidas em tie-dye, amamentarem seus filhos, enquanto homens cabeludos fumavam maconha.

Comprei algo para almoçar num mercado de alimentos integrais. O mercado cheirava a pessoas meio passadas – ou comida meio passada. Pedi um sanduíche vegetariano de tofu (tofu?!) e voltei para a praça. Ao dar a primeira dentada, ocorreu-me uma ideia: Ellen é hippie!

Que legal.

Dei outra dentada no sanduíche borrachudo, torcendo para que a segunda fosse melhor. Não foi.

Uma hippie. Que... legal?

Um homem mais velho se aproximou, com cara de quem não trocava de roupa desde a década de 1970, fedendo como se também não tomasse banho desde aquela época. Ele me pediu um cigarro.

Minha nossa, pensei. *Tomara que ela não seja assim.*

Não me leve a mal. Adoro o espírito hippie. E já curti um baseadinho nos tempos de faculdade, especialmente num semestre meio enevoado em que eu estava louca por um nadador deslumbrante, dono de um cachimbo de 1,20 metro de comprimento e pulmões gigantescos.

Portanto, sim: eu tenho coração e alma de hippie – mas os gostos de uma mulher de Palm Beach. Adoro roupas de grife, saltos altos, joias bonitas e boas práticas de higiene. Não deixaria que me encontrassem morta usando um par de sandálias de couro ou com as axilas cabeludas.

Entreguei um cigarro e o meu sanduíche de tofu borrachudo ao viajante do tempo.

– Você vai gostar muito mais disso do que eu – disse-lhe, e voltei para o hotel.

Bem... Quando fico nervosa, costumo me acalmar. É, eu sei. Não faz sentido, mas é verdade. Antes de fazer uma apresentação ao vivo na TV, em rede nacional, por exemplo, eu reduzo conscientemente o ritmo da minha respiração e dos meus batimentos cardíacos. Respire, Susan, respire, digo a mim mesma, ficando cada vez mais tranquila.

Na manhã do encontro com minha mãe biológica, deixei de lado o café e fiz exatamente isso. Tomei banho, me recompus e escolhi uma roupa bem simples. Calça jeans. Blusa preta. Nenhuma joia.

Os hippies não gostam de correntes de ouro, pensei.

Mas, cara, como eu gosto!

Enfiei os sapatos de salto na bolsa. Achei que não podia conhecer minha mãe biológica de sapato rasteiro. Simplesmente não seria eu.

Mamãe tinha feito um pequeno álbum de fotografias para Ellen, com uma foto minha de cada ano da infância, desde quando eu era recém-nascida até me formar na faculdade. Tê havia arranjado tempo para encontrar fotos especiais para uma estranha de quem tinha um medo enorme.

Era um presente precioso para Ellen – e mais ainda para mim. Aquele álbum foi a coisa mais admirável e surpreendente que mamãe já fez por mim. Foi tão espantoso, por sua consideração e seu carinho, que apagou todos os erros dela no passado.

Olhei demoradamente para o álbum, dei-lhe um beijo, respirei fundo. Guardei-o na bolsa e saí andando para a casa de Ellen.

Eu me senti solitária no mesmo instante.

Liguei para Nancy, chorando:

– Queria que você tivesse vindo – disse a ela.

– Estou ao seu lado em espírito – retrucou ela, chorando também.

Andei, andei, andei, subi uma ladeira íngreme e saí numa avenida ladeada por pomares de macieiras. Percebi que tinha avaliado mal a distância. Era muito maior do que eu havia pensado.

Merda. Merda! Vou chegar atrasada. Ela vai ficar com medo de eu não aparecer.

E então veio de novo aquela ideia irritante: ela esperou quarenta anos. Pode esperar mais um pouco.

Diminuí o passo, procurando entrar no meu clima zen, contemplando as macieiras. As árvores se enfileiravam como soldados me protegendo. Havia morros marrons, com tranças de vinhedos verdes. O céu cheio de nuvens de algodão... Estava lindo.

No alto da alameda de Ellen, parei e saí do presente. Afastei as emoções e me tornei uma observadora da minha própria vida. Enquanto caminhava pela rua curta, comecei a gravar mentalmente, como se tomasse notas para uma matéria de jornal: arbustos, caixa de correio, árvores, céu. Fiquei parada na entrada da garagem, olhando para a casinha de Ellen. Era vermelho-escura e parecia um pouco um celeiro. Um vasto roseiral contornava perfeitamente um gramadinho verde.

Calcei meus sapatos altos e guardei os rasteiros na bolsa. Ao estender a mão para abrir o trinco do portão do jardim, fiquei surpresa ao ver que estava trêmula.

Apenas a porta de tela estava fechada; a da frente estava aberta. A RAINHA ESTÁ EM CASA, dizia uma tabuleta.

Minha nossa, pensei.

O sino de vento tilintou.

– Olá? – chamei.

Durante um minuto, nada, mas em seguida lá estava ela, parada do outro lado da porta de tela. Saudável. Risonha. Descontraída. Calorosa.

– Olá. Eu sou a Susan.

– Olá. Eu sou a Ellen.

– Desculpe o atraso. Eu vim a pé. Demorei mais do que esperava.

– Você veio andando com esses sapatos? – perguntou ela, apontando para meus saltos altos.

– Não, eu estava de tênis.

Como me contou depois, Ellen teve certeza de que eu era mesmo sua filha ao saber da troca de sapatos.

Ela abriu a porta de tela e eu entrei. Ela não me abraçou. Nem eu a ela. Simplesmente nos fitamos, enquanto o tempo passava em câmera lenta.

Os olhos dela. Olhinhos azuis. Eram os meus, só que mais azuis.

As panturrilhas. Os tornozelos. Durante toda a minha vida, as pessoas tinham elogiado minhas panturrilhas e meus tornozelos, e lá estavam eles na Ellen.

A camiseta dela exibia o desenho de três taças – vinho branco, vinho tinto e champanhe. "Terapia de Grupo", dizia. Ela era parecida comigo.

Ellen me convidou a sentar. O sofá era de tecido xadrez, com uma manta dobrada sobre o encosto. Paredes de um amarelo vivo. Um abajur com cúpula de franja cor-de-rosa. Umas quinquilharias modernas de cristal. Algumas peças de inspiração oriental. Livros, livros e mais livros. E lá fora, visível por uma das janelas, aquele deslumbrante roseiral.

– Minha mãe fez uma coisa para você – falei, chorando, e lhe entreguei o álbum de fotografias.

E, pronto, assim começou. Um alívio na alma. Um caminho para eu compreender melhor minha personalidade. Minhas esquisitices. Minha franqueza. Minha pitada de hippie, com um toque de estilo.

Um ano depois, quando estávamos a caminho do Havaí, no verão de 2009, John e eu passamos uma tarde com Ellen. Acabara-se aquela história de agradecer à minha mãe biológica e deixá-la para lá. Agora ela fazia parte da minha vida. Eu queria que John a conhecesse. Queria conhecê-la melhor.

Fomos à praia. Tiramos os sapatos. John riu ao ver nossos pés lado a lado, os joanetes saltando, os mesmos dedos achatados.

– Agora eu sei que vocês são mesmo parentes – disse, enquanto tirava uma foto minha e de Ellen, dos tornozelos para baixo.

Eu disse a eles que queria escrever um livro.

– Você devia usar o título *Joanetes na areia* – sugeriu John.

Fazia poucas semanas que eu tinha notado o problema na minha mão esquerda. Não mencionei o assunto nessa viagem, mas, enquanto buscava respostas médicas nos seis meses seguintes, reconheci a feliz coincidência do aparecimento de Ellen naquela ocasião.

Nesse ano, ela foi passar o Dia de Ação de Graças na Flórida. Estava visitando a filha, que fazia parte da tripulação de um iate atracado em Fort Lauderdale. (Conheci a filha dela, que era mais de dez anos mais nova que eu, e nos encontramos algumas vezes. Fui a seu casamento em Seattle. Mas não tivemos nenhum contato desde então.)

Algum tempo depois, Ellen passou alguns dias hospedada num hotel perto da minha casa. Eu respeitei o desejo dos meus pais e não disse nada sobre ela a meus filhos, mas os levei ao hotel, sabendo que ela gostaria de conhecê-los. Fomos nadar. Almoçamos juntos. Tiramos tantas fotos que Marina perguntou:

– Você é, sei lá, parente nossa ou algo assim?

– Não, sou apenas a Ellen – respondeu ela.

Mostrei-lhe minha mão, fiz perguntas sobre seu histórico de saúde. Nem ela nem nenhum membro da família jamais tivera nada parecido.

Estimo muito isso, especialmente agora, mais que todos os outros presentes de Ellen: a paz de espírito de saber que minha ELA não é genética. Meus filhos herdarão muitas coisas de mim, mas não essa sina.

Reunião de família

Mamãe nunca falou de Ellen. Não fez nenhuma pergunta significativa sobre nosso encontro. Ela não entendia a importância dessa mulher para mim, e nosso relacionamento a magoava. Tê lidou com essa mágoa através do silêncio: daquele tipo que diz mais do que as palavras.

Os sentimentos dela podem ser resumidos na pergunta que fez a Nancy quando eu não estava por perto – a mesma que tinha feito meses antes:

– Susan ainda nos ama, não é?

Meus sentimentos se cristalizaram num pequeno cruzeiro que mamãe e eu fizemos juntas, em fevereiro de 2011. Isso foi quatro meses antes do meu diagnóstico e algumas semanas antes da minha ida a Nova Orleans com Nancy, quando admiti para mim mesma, pela primeira vez, que provavelmente estava com esclerose lateral amiotrófica.

Ainda em negação profunda, passei o cruzeiro inteiro no deque da piscina do navio, com um balde de cervejas geladas ao meu lado; era apenas mais uma no meio daquela multidão adoradora do sol. Estava acontecendo o concurso internacional de barrigadas:

homens grandes e peludos de Ohio atiravam-se do alto na piscina, enquanto eu divulgava as notas em voz alta:

– Dez! – gritava, para as melhores barrigadas.

Mamãe passou a maior parte do tempo em nossa cabine, se esforçando para relaxar. A aglomeração, o calor, o barulho – era demais para ela. Mamãe estava muito, muito longe da sua zona de conforto – aquela em que ela controlava tudo.

Então, ficava procurando problemas. As arrumadeiras do navio tinham dobrado nossas toalhas de banho em formatos de animais. Marina adorou o lindo macaquinho. Tê o desdobrou na mesma hora, para que a toalha estivesse pronta para seu uso na manhã seguinte.

Ela foi duas vezes me procurar na piscina. Uma para anunciar aos homens e mulheres à minha volta que eu era casada. A outra para me lembrar de que, se eu não devolvesse minha toalha, iam me cobrar uma taxa de vinte dólares, e mamãe NÃO pagaria por isso.

Estávamos indo para as Bahamas a fim de comparecer à reunião da família de mamãe em Nassau. Ela pagara minha passagem e a de Marina, o que era um presente generoso. Mas não pagaria a taxa das toalhas.

Tratava-se de uma reunião séria, não um desses encontros tipo churrasco no parque. Durante o dia seguinte, fizemos uma caminhada pelos antigos locais de residência da família e pelo cemitério. Eu ainda tinha força nas pernas. Duas sepulturas de parentes nossos estavam sem lápide. Meus pais falaram em contratar um entalhador para fazê-las. Depositamos flores.

Um padre da Igreja Ortodoxa Grega fez um histórico da religião na ilha. A família do pai de Tê havia emigrado da Grécia para as Bahamas e para a Flórida. O clã dos Damiano estava entre as primeiras famílias gregas ortodoxas da região.

Apesar de ter sido criada na Igreja Batista, Tê nunca perdeu suas origens gregas. Numa de minhas lembranças favoritas da infância, ela me fazia cócegas, enfiando o nariz pontudo no canto do meu olho. Seu nariz grego, dizia. Até os narizes, nas minhas lembranças infantis, eram gregos.

Voltamos ao navio para descansar antes do jantar formal. O dia havia corrido bem. Tínhamos curtido nosso tempo juntos.

Então Tê resolveu que não iria ao jantar. Não sei exatamente por quê. Talvez estivesse cansada. O mais provável é que alguém houvesse dito algo que a incomodara. Meu pai decidiu que também não iria. Logo a irmã de Tê, Sue, também desistiu, assim como sua filha e seu neto.

Era um jantar com lugares marcados no Iate Clube de Nassau. Os organizadores tinham feito grandes esforços e gastado uma fortuna para planejá-lo – bufê completo, incluindo bebidas, e um fotógrafo para registrar cada ramo da família.

– É uma grosseria não ir – censurei Tê, rispidamente.

Não adiantou.

Marina ficou no navio para fazer companhia à prima. Acabei indo ao jantar sozinha.

A irmã mais velha da minha mãe, Ramona, estava lá com a filha, Mona, e o genro, Mike. Ramona é a matriarca da família e a mais animada. Mantém contato com primos próximos e distantes. A família significa tudo para ela. E lá estava ela, sentada a uma mesa enorme, festivamente decorada, praticamente sozinha.

No bufê, foi uma luta para segurar o prato. Minha mão esquerda estava quase inútil, e tive dificuldades para cortar a comida. Coloquei os talheres de volta na mesa e corri os olhos pelo salão. Vi os grandes ramos da família acotovelados ao redor de outras mesas, rindo e conversando.

Tomei alguns drinques, o que foi má ideia. Fez nossa mesa familiar, quase vazia, parecer ainda mais triste.

Um orador contou a história da herança grega de nossa família. Depois, o mestre de cerimônias pediu que as pessoas fossem até o microfone e compartilhassem suas lembranças.

Senti vontade de compartilhar o episódio da recente descoberta da história do meu nascimento, que incluía legítimos ancestrais gregos. Tive vontade de dizer a todos quanto me orgulhava de ser uma

Damiano, quanto seu apoio e os laços de parentesco significavam para mim.

Fui até o microfone, olhei para aqueles rostos, olhei para nossa mesa de família vazia e desatei a chorar. Na verdade, abri o berreiro diante daquela multidão.

Mike mandou Ramona ficar ao meu lado. Uma prima, Flora, também se levantou para se colocar junto de mim. As duas me rodearam com os braços. Consegui murmurar qualquer coisa e fui me sentar, estarrecida com minha choradeira em público.

– Grega ou não, vamos ficar com ela – disse Ramona à plateia.

Minutos depois, graças a Deus, uma cacofonia de assobios, tambores, trompetes e chocalhos encheu o silêncio. Era a surpresa da noite: uma banda das Bahamas!

Os músicos usavam enfeites de plumas e lantejoulas, adornos enormes na cabeça, erguendo-se acima de nós. Tocaram ritmos caribenhos, enquanto desfilavam por entre as mesas.

Talvez tenha sido melhor Tê não vir, afinal, pensei com meus botões.

Fui até o lado de fora, para longe do barulho e do espetáculo. Para Tê, o barulho e o espetáculo – especialmente aquele feito por sua filha – teriam sido demais. Ela não compreendia quanto eu estava lutando.

Na manhã seguinte, mamãe me perguntou como tinha sido o jantar.

– Muito bom – foi tudo que respondi.

Acho que eu tinha esperança de que minha doença fosse capaz de reduzir a distância entre nós. De que, por eu estar morrendo, pudesse fazer com que mamãe e eu conversássemos. Eu queria resolver algumas questões da minha infância que envenenavam nossa relação.

Queria dizer a ela que Ellen não havia mudado nada. Que ela continuava sendo a minha mãe e que eu a amava do mesmo jeito de antes.

Em vez disso, mamãe se fechou. Depois do meu diagnóstico, em junho, ela não se aproximou de mim nem para pedir informações, nem para me consolar. Aparecia para visitas rápidas e sempre ia embora depois de alguns minutos. As conversas ficaram ainda mais curtas, em vez de se alongarem. Em algumas ocasiões, ela mal olhava para mim.

A porta para a compreensão estava fechada.

Em setembro, uma semana depois de Nancy e eu planejarmos a viagem ao Yukon, John e eu oferecemos uma festinha. Um programa de TV ia transmitir uma matéria sobre Dalia Dippolito, uma beldade local que havia tentado contratar um pistoleiro para acabar com a raça do marido. Eu era uma das especialistas convidadas, pois tinha feito uma ampla cobertura do julgamento dela na primavera. Havia gravado minha participação no dia seguinte ao do diagnóstico de ELA.

– Comigo – eu dissera ao produtor, fazendo piada sobre a lentidão da minha fala – você não terá que se preocupar em conseguir preencher uma hora de gravação.

Mamãe ficou empolgada: adorava telefonar para todos os amigos quando eu aparecia na televisão. Não pretendia ir à reunião, mas se ofereceu para preparar sua deliciosa salada grega, com azeitonas, queijo feta e seu molho especial feito em casa.

Quando me entregou a salada naquela tarde, notei que o branco de seus olhos parecia um pouco amarelado. Comecei a dizer alguma coisa, mas, nesse momento, alguém telefonou para perguntar como chegar, ou talvez Marina tenha perguntado se podia ir à casa de uma amiga, em vez de ficar com os adultos, ou Wesley tenha perguntado, do nada: "Quem é o seu personagem favorito no *Lilo & Stitch*?"

Quando tornei a me virar, mamãe já tinha ido.

Recebi uma ligação de papai, dois dias depois:

– Estamos no pronto-socorro. A mamãe está com icterícia e vomitando.

Corri para lá. Quando cheguei, ela estava deitada numa sala de exames, segurando uma vasilhinha para vomitar. Vestia uma blusa vermelha, calça jeans e... amarelo!

Nos olhos. No rosto. Até as mãos estavam amarelas.

Você precisa entender que, uma semana antes, mamãe parecia estar com a saúde perfeita. Mesmo aos 71 anos, caminhava quilômetros todos os dias. Conhecia quase todos que moravam ao longo do seu trajeto, tamanha era a frequência com que o fazia. Ela liderava uma turma de ginástica em sua igreja. Tinha uma alimentação saudável, não bebia e nunca fumou absolutamente nenhum cigarro.

Era a pessoa mais saudável que eu conhecia. Era um esforço convencê-la a tomar um mero analgésico para uma dor de cabeça. Na verdade, mamãe era tão saudável que nem sequer tinha médico.

A icterícia costuma estar associada a problemas do fígado. Mamãe nunca tomara bebidas alcoólicas nem se colocara remotamente em risco de saúde, logo seu problema não devia ser grande coisa, certo?

– Há algo pressionando o ducto biliar dela – papai me disse. – Alguma coisa no pâncreas. É isso que a está deixando amarela.

– É câncer de pâncreas? – deixei escapar.

– Não sei. Espero que não – respondeu ele, impassível como sempre.

Os médicos nos disseram que a única maneira de saber era retirar imediatamente o tal tumor. A cirurgia quase a matou – duas vezes. Desse momento em diante, durante quatro meses, minha mãe não saiu mais do hospital ou de alguma clínica.

Houve momentos, na Unidade de Tratamento Intensivo, em que a situação ficou tão grave que corremos para o lado dela no meio da madrugada. Ocasiões em que segurei meu telefone celular junto do ouvido dela e coloquei seu hino favorito para tocar, "Holy Ground", convencida de que ela não passaria daquele dia.

A certa altura, Stephanie, papai e eu falamos em planejar uma cerimônia fúnebre.

– Eu quero uma comemoração da vida, não um funeral – disse papai.

Stephanie ainda fala que a coisa mais triste da sua vida foi me ver capengando pelo corredor do hospital, com minhas pernas fracas, tentando chegar a mamãe antes que ela morresse de hemorragia.

Mamãe sobreviveu. Foi um milagre para os poucos que, como eu, a haviam visto ligada aos aparelhos, incapaz de respirar sozinha.

Foi brutal. Um período de tensão e preocupação. De temer pelo pior. Eu passava semanas inteiras sem conseguir dormir e dias a fio sem comer.

Também foi uma época de reflexão, porque estar junto ao leito de uma pessoa querida e extremamente doente – quando se está extremamente doente também – faz a gente pensar. Vi a mim mesma naquela cama, com aqueles tubos, o ventilador mecânico para respirar por mim, os familiares aflitos. Quando tivemos de tomar algumas decisões difíceis, papai não fazia ideia de o que mamãe queria. Certamente, ela nunca discutira nada disso com Stephanie ou comigo.

Resolvi não deixar minha família passar por algo semelhante. Decidi planejar tudo, nos mínimos detalhes. Instruções médicas. Cuidados paliativos terminais. Testamento em vida.

– Não quero sonda de alimentação – eu disse a John, depois de ver e sentir o cheiro de mamãe. – Não quero que me mantenham viva quando os médicos disserem que a coisa mais humana a fazer é me deixar partir.

Foi também um período de dedicação. De união com papai e Steph, que estavam constantemente ao lado de mamãe. Em sua tristeza, papai conversou conosco mais do que nunca. Fizemos nossa própria reunião de família, bem ali.

Esses dias me fizeram lembrar como eu era afortunada por ter uma família. Senti o amor dessas pessoas e dele retirei forças. Elas sempre tinham estado comigo.

E Tê fazia parte disso. Ela era minha mãe. Em sua cabeceira, senti uma proximidade dela que não experimentava havia muito tempo. Reconheci quanto ela representava para mim, e fiquei arrasada por vê-la sofrer tanto.

A barraca de lona

Minha viagem com Nancy ao Território de Yukon estava marcada para outubro, cerca de um mês depois de mamãe ser internada. Era a viagem de uma vida, mas quase não fui. Mamãe se achava em estado grave quando a data se aproximou. Eu não podia abandoná-la.

Então, ela melhorou. Sua condição física se estabilizou e ela me deu o sinal verde. Queria que eu visse a maravilha das luzes do norte e sabia quanto Nancy significava para mim.

Nunca lhe contei que eu faria outra parada no caminho.

Não havia voos diretos do sul da Flórida para Vancouver – onde pegaríamos o avião para o Ártico. Ao me dar conta disso, marquei nossa conexão para São Francisco. Nancy e eu iríamos fazer uma visita a Ellen e depois nós seguiríamos para o Canadá.

Não contei aos meus pais sobre essa parte da viagem. Seria complicado demais tentar explicar, e eu não queria causar sofrimento a mamãe.

Nancy e eu tínhamos decidido que não faríamos economia nessa viagem.

– A vida é curta demais para ficarmos em hotéis vagabundos – falei.

Para Vancouver, fizemos uma reserva no Four Seasons. Em São Francisco, alugamos um carro de luxo com motorista para passear pela cidade antes de seguir para a casa de Ellen, a uma hora de distância.

Nosso motorista se chamava Irving. Usava terno preto e quepe preto de chofer, mas parecia nem ter idade suficiente para dirigir. Entretanto, garantiu que era motorista na região da baía de São Francisco havia anos. E tinha GPS.

Nós três perambulamos por São Francisco: demos uma volta pela baía, tomamos um *Irish coffee* no Buena Vista Cafe e fomos a Chinatown.

Dobramos uma esquina e avistamos uma ilha rochosa na baía azul.

– Nossa! Aquela é Alcatraz? – perguntou Nancy.

– Eu não sei – respondeu Irving.

Eu tinha ouvido falar dessas criaturas: jovens que já cresceram usando GPS e não têm o menor senso de direção sem ele, que nunca veem o mundo que os cerca, apenas a tela. Mas não reconhecer Alcatraz depois de passar anos em São Francisco? Ridículo!

Nancy estava louca para ir a um certo restaurante de Chinatown que fora recomendado por uma amiga. A Srta. Olho-maior-que-a-barriga raramente esquece (ou pula) uma refeição. Anos depois, é capaz de se lembrar do tempero crocante salpicado sobre um ravióli de ricota e espinafre, com molho de manteiga e sálvia. E pobre do infeliz que interromper seu ritual gastronômico diário.

Eu planejava repetir minha refeição anterior em Chinatown – um *dim sum*, aqueles cestos e pratos de iguarias em porções minúsculas, cozidas no vapor e cerimoniosamente servidas sobre uma toalha de linho branco.

Mas Sam Wo, o tal restaurante, não era um desses lugares.

Para começar, a entrada era uma porta de cozinha que ficava escorada para permanecer aberta. A primeira coisa que vimos foi uma peneira cheia de vísceras escorrendo.

Os cozinheiros nos enxotaram em direção a uma escada escura, passando pelos woks fumegantes. Nancy me ajudou a subi-la e entramos no salão do restaurante, que parecia fazer parte de um navio. Um barco viking. O pé-direito era baixo e as mesas eram blocos simples com bancos. Um elevador de comida forrado com jornal trazia as refeições da cozinha.

– Vamos pedir alguma coisa divertida – sugeri.

Foi o que fizemos: *Chow Mai Fun* no estilo Cingapura. Custava 5 dólares e 25 cents. A amiga de Nancy nos mandara para a espelunca mais barata de Chinatown.

Não lembro se a comida do Sam Wo era boa, ruim ou o quê. Não. Quando vi o banheiro do restaurante, fiz questão de apagar da lembrança o fato de ter comido lá. Nancy até tirou fotos, de tão sujo que era. Tinha uma poeira tão grossa no exaustor que dava para fazer tranças. Uma pia branca possuía uma única área que ainda não estava encardida – o local exato onde a água e o sabonete batiam.

– Isso é que foi uma aventura! – comentei, ao voltar para a mesa.

Ainda daríamos muitas risadas com nossa experiência no Sam Wo. E não ficamos minimamente surpresas ao saber, meses depois, que a vigilância sanitária havia fechado o restaurante por uma infinidade de violações do código sanitário e de incêndio. Inclusive encontraram fezes de roedores na cozinha.

Irving, o nosso chofer, nos apanhou na porta da cozinha. Atravessamos a ponte Golden Gate ao pôr do sol e paramos para tirar uma foto. Havia uma noiva fazendo o mesmo, morrendo de frio em seu vestido tomara que caia.

Eu tinha dito a Nancy que preparasse apenas uma bolsa pequena para a viagem, na esperança de viajarmos com pouca bagagem. Foi o que ela fez. Já eu apareci puxando duas malas abarrotadas de casacos longos de caxemira e mais suéteres do que seriam os dias de viagem.

Mesmo com as rodinhas, eu não conseguia puxar as malas pesadas com meus braços fracos, de modo que Nancy cuidou de carregar a bagagem.

– O que é que você tem aí dentro? Um piano?! – perguntou ela.

– Não. Dois pares de botas. Dois casacos. Seis suéteres de caxemira.

Portanto, estávamos esbanjando estilo em nosso carro de luxo com chofer e nossa caxemira quando paramos no quartel-general dos hippies – a praça de Sebastopol.

Chegamos cedo, então, para matar o tempo, estacionamos e fomos comprar uma torta alemã para levar para Ellen e chá quente para tomar na praça.

Nessa época, estava havendo várias manifestações "Ocupa". Era um movimento internacional de protesto contra a desigualdade social e econômica, e os manifestantes acampavam nas praças de cidades do mundo inteiro.

Estava acontecendo ali o "Ocupa Sebastopol". Sentamos por perto, entusiasmadas por ver a militância social, e comentamos que, se fôssemos mais moças, talvez estivéssemos participando também. Rimos de nós mesmas. Os homens nas imediações acharam que estávamos rindo deles.

– Opa! Estamos com cara de porcos capitalistas. Vamos embora. Cadê o Irving?

A casa de Ellen é cercada por um roseiral extraordinário, com 85 tipos diferentes de rosas. É um local isolado e fresco; a brisa corre pelos cômodos, fazendo tilintar os sinos de vento por toda parte. Ela nos instalou num quarto arejado, pedindo apenas que fechássemos a persiana durante o dia, para não deixar a luz do sol desbotar a colcha de retalhos de família, pendurada numa parede.

Ellen adorava sua infância, passada numa fazenda em Iowa, onde não havia encanamento até ela completar 7 anos nem eletricidade até chegar aos 14. "Idílico", foi seu comentário. Havia lembranças dessa época por toda parte, como a colcha de retalhos.

Ela deixou a fazenda em busca de aventura. Estudou enfermagem em Minnesota e pegou um ônibus para a Califórnia quando já estava grávida. Em seguida, atravessou o país e foi até a Flórida. Depois de me entregar para adoção, continuou a trabalhar como enfermeira – inclusive em Haight-Ashbury, o bairro de São Francisco onde floresceram a cultura das drogas e o rock psicodélico.

Ellen fora mesmo hippie, segundo disse, mas nunca havia "largado tudo". Sempre mantivera um emprego. Aposentara-se depois de anos dando treinamento a alunos de enfermagem para trabalharem com pacientes psiquiátricos.

Como bem destacou Nancy, nenhum roteirista de Hollywood seria capaz de imaginar duas mulheres mais diferentes do que Ellen e mamãe.

Uma hippie e uma batista.

Uma amante da aventura e uma dona de casa dedicada. Duvido que mamãe soubesse algo sobre drogas.

Mamãe queria para Stephanie e eu um destino melhor do que ser apenas dona de casa. Queria que tivéssemos escolhas e nos estimulou muito para que alcançássemos o sucesso. Mamãe era uma carrasca acadêmica, fazia a gente suar por cada nota baixa. EXIGIA nota 10.

Nunca nos mandou lavar a louça. "É mais importante vocês estudarem", dizia, cuidando ela mesma dos pratos.

E funcionou. Steph e eu ficamos entre as melhores alunas do ensino médio e entramos em ótimas universidades.

No meu primeiro semestre na faculdade – a primeira vez que eu ficava longe de mamãe –, enlouqueci. Na primeira noite, bebi tanto ponche de frutas "batizado" que passei horas vomitando vermelho. Depois me apaixonei por aquele nadador e por seu cachimbo de 1,20 metro. Fui passando de raspão em todas as disciplinas, com notas abaixo de oito.

No segundo ano, fui morar com Nancy, a melhor aluna que já vi. Ela terminava seus trabalhos meses antes da data de entrega e sempre tirava nota máxima. Insistia que eu fosse à biblioteca, em vez de às festas das fraternidades, e contribuiu muito para me manter na linha. Com a ajuda dela, consegui minhas melhores notas desde os tempos de mamãe.

Sempre precisei de alguém assim para me ajudar a colocar rédeas no meu lado rebelde.

Ellen, como logo ficou claro, não teria sido essa pessoa.

Eu tinha levado meus registros de adoção e nós falamos sobre eles uma noite. Ellen leu os comentários em cada página e observou repetidas vezes como eles eram "isentos de juízos de valor". Admirada. Agradecida. Percebi que ela tinha medo de ser julgada pelo que havia feito.

Foi barra pesada. Tenso. Emotivo. Eu precisava de um cigarro, mas estava sem. Perguntei a Ellen se ela tinha algum.

– Não – respondeu ela.

Para melhorar o clima, a Srta. Phi Beta Kappa brincou:

– E um baseado?

Ellen se animou:

– Também não. Mas sei onde conseguir.

Ela ligou para uma amiga e fomos até a casa dela. Perguntei se precisávamos pagar:

– Não, não. Eu fiz um grande favor a ela. Ela está me devendo – disse Ellen.

De volta à casa de Ellen, ela foi buscar a caixa com sua parafernália de maconha. Papel para enrolar cigarros. Cachimbos. Pequenas maravilhas para dar um tapinha.

– Parte disso é da minha filha – comentou Ellen.

Nancy me lançou um olhar do tipo "já imaginou você fazendo isso com Tê?".

Fumamos. Demos muitas risadas. Nancy e eu ajudamos Ellen a separar uma porção de casacos velhos. Ela os vestiu para nós vermos, e fomos lembrando a ela, delicadamente, a década em que cada um deles havia saído de moda.

Deitada na cama naquela noite, tive uma revelação. A mão rigorosa de mamãe fizera de mim a pessoa bem-sucedida que eu era hoje. Minha ética profissional e minha autoconfiança: esses eram os presentes de Tê.

– Cara... – comentei com Nancy. – Fico feliz por não ter sido criada por Ellen. Você já me imaginou com uma mãe que fuma maconha? Eu acabaria descalça, chapada e morando numa barraca de lona.

Morando numa barraca de lona. Nancy e eu rimos dessa expressão até hoje.

No dia seguinte, Ellen nos levou ao litoral de Sonoma, à praia da Pedra das Cabras. Montanhas elevadas, com vista para o oceano Pacífico e, ao largo, um enorme afloramento de rocha. Cabras viviam por lá, daí o nome da praia.

Lá existem paisagens deslumbrantes, contemplando quilômetros de escarpas e praias. Caminhamos pelos mirantes. Tiramos fotos.

A região da Califórnia fica sobre a interseção entre placas tectônicas, que se chocam constantemente. Continentes inteiros são remoldados, um milímetro por vez. Essa é a razão para haver essas rochas e penhascos por lá. O estádio de futebol americano da Universidade da Califórnia, em Berkeley, que fica diretamente sobre uma dessas linhas de interseção, vem sendo dividido ao meio por essa força invisível. Uma separação de 35,5 centímetros, para ser exata, desde que ele foi construído, em 1922.

Um dia eu dissera a Ellen que conhecê-la tinha sido como um terremoto. Que eu precisaria de tempo para me refazer do impacto e recuperar o equilíbrio.

Reencontrei o equilíbrio ali, no litoral, depois da minha revelação. O equilíbrio entre a mulher dinâmica que gerou meu corpo e minha alma e a mãe dedicada que me criou, me controlou e me moldou.

Enquanto saíamos da Pedra das Cabras, fiquei olhando para as árvores ao longo da autoestrada. Ciprestes vergados pelo vento, com todos os galhos apontando na mesma direção, açoitados por forças invisíveis para assumir sua forma.

Forças que ainda hoje estão em ação. Moldando continentes. Linhas costeiras. A alma humana.

Acertando os ponteiros

Na Califórnia, Ellen me explicou sua gravidez em termos simples. Tinha sido uma aventura sexual e nada mais. Disse-me que o homem, Panos Kelalis, era um playboy, e ela não via futuro para a relação. Ele estava interessado em voltar para sua terra natal, o Chipre, por isso, entregar a criança para adoção pareceu ser a única saída.

Ela contou que atravessou a gravidez sem emoção. Que não contou a ninguém de sua família, fugiu para a Flórida e ficou trabalhando como enfermeira de equipes cirúrgicas para que nenhum paciente lhe perguntasse pela criança.

Ela foi anestesiada durante o parto, para que não guardasse nenhuma recordação. Contrariando a orientação dos funcionários da adoção, Ellen pediu para ver o bebê – eu – no berçário, sabendo que não teria nenhuma reação emocional.

E, mesmo nessa hora, não sentiu nada.

Puxa, que frieza!, pensei, ao ouvi-la dizer isso pela primeira vez.

Puxa, que força!, é o que costumo pensar agora.

Ellen admitiu que, como enfermeira, sabia que poderia fazer um aborto e poderia ter encontrado um colega médico para isso. Na verdade, tempos depois, interrompeu uma segunda gestação não planejada.

– Não faço ideia da razão por que não cheguei a cogitar um aborto – comentou.

Eu lhe disse que compreendia suas decisões.

De ter o bebê.

De me deixar.

Se eu engravidasse de um homem com quem não tivesse a menor ligação e precisasse me mudar para um lugar desconhecido onde nunca tivesse pensado em morar... digamos, uma cidadezinha rural com uma rua só em Dakota do Norte... se bem que eu nem iria para lá.

O que equivale a dizer que talvez considerasse agir exatamente da mesma forma.

Consideraria, sim, mas Ellen fez algo com que eu não podia concordar: não dissera nada ao pai da criança.

Panos nunca soube que tinha uma filha.

Eu teria contado ao pai. Teria procurado ser justa com ele e com a criança. Isso porque as duas pessoas extraordinárias que me criaram – minha mãe e meu pai – me ensinaram um profundo senso de consciência moral.

Durante anos, papai foi voluntário num berçário de bebês portadores de HIV. Doava remédios de sua farmácia e ia lá todas as quartas-feiras à noite, para segurar os bebês no colo e embalá-los. Passou dois anos morando na Etiópia como missionário. Criou um teatro de fantoches, fazendo ele próprio oitocentos bonecos numa máquina de costura, de modo que pudesse compartilhar com as crianças a história de Jesus Cristo.

Desde o começo dos meus sintomas, fiquei frustrada com a falta de calor humano de papai. Ele é um grande homem, uma alma caridosa, mas não conversou comigo sobre a doença. Recentemente, quando lhe contei que eu estava me inscrevendo num centro de cuidados paliativos para doentes terminais, ele disse "Ah". E mudou de assunto.

Sei que ele está sofrendo. Ouvi-o dizer uma vez, quando achou que eu não estivesse escutando:

– Eu não choro porque, se começar, não paro nunca mais.

Pensei sobre isso ao rever mentalmente esta parte da história. Como papai não pudera dizer aquelas palavras a mim?

Mas seus atos dizem milhares de coisas.

Todos os nossos atos dizem mais do que podemos saber.

Pensei em como, num dado momento, sem nem mesmo parar para pensar, papai disse de cor os títulos de dez reportagens de primeira página escritas por mim, apesar de nunca ter falado delas. Passados dez ou quinze anos, ele ainda lembrava os títulos. Sabia os detalhes. Falou de como eu havia reunido as informações. Lembrou-se dos métodos que eu tinha usado.

Nesse último ano, eu queria acertar os ponteiros com mamãe e papai. Quis encurtar a distância que se formara entre nós enquanto eu explorava a questão dos meus pais biológicos – o que não diminuiu em nada meu amor por eles.

Agora compreendo que isso não vai acontecer. Não chegaremos a um entendimento por meio da conversa. Isso simplesmente não faz parte da natureza deles.

E como a ELA me lembra todos os dias, não se pode lutar contra a natureza.

Em vez disso, abraço as pequenas coisas. Como as palavras de um amigo que conversou com mamãe e papai no dia seguinte à publicação de uma matéria sobre minha doença e a publicação deste livro.

Esse amigo tinha sido mencionado na matéria, e, por isso, mamãe foi levar uma cópia para ele. Ela tinha quinze exemplares do jornal, numa pilha organizada dentro de um armário.

– Dê isto a sua mãe – disse ela, entregando-lhe um exemplar.

Não a qualquer pessoa: a sua mãe.

Porque mãe é aquela pessoa que ama você. Que sempre amou você. Que se orgulha de você, mesmo que guarde esses sentimentos trancados numa gaveta.

Fiz muitas viagens com as pessoas que amo ao longo do ano. Nunca cheguei sequer a cogitar uma viagem com mamãe.

Em vez disso, viajei mais de 4.800 quilômetros até a Califórnia para fazer as pazes com aquela que estivera o tempo todo a apenas 1,5 quilômetro de distância.

Natal

Dezembro - Janeiro

Juntos

Em novembro, depois de voltar da Califórnia e do Yukon, mandei um e-mail aos meus chefes no *Palm Beach Post*. Dizia, em parte:

> Agora faz três meses que [tirei uma licença médica] do jornal e do trabalho que eu amava.
>
> Foi um privilégio ir trabalhar todos os dias para cultivar a democracia, desencavar histórias que ninguém queria que contássemos, incumbida da tarefa de informar e, por que não?, divertir nossos leitores. Quando alguém me perguntava "quem a mandou?", eu adorava responder: "Bem, minha senhora, esse seria Thomas Jefferson." Desejei muito crescer junto com o jornal e trabalhar no sentido de mantê-lo como uma força central em nossa comunidade. (...)
>
> [Agora, entretanto,] fico mais fraca a cada dia que passa. Minha fala está arrastada e minhas mãos estão tão débeis que não consigo digitar com um mínimo de velocidade. (...) Não posso correr de um lado para outro, atualizar material on-line e falar sem que os estranhos pensem que estou bêbada. Digo isso para vocês saberem que já não sou aquela profissional resistente e veloz de que vocês

precisam para cobrir as últimas notícias da seção policial. Por isso, peço demissão do meu cargo – cinco palavras que digito chorando.

O *Palm Beach Post* fez a gentileza de me oferecer quaisquer matérias que eu quisesse produzir como freelance. Eu disse que queria escrever histórias pessoais. Queria escrever sobre aprender a abraçar a vida apesar da doença.

Escrever era algo que eu tinha planejado fazer todo o tempo, era parte de viver com alegria e um objetivo. Mas então mamãe adoeceu e a vida interrompeu esse plano. Agora, porém, oficialmente desligada do emprego e com mamãe aparentemente se recuperando, entrei no período de festas de fim de ano com tempo livre e um projeto. Escreveria sobre a vida com a esclerose lateral amiotrófica. E faria deste um Natal memorável.

Em anos anteriores, muitas vezes eu havia trabalhado até durante o período de festas, não me restando nenhum dia de férias. Em nossos horários apertados, às vezes John e eu decidíamos que era muita trabalheira tirar aquela montanha de enfeites empilhados em caixas grandes das prateleiras altas da garagem.

Em vez disso, comprávamos uma arvorezinha e fazíamos guirlandas de pipoca e correntes de papelão com as crianças.

Nesse ano, resolvi dar tudo de mim. Durante dias, as crianças e eu examinamos lentamente as caixas de artigos natalinos, abrindo centenas de enfeites e montando todo o presépio que minha tia Beth nos dera, peça por peça, ao longo de anos.

Pusemos cubos de letras vermelhas em prateleiras, formando palavras como A-L-E-G-R-I-A e P-A-Z. Penduramos os trabalhos manuais natalinos das crianças e pegamos todos os Papais Noéis, inclusive a tampa de vaso sanitário com um Papai Noel que a biruta da minha prima Mona nos dera. Marina foi de uma ajuda enorme, encarregando-se do que eu não podia fazer com minhas mãos atrapalhadas.

Não sou adepta de uma porção de presentes, mas de dar a cada filho uma coisa boa. Nesse ano, comprei um laptop para cada um.

Marina os embrulhou, junto com todos os presentes para nossos parentes e amigos.

Como um presente para nós, John e eu fomos ao banco com o dinheiro do meu seguro de vida e quitamos nossa hipoteca. Ele queria investir o dinheiro, mas eu insisti em deixar minha família livre de dívidas. Queria saber que, houvesse o que houvesse, meus filhos nunca perderiam a casa.

Quando voltamos do banco, encontramos a casa uma bagunça. E os cubos de letras natalinos rearrumados por Marina, formando a palavra P-Ê-N-I-S.

Em geral, as crianças eram muito boas em pregar peças. Até hoje rimos de um 1º de abril em que cheguei correndo do trabalho, como de praxe, com as mãos cheias de documentos e, provavelmente, reclamando sem parar com algum redator ao telefone.

– Coma um chocolate! – disse Marina, enfiando um na minha boca. Mordi-o. Era um rabanete coberto de chocolate.

– Eca! – exclamei, cuspindo-o na pia da cozinha.

Abri a torneira para lavar a boca, mas Marina e Aubrey tinham prendido o esguicho com fita durex na posição ligado. O esguicho veio direto no meu rosto, me deixando encharcada.

– Muito engraçadinhos – gracejei com os meninos, que gargalhavam.

Voltei para meu banheiro. As crianças tentaram me seguir, mas fechei a porta e me sentei no vaso sanitário. Que eles tinham borrifado com o spray antiaderente da cozinha.

– Hi, hi, hi – ouvi por trás da porta.

– Vocês me pegaram! – admiti, rindo.

Tirei o sapato alto e calcei minhas confortáveis sandálias de dedo. Que tinham sido forradas por dentro com creme de marshmallow.

Quatro pegadinhas em sequência, uma atrás da outra.

– Alguém vai levar uma surra – eu disse à turma das risadinhas, o que só nos fez gargalhar ainda mais.

Mas, dessa vez, a criatividade natalina não tinha sido tão perfeita – e não estou falando apenas dos cubos formando a palavra P-Ê-N-I-S.

John e eu entramos pela porta, radiantes com nosso grande marco financeiro, e deparamos com uma confusão de pó branco na sala. Eu me refiro a pó em toda parte: tapete, móveis, paredes, livros.

Marina, inteiramente tomada pelo espírito natalino, havia tentado decorar a árvore com uma mistura de farinha de trigo e sal. Achou que ficaria parecido com neve.

– Eu li na internet! – disse ela, em resposta a nosso olhar estarrecido. Pausa. – Não funcionou.

John ficou furioso, embora hoje ache graça da história. Saiu falando palavrões, ao puxar a árvore para o lado de fora a fim de passar o aspirador de pó.

Um ano antes, eu também teria dito alguns palavrões, porque seria necessário um dia inteiro de trabalho para limpar aquela bagunça. Mas uma doença grave modifica a gente.

Ou simplesmente revela quem nós somos.

Eu ri do fiasco da farinha de trigo.

Não tinha importância. As festas significavam união, com todas as suas complicações.

Mamãe ainda estava no hospital, e por isso levei uma arvorezinha para seu quarto. Contrariando a vontade de papai – que dizia que os hospitais não gostam de coisas penduradas nas paredes –, Steph e eu decoramos o espaço de mamãe com centenas de cartões de Natal e cartões de votos de melhoras que ela havia recebido. Demos a ela um tablet, na esperança de que papai pudesse fazê-la se interessar por algum livro, para preencher as horas intermináveis no hospital. Não deu certo.

Na manhã de Natal, o *Palm Beach Post* publicou minha primeira matéria sobre ELA. Foi a história da minha viagem ao Yukon com Nancy, sob a manchete "Entre as luzes do norte: Duas amigas da vida inteira, a aventura de uma vida inteira".

Como presente para Nancy, mandei fazer para ela uma montagem profissional de uma cópia do artigo. Ela me deu um painel de parede com uma gloriosa aurora boreal verde. Mandei pendurá-lo imediatamente na parede central da minha sala de estar.

No ano anterior, um colega de trabalho de John nos dera um CD de músicas natalinas. Apesar de o meu braço esquerdo ter piorado, John e eu dançamos lentamente pela casa, ao som das músicas da temporada, relaxando numa canção em ritmo de merengue e dançando em passo mais lento para apreciar a sublime versão dada por Andrea Bocelli ao "Adeste Fideles".

Em seguida, eu realizei um antigo desejo de servir um ganso natalino, exatamente como em *Um conto de natal*, de Charles Dickens. John e eu passamos o dia inteiro preparando os acompanhamentos e o molho de tangerina para regar a ave e, depois, a colocamos para assar.

Este ano não tive músculos para dançar nem forças para fatiar e picar ou manusear panelas quentes.

Assim, uma antiga colega do *Post*, Jan Norris, trouxe uma ceia completa para o nosso Natal. Jan, como eu descobriria nos meses seguintes, tinha um coração de anjo e – de quebra! – tinha sido editora de gastronomia do *Post*.

Ela trouxe um banquete: tudo, desde um aperitivo de tâmaras envoltas em bacon até um tradicional peru natalino e uma enorme variedade de sobremesas. O ganso tinha sido uma de nossas mais saborosas ceias de Natal. Mas, no meu coração, ficou num distante segundo lugar, comparado à comida que Jan preparou para nós – apesar de ter sua própria família para cuidar – na noite mais especial do ano.

Fizemos essa refeição numa tarde tranquila de Natal, com as crianças ocupadas com os novos laptops, o papel de presente rasgado espalhado pelo chão. Acho que esse foi o primeiro ano em que Wesley gostou mais do presente que da caixa e do papel do embrulho.

Não costumo enviar cartões de Natal, porque temos uma porção de amigos que não comemoram essa data. Em vez disso, envio cartões de Ano-novo, celebrando o novo começo que todos compartilhamos. Em 2010, a mensagem do nosso cartão falou em fortalecer a amizade e o corpo.

Este ano, ela falava de aceitação. O cartão exibia um retrato da nossa família que tiramos no verão, com nossa cadela Gracie sentada ao lado de John, e Wesley segurando seu porquinho Piglet. Esse foi um item daquela lista de coisas fundamentais a fazer antes da morte, o último retrato de família antes de minhas bochechas encolherem, meu corpo murchar e eu parar de parecer eu mesma. Apenas minha mão esquerda, apoiada nos ombros de John, mostrava sinais claros da ELA.

No verso, pus uma citação de *O profeta*, de Khalil Gibran. Dizia:

Então uma mulher lhe disse:

– Fala-nos da alegria e da tristeza.

E ele respondeu:

– Vossa alegria é a vossa tristeza despojada de máscara.

E o mesmo poço de onde brota vosso riso encheu-se, não raro, de vossas lágrimas.

E como poderia ser diferente?

Quanto mais funda a tristeza escavada em vosso ser, mais alegria havereis de conter.

Porventura a taça que guarda vosso vinho não é a mesma que o oleiro queimou na forja?

E a lira que vos acalma o espírito não foi feita da madeira entalhada à faca?

Quando sentirdes alegria, observai bem vosso coração, e descobrireis que só o que vos trouxe tristeza é que vos dá alegria.

Era um reconhecimento da minha doença, mas sem mencioná-la. Um testemunho do ano que eu estava tentando viver.

– É lindo – disse uma amiga. – Mas não entendi. O que significa?

– Significa que devemos procurar força na alma – respondi.

A festa

No início de janeiro, meus colegas do *Post* me ofereceram uma festa de despedida. Eu havia tirado minha licença para tratamento de saúde em agosto, mas não havia contado a ninguém qual era o problema. Nem sequer dissera a meus colegas que eu estava partindo. Fui até lá numa manhã de sábado, quando não havia quase ninguém, com a intenção de esvaziar meu cubículo sem ser notada.

Isso foi doloroso demais. Eu havia deixado tudo exatamente onde estava: meus prêmios na gaveta, meu suéter marrom pendurado nas costas da cadeira, meu mapa do cosmos e os trabalhos de artes dos meus filhos no meu grande quadro de avisos de cortiça.

Ver meus antigos colegas cinco meses depois doeu, mas não tanto.

Nós nos reunimos na casa da repórter Jane Musgrave. Eu não podia comer e falar ao mesmo tempo, então escolhi a conversa. Falamos dos nossos anos no *Post* como os velhos veteranos falam da guerra: dias difíceis, mas os melhores de nossas vidas.

Lembrei-me da ocasião, uns dez anos antes, em que eu fora assaltada sob a mira de um revólver. Durante dois minutos, tinha ficado cara a cara com três adolescentes negros. Como repórter policial veterana, eu sabia estudar fisionomias e procurar marcas de identificação. No entanto, meia hora depois, descobri que não conseguia examinar álbuns de fotos de suspeitos e reconhecer nenhum deles. Não sem o receio de estar denunciando uma pessoa inocente.

Aquilo me fez pensar. E pensar me levou à descoberta de que a identificação equivocada de testemunhas oculares é a principal causa da condenação de pessoas inocentes. Quase 75% dos prisioneiros inocentados depois de exames de DNA tinham sido erroneamente identificados por uma testemunha ocular.

Em 2006, comecei a escrever sobre as identificações feitas por testemunhas oculares. Escrevi longamente sobre um caso em que um homem fora condenado a 43 anos de prisão depois de ser identificado por uma única testemunha como o atirador num incidente de trânsito. No entanto, Vishnu Persad era de uma raça diferente da originalmente descrita e tinha um álibi: estava do outro lado da cidade na hora do tiroteio, participando de um grupo de estudos de química.

Depois de passar cinco anos na prisão, ele teve sua sentença anulada.

Investiguei a história de um homem condenado por homicídio culposo numa briga de bar, embora ele tivesse provas claras de que estava caçando na Geórgia na ocasião da confusão entre os bêbados.

Num outro caso, um homem chamado Julio Gomez passou cinco meses na cadeia, aguardando julgamento por assassinato, embora morasse a cinco condados de distância do ocorrido. Ele era o Julio Gomez errado e não tinha a menor semelhança física com o verdadeiro criminoso. No entanto, uma testemunha o havia reconhecido numa fila para identificação de suspeitos e assinara esta afirmação na base da fotografia dele: "Este é o Julio que vi envolvido no assassinato."

Escrevi sobre três advogados criminalistas locais, todos negros, que tinham sido erroneamente identificados por testemunhas durante o julgamento. Ao serem solicitadas a identificar o criminoso – o réu, que corria o risco de passar um longo tempo na cadeia –, três testemunhas, em julgamentos diferentes, haviam apontado os advogados, e não seus clientes.

Um dos advogados tinha sido erroneamente identificado dessa maneira em dois julgamentos diferentes.

Meu objetivo não era denegrir as vítimas. Eu lamentava por elas. Muitas continuavam a sofrer, anos depois dos crimes. A culpa não era delas. Tampouco era dos policiais e dos promotores, que agiam em nome da justiça e raramente se enganavam.

Mas raramente não é nunca, e o sistema tinha um ponto cego. Até o melhor sistema do mundo, como me disse um dos advogados identificados por engano, pode se tornar "preguiçoso" na hora de implementar mudanças.

E a Flórida tinha um dos piores sistemas. Uma década antes, o Ministério da Justiça havia emitido recomendações nacionais sobre como reduzir os erros de identificação. A polícia do meu condado, Palm Beach, e muitas outras do estado não as haviam adotado, embora a memória de uma testemunha ocular constituísse um indício e devesse ser examinada com o mesmo cuidado que uma impressão digital.

Minhas pesquisas sobre a identificação por testemunhas oculares culminaram numa reportagem de primeira página, publicada em janeiro de 2011 – semanas antes de eu admitir para mim mesma que estava com ELA. Eu me debruçara sobre a política adotada por 32 órgãos policiais. Apenas três haviam passado a obedecer aos melhores procedimentos para apresentações fotográficas imparciais para fins de identificação, orientação às testemunhas oculares e documentação das identificações.

Menos de um mês depois, seguindo a recomendação de um comitê estadual, o escritório do xerife de Palm Beach anunciou que estava alterando suas normas de identificação por testemunhas oculares. Um ano depois, a maioria dessas normas tinha sido incorporada à lei estadual.

– Foi você quem fez isso – disse-me recentemente minha amiga Nancy. – Você ajudou a melhorar o sistema.

Discordo. Eu não modifiquei o sistema. Foram profissionais dedicados da polícia que o fizeram. Mas, ao destacar os problemas, ajudei a levantar a discussão, e isso fez diferença. Se não for para isso, para que serve o jornalismo?

Na festa, meus colegas me deram de presente uma cópia emoldurada dessa matéria. Jane Smith, outra veterana do *Post*, lembrou que os jornais costumavam dar relógios Rolex aos empregados antigos que se aposentavam. Mas isso tinha acabado.

Eles tinham feito uma vaquinha e comprado um iPad top de linha, com uma mansagem gravada como a daqueles antigos relógios Rolex. Dizia: "Para Susan Spencer-Wendel. Dos atuais e antigos colegas do *Post*."

Tinham juntado tanto dinheiro que eles até comparam alguns cartões do iTunes.

"Eu me senti como George Bailey no final de *A felicidade não se compra*", escreveu Jane Smith em seu bilhete, referindo-se à cena em que as pessoas ficavam dando dinheiro espontaneamente ao personagem de Jimmy Stewart. Jane recebeu tantas contribuições que acabou pedindo às pessoas que parassem.

"Sabe, Susan", escreveu ela, "você tocou tantas vidas que nós lhe trouxemos um aparelho com tela sensível ao toque!".

Durante meses, esse iPad foi meu companheiro constante. Em dezembro, enquanto eu trabalhava na matéria sobre minha viagem com Nancy ao Yukon, eu já havia perdido a capacidade de usar um teclado comum de computador. As teclas eram separadas demais e difíceis de apertar.

Mas eu podia catar milho na tela do iPad. Eu podia voltar a escrever.

Podia tornar a ler livros, embora já não conseguisse segurar os volumes impressos. Fiquei tão empolgada que baixei a trilogia inteira dos *Cinquenta tons de cinza* em um minuto, achando que ia devorar sofregamente as cenas de submissão. Em vez disso, logo cansei de ler as descrições repetitivas de orgasmo juvenil.

Bem, enfim... Às vezes os detalhes decepcionam. Sorria.

Mas a amizade raramente decepciona.

Um presente para mim mesma

Depois da festa, com as crianças novamente na escola e John de volta ao trabalho, dei a mim mesma outro presente – mais desejado do que necessário: maquiagem permanente.

Gosto de moda. Sempre gostei e sempre vou gostar. Não fui nenhuma beldade, mas sempre me orgulhei de estar bem-arrumada. Adoro um vestido preto justo – não apertado demais nem curto demais para o trabalho. E sapatos altos pretos, com saltos de dez centímetros, bico fechado e salto grosso, para indicar que "não são sapatos de stripper".

Ah, os saltos, como os amo. Usei-os todos os dias da minha vida adulta, mesmo com nove meses de gravidez. Com joanetes. Então minhas pernas ficaram fracas demais. E lá se foram os sapatos altos.

De jeito nenhum eu ia deixar que o mesmo acontecesse com a maquiagem.

A maquiagem era minha amiga. Ela aumentava meus olhos pequenos, criava maçãs do rosto onde não havia nenhuma e transformava as portas da minha goela em lábios beijáveis.

A maquiagem é precisa, uma arte milimétrica. Rugas finas que se apagam em volta dos olhos, sombras – às vezes em três tonalidades – aplicadas na medida exata, nas pálpebras e abaixo das sobrancelhas, com um pontinho de branco cintilante no osso do supercílio, para aumentar os olhos e criar um brilho.

Como tantas mulheres, eu gastara fortunas para achar a combinação certa para o meu rosto. Havia encontrado uma cor de batom que eu adorava: um tom de ameixa que parecia bonito e natural. Eu o usava todos os dias.

Usava delineador nos meus olhos pequeninos para aumentá-los, tomando o cuidado de não traçar a linha muito perto do nariz, o que faz os olhos parecerem mais próximos um do outro.

Passava múltiplas camadas de rímel nos cílios. Tinha três cores diferentes – pretíssimo, preto e preto acastanhado – e também suas versões à prova d'água.

Mesmo conforme minhas mãos iam enfraquecendo, eu ainda me maquiava. Quando meus dedos se crisparam, passei a abrir as embalagens com os dentes. Meus frascos mágicos tinham marcas de mordida nas laterais.

Por fim, desisti de fechar os tubos – era difícil demais reabri-los. Passei a circular de carro com um batom aberto, pronto para ser aplicado, equilibrado no console central do carro. Funcionou até chegar o calor. Aí, só restou uma meleca derretida cor de ameixa.

Minha mão começou a tremer tanto que eu já não podia passar o delineador. A escovinha do rímel tremia e eu acabava com mais preto acastanhado na pálpebra do que nos cílios.

O fracasso não era uma opção. Eu sem maquiagem NÃO ERA uma alternativa viável.

Vaidade, teu nome é Susan.

E a vaidade estava me chamando. Cuidar da aparência não é algo superficial. O orgulho é o motor do amor-próprio. Nunca se conseguiu nada importante deixando as pequenas coisas de lado.

Além disso, sem maquiagem, parecia que eu estava sem dormir há uns dez anos.

E quanto a John me maquiar, isso nunca nem sequer entrou no terreno das possibilidades.

Assim, dei a mim mesma um presente de Natal atrasado: maquiagem permanente. O que é um eufemismo para tatuagem no rosto. Pois é, eu sou vaidosa assim. Não pensei duas vezes na hora de decidir injetar tinta com agulhas para pintar meus olhos e meus lábios.

Saí fazendo pesquisas no Google. Um site com a propaganda "acorde maquiada" chamou a atenção dos meus olhos pequenos demais. A artista, Lisa, era uma especialista diplomada em micropigmentação. Sim, isso existe. Ela trabalhava no consultório de um cirurgião plástico, onde era possível eles tatuarem uma aréola num seio novo depois de uma mastectomia, ou sobrancelhas no rosto de uma vítima de acidente.

E ela havia trabalhado com pessoas com deficiência física, como eu.

Telefonei. No mesmo instante, Lisa me disse uma coisa que me deu confiança:

– Eu me recuso a tatuar qualquer coisa incomum ou que vá ficar feia.

Era frequente as mulheres lhe pedirem para tatuar sinais no rosto. Ela se recusava, afirmou, porque os sinais desbotavam e ficavam parecendo manchas.

Lisa sugeriu tatuar minhas sobrancelhas, meus olhos e meus lábios. Eu aceitei todos os três.

– Nossa, querida, tem certeza? – perguntou Steph, que também entende tudo de maquiagem. – Isso é permanente. E dói.

– E minha única alternativa – acrescentei.

Dor não era problema para mim. Tenho alta tolerância à dor. Grávida de salto alto – essa era eu. Já me submetera ao mais doloroso processo de embelezamento por que as mulheres podem passar: a depilação íntima completa à cera. Depois desse circo dos horrores, literalmente de arrancar os cabelos, dor não era problema.

– Bem, decididamente, eu vou com você – declarou Steph. – Para me certificar de que o equipamento dela é limpo e de que ela não vai deixá-la com cara de palhaço.

E tatuar o rosto leva horas. As sobrancelhas, por exemplo, são desenhadas um fio de cada vez, sob uma poderosa lente de aumento. Os lábios levam centenas de espetadas, cada uma das quais injetando um pontinho de cor sob a pele.

Mas ah, que cor? Essa foi a parte mais difícil de todas.

Lisa tinha providenciado por encomenda uma cor que achou que funcionaria nos meus lábios. Pôs um pouco em mim: pareceu vaselina laranja.

– Não ficará tão laranja assim – disse ela. A tinta permanente, garantiu, tem uma aparência bastante diferente embaixo da pele.

– De jeito nenhum – retruquei. – Laranja, não!

Lisa experimentou um vermelho. Ora, eu adoro vermelho, mas só à noite.

Pedi a ela que recriasse a cor do meu batom favorito. Ela chegou a um tom de ameixa que gostei. Escolhemos os tons de castanho para o delineador e as sobrancelhas.

Lisa tirou minhas sobrancelhas e depois desenhou o formato que eu queria.

Nossa!, pensei, toda contente. *Finalmente terei sobrancelhas arqueadas!* Durante a vida inteira, eu tivera sobrancelhas retas feito um espeto.

Lisa espalhou um creme anestésico sobre a área. Ligou a máquina com a agulha.

Bzzzz... bzzz... bzzz, fazia a agulha a cada vez que injetava cor.

Passei os primeiros dez minutos prendendo a respiração. Steph observava cada gesto. O marrom da sobrancelha parecia roxo. Minha irmã perguntou se isso era normal.

– É, sim – respondeu Lisa. – Não se preocupe.

Passou uma hora fazendo *bzzz... bzzz... bzzz...* em cada sobrancelha.

Segurou um espelho diante de mim, para eu ver. Minhas sobrancelhas pareciam inchadas e ensanguentadas, mas, tirando isso, estavam ótimas.

Em seguida vieram os olhos, que ficaram abertos enquanto, ao som de *bzzz*, Lisa foi desenhando uma linha bem junto dos meus cílios.

– Eu precisaria de um sedativo para isso – comentou Steph.

Eu não podia me encolher. Não podia mover um fio de cabelo, com aquela agulha tão perto do meu olho. Fiquei imóvel feito uma pedra, deixando-me tomar por uma calma profunda.

Fique zen, Susan.

Resolvemos acrescentar um floreio minúsculo nos cantos externos, como um cílio extra grosso no final. Um truque de maquiagem que faz os olhos parecerem maiores e mais abertos.

Os lábios vieram por último. Lisa avisou que eles seriam a parte mais dolorosa e espalhou creme anestésico em tudo.

Eu queria o lábio inteiro colorido, não apenas delineado. Sempre achei ridículo aquele batom gasto que deixa aparecer apenas o delineador labial.

Lisa começou com o *bzzz-bzzz-bzzz*. Eu me encolhi. Os lábios são sensíveis. Por que outra razão o beijo seria tão encantador?

A curvinha no centro do lábio superior é chamada de arco do Cupido. Foi como se o arco do Cupido estivesse me esfaqueando enquanto Lisa trabalhava. Tive vontade de sair aos pulos de dentro da minha própria pele.

Respirei fundo e pensei no beijo mais perfeito que eu já havia experimentado: o primeiro beijo intenso, mas não com força excessiva, em lábios do tamanho exato, tocando cada milímetro dos meus, com a ponta macia da língua dele desenhando o contorno da minha boca.

Pensei sem parar nesse beijo daquela noite, muitos anos atrás.

E aí meus lábios ficaram prontos.

Olhei no espelho: inchados e ensanguentados.

– O aspecto vai mudar nas próximas semanas – enfatizou Lisa, pela vigésima vez. – A cor verdadeira só aparece depois que a pele descasca.

Ela me deu um panfleto com informações completas, que incluía todas as fases de cicatrização – em que as tatuagens parecem azuis, em que as cores somem por completo e em que as sobrancelhas parecem acentuadamente maiores e mais escuras.

– Não se preocupe. Vai ficar lindo! – disse ela.

Steph e eu entramos no carro para voltar para casa. Dei uma olhada no espelho retrovisor. Deparei com uma criatura estranha me olhando de volta. Minhas sobrancelhas eram grandes lesmas pretas, grudadas na testa.

Não tornei a olhar. Apenas torci pelo melhor. *O que está feito está feito*, pensei. *Não adianta me preocupar.*

Nas semanas seguintes, meu rosto ficou psicodélico. Eu prendia a respiração e passava religiosamente a pomada cicatrizante que Lisa havia recomendado, aguardando e conferindo as fases no meu panfleto de informações.

– Como está? – perguntava a John, meu marido há vinte anos.

Pobre homem.

Eu estava uma rabugice só. O que havia de dizer o meu marido de vinte anos, pelo amor de Deus?

– Deixe-me passar essa pomada para cicatrizar mais depressa – dizia ele.

Boa resposta.

À medida que meu corpo ia murchando e minha aparência mudava, John sempre tinha uma boa resposta. Permaneceu do meu lado sem dizer palavra, mesmo quando meu rosto ficou todo manchado.

E então a maquiagem ficou pronta. Ficou bonita. Muito melhor do que meu rosto sem nenhuma maquiagem.

Aquela era eu, tal como havia me apresentado ao mundo durante vinte anos. Com as bochechas mais magras, menos controle muscular. Mas era eu.

Ah, a maquiagem! Ainda sob o meu controle.

Uma pequena parte do meu corpo que permanecerá inalterada para sempre.

Hungria

Fevereiro

Juventude

Conheci John Wendel na piscina de Lake Lytal, na zona suburbana de West Palm Beach. Eu era salva-vidas, recém-formada na Universidade da Carolina do Norte. John era professor do ensino médio, treinador de natação e ex-nadador da equipe universitária da minha faculdade.

Fiquei deslumbrada ao vê-lo nadar, com suas braçadas longas e fluidas, aquele corpo divino – ele era uma estátua de bronze de 1,85 metro – atravessando a água como um torpedo.

John era tão bonito que, depois de passarmos dois anos pregando peças um no outro, mandei uma amiga telefonar para lhe dizer que ele fora escolhido para o Calendário dos Salva-vidas de Palm Beach.

John me telefonou naquela noite. Na época, eu estava fazendo pós-graduação e nós namorávamos a distância.

– Oi, Susan, adivinhe só – disse ele. – Vou sair no Calendário dos Salva-vidas. Eles me deixaram escolher o mês. Eu pedi dezembro, por causa do seu aniversário.

– John...

– Sim?

– Que dia é hoje?

– Terça-feira.

– Não, o dia do mês.

– Primeiro de abril... O dia da mentira – ele riu.

Esse trote no dia 1º de abril deu início a uma tradição que continuou até aquele clássico da Marina e do Aubrey, do chocolate de rabanete e do vaso sanitário escorregadio. Em 23 anos, armamos várias pegadinhas em casa, especialmente nos primeiros tempos.

Houve um ano em que escondi a bicicleta do John, fazendo-o pensar que tinha sido roubada.

– Mas que diabo! – gritou ele, atirando o capacete do outro lado do apartamento, frustrado.

– Primeiro de abril! – gritei.

No ano seguinte, ele me pegou de jeito. Estávamos dando uns amassos – rolando entre gemidos no escuro –, quando John disse um nome:

– Beth! Beth!

Sua ex-namorada.

Dessa vez, fui eu quem saiu atirando coisas pela sala.

Sempre gostei disso no John: ele sabe rir de si mesmo. E sabe rir de mim. Dentro daquele belo corpo, reconheci uma alma. Uma alma tímida (sim, é verdade), inteligente e resoluta, mas divertida.

Quando fala da época em que me conheceu, no entanto, ele menciona meu short:

– Ela estava usando uma camiseta da Universidade da Carolina do Norte e aquele short azul.

Sempre para nesse ponto e abana a cabeça, pensando na minha bunda.

Confio a John a minha própria vida, e agora também a dos nossos filhos. Em mais de vinte anos de vida juntos, nunca o vi tomar uma decisão precipitada ou absurda. (Exceto quando comprou um Ford usado com 130 mil quilômetros rodados.)

Até mesmo o nosso casamento foi uma decisão prática. John recebeu uma oferta da Comissão Fulbright para lecionar num colégio em Budapeste, na Hungria, em 1992. Eu havia insistido que ele se candidatasse. Na verdade, até preenchi o formulário da Fulbright para ele. John é um procrastinador terrível.

Ele me perguntou se eu queria ir junto. Teríamos de ser casados para que eu pudesse acompanhá-lo. Então um de nós dois disse:

– Por que a gente não casa?

Não lembramos quem foi.

E o outro disse:

– Está bem.

Tocamos no assunto com a minha mãe, informalmente, no dia de Ação de Graças. Em poucos dias, ela já havia providenciado a igreja, o pastor, a música e o organista. Foi tão rápido que as pessoas devem ter-se perguntado se eu estava grávida. *Elas que fiquem matutando*, pensei.

A única coisa que tive de fazer foi comprar um vestido de noiva e aparecer no dia. E assim fiz. Sorrindo o tempo todo. Foi uma cerimônia pequena, só para a família e os amigos mais íntimos, numa igreja ecumênica.

Nancy estava lá, é claro.

Passamos a noite de núpcias no Hilton daqui. Sentados na cama, olhamos um para o outro e dissemos:

– O que nós acabamos de fazer?!

Cinco meses depois, estávamos morando em Budapeste.

As pessoas que me conhecem um pouco acham que isso não é do meu feitio. Que sou uma pessoa muito equilibrada. Que não tomo decisões precipitadas.

Mas quando me conhecem melhor, dizem: "Isso é tão típico da Susan!" Quando sei o que quero, eu o agarro. Sem espera. Sem perguntar "e se...?". Simplesmente paro de falar e vou logo fazendo.

Eu queria John e queria Budapeste. Tinha 25 anos. Era formada em relações internacionais, com mestrado na minha profissão portátil escolhida a dedo: o jornalismo.

Estava na hora de viajar e me aventurar.

Budapeste veio a se revelar uma das melhores decisões de nossa vida.

Estávamos em 1992, e o Muro de Berlim acabara de ser derrubado. A cidade estava numa alegria imensa. Negócios crescendo. Estátuas caindo. Era como o Velho Oeste. Tudo era possível. Um verdadeiro ímã para vendedores, jovens, gente num beco sem saída, sonhadores, qualquer um que quisesse uma oportunidade.

E escritores. Devo ter conhecido uns cem. Conheci um recém-formado de Princeton que estava inaugurando um jornal em língua inglesa, o *Budapest Post*. Em menos de uma semana, eu estava escrevendo matérias para ele. Em dois meses, era editora-chefe, supervisionando aqueles que tinham acabado de sair da faculdade de jornalismo, dispostos a conhecer o mundo.

Numa coletiva de imprensa, dirigi uma pergunta à rainha Elizabeth. Em outra, a Boris Yeltsin. Fui à Bósnia numa missão de ajuda humanitária e cobri a colheita de rosas da Bulgária.

Quando frequentava o parlamento húngaro, eu via legisladores com nosso jornal na mão, lendo as minhas matérias. Eu era uma jovem de 25 anos que não falava húngaro – tinha um tradutor na maioria das entrevistas – e estava ajudando a formar a opinião de legisladores!

Mas aí o garoto ficou sem dinheiro. O jornal foi para o brejo. Só que alguém conhecia alguém da *Forbes*, a revista dos multimilionários. O jornal renasceu com o nome de *Budapest Sun*. Meu salário se transformou numa pilha de dinheiro húngaro em espécie. Nada de cheques nem contas bancárias. John e eu escondíamos as notas num livro em nosso apartamento.

Quando tínhamos dinheiro, explorávamos a cidade, circulávamos pelo país e pelas nações vizinhas (quase morremos num acidente de trânsito na Turquia!), e frequentávamos óperas e concertos. Bebíamos vinho artesanal no meio da tarde, em meio ao inverno sombrio de Budapeste.

Se o nosso dinheiro acabava, ficávamos quietos até o pagamento seguinte. Rindo, conversando, nos conhecendo melhor. Sobrevivendo, como o jornal, um dia após o outro, sem pensar no futuro.

Aqueles dias e aquelas aventuras em comum nos uniram. Como a cola de um móvel, foram a sustentação invisível que nos manteve juntos por uma vida inteira, com ou sem tensão.

O contrato com a Fulbright terminou. Voltamos para casa, após dois anos no exterior, para empregos maçantes e exageros norte-americanos. John não gostava de seu trabalho como professor. Eu não gostava de ser uma foca no *Palm Beach Post* depois de dois anos como editora-chefe em Budapeste. Até nosso apartamentinho, com o aparelho de ar-condicionado preso na janela da sala, parecia vazio.

E, com a rapidez de uma tempestade na Flórida, a depressão me pegou.

Só me dei conta de que estava com um problema psicológico depois de perder quase sete quilos. Cheguei a ficar com a cabeça tão esgotada pela falta de sono que tinha acessos de pânico ao me deitar para tentar dormir.

Na Hungria, todos os meus sentidos tinham sido estimulados por novas visões, novos sons, sabores e odores. Até os compromissos corriqueiros do jornalismo eram fascinantes.

Como quando fui despachada para o Leste Europeu com a tarefa de cobrir a estreia dos Chippendales, um grupo de homens musculosos que se despiam até ficar só de sunga fio-dental e remexiam os quadris para centenas de jovens reunidas.

– QUEREM CAIR NA GANDAIA? – gritaram para a plateia.

Que respondeu com silêncio absoluto.

Uma delícia.

Agora eu me sentia péssima e tudo era uma chatice. John, também cada vez mais deprimido, ficava impotente. Brigamos. Passei um breve período com minha irmã. Stephanie me levou direto para o psiquiatra.

– A televisão está falando com você? – perguntou o psiquiatra.

– Eu estou deprimida, não sou psicótica! – exclamei em resposta. O médico me deu um antidepressivo. Fiquei me sentindo muito, muito melhor.

Tenho a profunda convicção de que somos senhores da nossa mente. De que, quando saudáveis, podemos escolher o que sentimos. E somos também os encarregados solitários de cuidar dela, e devemos mantê-la saudável. Agora eu pratico a minha respiração lenta, entro no meu estado zen. Vivendo com alegria.

Naquela época, John e eu procuramos outra colocação no exterior, na tentativa de reconquistar o deslumbramento inicial.

Mais ou menos um ano depois, fomos a uma feira de empregos internacionais para professores:

– Há uma vaga para um cargo de professor numa escola da Colômbia – disse John. – Eles não têm benefícios para o cônjuge... mas têm uma vaga para alguém dirigir o anuário da escola.

Meu coração deu um salto. Era o ano de 1995 e a Colômbia estava no meio de uma guerra contra as drogas. No ano anterior, um jogador da seleção deles tinha feito um gol contra durante a Copa do Mundo. Ao voltar para casa, foi assassinado. Na época, a Colômbia era amplamente considerada o centro mundial do sequestro.

Mesmo assim, concordei. A vida é uma aventura, certo? Assinamos um contrato de dois anos.

Essa aventura não foi tão despreocupada quanto a outra. As guerras da cocaína estavam terminando, mas a violência continuava descontrolada. Cada loja de esquina tinha um guarda armado. Estou me referindo a sorveterias, não a bancos. A escola onde John e eu trabalhávamos tinha um portão de metal e cabines com vigias armados. Em frente aos portões circulavam homens de terno italiano, com dentes feios e metralhadoras. Eram os guarda-costas dos alunos.

O sequestro tinha se transformado num crime comum de rua: as pessoas eram capturadas a caminho do mercado.

– Quero voltar para casa – eu disse a John, depois de sete meses.

Meu honrado marido não queria romper nosso contrato de dois anos. Mas acabei por convencê-lo. Partiríamos no fim do ano letivo.

Um mês depois, fizemos uma excursão às montanhas, durante as férias de julho. Tomamos o rumo de La Ciudad Perdida (a Cidade Perdida), sede de uma antiga civilização escondida na selva durante centenas de anos. Só fora redescoberta na década de 1970.

A excursão foi grandiosa. Montanhas. Florestas cobertas por um dossel de copas de árvores. Rios. Tucanos.

Ela também representou longos dias de caminhada morro acima. Com um guia e guarda-costas armados, porque estávamos em território de guerrilheiros. Nada de chuveiro. Nada de banheiro. Nosso grupo dormia em redes no segundo andar de cabanas abertas. No primeiro andar, uma fogueira ficava sempre acesa para repelir os insetos. A fumaça me mantinha acordada.

No sexto dia, não aguentei mais. Chovia. Eu estava enjoada. Perdi o controle.

– Já chega – declarei, à beira das lágrimas. – Estou cansada. Estou com fome. Estou imunda, enjoada e toda dolorida. E acho que estou grávida!

Virei-me para sair batendo os pés em direção à mata e dei com a cara num dos postes de sustentação da cabana. Caí de costas na lama.

E foi assim que John ficou sabendo da nossa primeira filha. Então fez as contas – e chegou à nossa comemoração da noite em que tínhamos resolvido voltar para casa.

A vida tem dessas coisas perfeitas. Se não fosse assim, eu teria adiado indefinidamente o momento de ter filhos, querendo viajar mais. Estava com 30 anos.

A gravidez era de gêmeos e de alto risco. Não podíamos arcar com o plano de saúde sem nossos empregos, e por isso tivemos que passar mais um ano na Colômbia. Isso é que é nervosismo. Experimente ficar grávida a 2.800 metros de altitude no centro mundial do sequestro.

Perdi um dos gêmeos.

Depois, quando faltava uma semana para a data prevista do parto, o bebê parou de se mexer. Eu estava na escola, trabalhando, e fui falar com a enfermeira.

– Coma açúcar – disse ela.

Não funcionou. O bebê continuou parado. À tarde, entramos em pânico. John saiu correndo na chuva para chamar um táxi que nos levasse ao hospital, não encontrou nenhum e tentou a segunda alternativa.

– Vamos – disse-me, pingando de tão molhado. – Arranjei uma carona.

Era o ônibus escolar do jardim de infância. Cheio de crianças. Dito e feito, ele foi direto para o hospital, abriu suas portas hidráulicas com um suspiro e nos deixou descer.

– O que a senhora comeu nas últimas seis horas? – perguntou o anestesista.

Eu havia seguido o conselho da enfermeira:

– Duas Coca-Colas e três bolinhos de chocolate – respondi.

O médico me deu aquele olhar. Você sabe qual. Patético.

Uma hora depois, eu estava na sala de cirurgia. A criança estava sentada, com o cordão umbilical enrolado no pescoço. Teria que ser cesariana. John assistiu enquanto eles faziam a incisão. Aí ficou com o rosto pálido e começou a se balançar.

– Afaste os joelhos! – gritei. – Não desmaie!

Assim ele fez, e permaneceu de pé. Ouvi um choro e lhe perguntei o sexo do bebê.

– Acho que é menina.

– O que você quer dizer com "acho"?

– Bem, está tudo meio inchado.

Não podíamos dar nome a nossa filha sem conhecê-la. Assim, algumas horas depois, num leito de hospital, perguntei a John que nome lhe havia ocorrido ao ver nossa garotinha.

– Brie – disse ele.

Como todos os bebês, ela nascera coberta por uma gosma esbranquiçada.

Revirei os olhos e escolhi "Ella".

O escrivão disse que esse nome não seria aprovado. Em espanhol, *ella* significa "ela". Não, não serviria. A mulher não deu importância ao fato de ser um nome comum nos Estados Unidos.

Assim, passamos dias contemplando nossa neném, maravilhados. Por fim, nós a chamamos de Marina.

Em parte porque parecia espanhol. Em parte porque era grego, como minha mãe. Mas principalmente por ela ter olhos azuis. Um azul sereno e suave, que me lembrava o mar num dia de verão, um lugar onde eu sempre me sentira segura e aquecida.

Ah, Marina. Menina linda. Lembro-me de segurar você no colo. E de aprender a amamentá-la.

Meu leite veio com força total na noite em que chegamos do hospital.

– Você está parecendo uma stripper – disse John sobre o meu tamanho avantajado. Assim era o homem que tinha levado minha calcinha fio-dental e minha calça jeans colante para o hospital, como se eu fosse voltar imediatamente à minha antiga forma.

– Por favor, me arranje uma bombinha para o seio! – implorei. – E que não seja barata. Eu quero a melhor bomba para o seio que existe.

A sensação que eu tinha era a de que meus seios iam explodir.

Mas, puxa, como é divertido pensar nisso tudo agora. Revivo com alegria aquelas noites de dor em que minha filha pequena me mordia feito um demônio. Aquela doçura nos meus braços. Aquele hálito cheirando a leite. Meu marido ao meu lado, trazendo-a para mim, para que eu a amamentasse ao luar. E, depois, deitando delicadamente a nossa bebê no bercinho dela.

Marina, você pôs fim aos nossos dias de viagem.

Marina, você me lançou à maternidade. Essa fase da vida em que os dias são intermináveis e os anos acabam num instante.

Um tempo que eu gostaria que fosse mais longo. Um tempo que eu não trocaria por nada neste mundo.

Um casal

Passamos mais algum tempo tentando antes de ele chegar: um menino, Aubrey, em 2001. Um bebê tão contente, tão adorável – era gorducho e satisfeito como um Buda –, que pensamos em ter mais um, e lá veio ele, Wesley, em 2003.

De repente, eu tinha três filhos menores de seis anos e trabalhava em horário integral. Naturalmente, nosso casamento sofreu. John e eu nos tornamos peças de decoração um para o outro.

Vivíamos tão tensos que pensamos em nos separar.

Mas relutamos em fazê-lo.

Os meus pais e os pais dele estavam casados havia cinquenta anos. Seguimos o exemplo deles. Aguentamos firme, momento a momento.

Raras vezes saíamos a sós, apenas nós dois. John havia deixado o magistério. Por quê? Experimente quarenta alunos, 25 carteiras e vinte livros. Ele se tornou representante de vendas de uma empresa farmacêutica, a GlaxoSmithKline. De vez em quando ganhava uma viagem da Glaxo. Fomos a Vancouver em 2006. Essa foi nossa grande viagem de casal em dez anos.

E então, no verão de 2009, ele ganhou uma viagem ao Havaí. Foi durante o processo de planejamento e arrumação de malas que notei minha mão murcha. Adiei a consulta de acompanhamento com o neurologista para depois da viagem, porque, entenda bem, quando você está na expectativa de férias com todas as despesas pagas no Havaí, não há nada de errado no mundo.

Que se danassem os contratempos de saúde. Naquele verão, minha grande preocupação era encontrar sapatos altos prateados (de bom gosto) para combinar com minhas pulseiras prateadas (de bom gosto) e com meu tubinho azul favorito para ir ao luau.

E será que o meu sarongue turquesa combinava mesmo com o meu biquíni? Ó céus! Isso é que é motivo de preocupação!

Em agosto, John e eu deixamos as crianças com Nancy e Stephanie, e pegamos um avião para um sonho em Technicolor. O hotel Royal Hawaiian, em Honolulu, reluzia com antiguidades e tinha um matiz elegante de rosa, ao contrário daquele tom de algodão-doce do sul da Flórida. O oceano Pacífico era violeta depois da arrebentação e verde-água na praia. Os colares de flores cintilavam e o céu do anoitecer era laranja.

A Glaxo havia planejado a viagem inteira, com um roteiro completo de atividades. Um luau com um leitão assado. Um baile. John e eu fizemos uma aula de surfe e andamos a cavalo num rancho com vista para o mar. Paramos lado a lado num penhasco e vimos um sol imenso, de um amarelo intenso, afundar no oceano.

Um momento para guardar na memória, como John deslizando na piscina em 1991. Ou o gelo no Danúbio durante nosso primeiro ano em Budapeste.

Quase no fim da viagem, fomos de caiaque com um guia à praia de Lanikai, que é considerada uma das mais bonitas do mundo. A areia é branca, com textura de farinha de trigo, mas não gruda. Eu a chamava de "areia mágica".

Havia um recife de corais, com partes que se projetavam fora da água quando a maré baixava. Nadamos ao longo dele, vendo peixes tropicais e anêmonas acenarem para nós na correnteza. As cores brilhavam: laranja, amarelo, púrpura e azul.

A paz só foi abalada por um representante farmacêutico de Nova York que entrou em pânico com um par de cações-lixa. Subiu num recife aos gritos de "Tubarão! Tubarão!". Teria sido engraçado, se ele não houvesse destruído mil gerações de corais.

Idiota, pensei, mergulhando a cabeça na maravilhosa água cristalina, com tubarões e tudo.

Houve momentos de apreensão no Havaí – quando não consegui enfiar meu vestido tubinho nem segurar um espetinho de camarão com a mão esquerda –, porém mal pensei nisso. Na volta a Palm Beach, marquei uma consulta com o neurologista e fiquei olhando para uma foto minha na praia de Lanikai.

O protetor de tela perfeito. O último momento saudável da minha vida.

Eu tinha dito a John que ele não precisava ir comigo ao consultório do Dr. Zuniga, o neurologista. Ele insistiu em ir assim mesmo.

– Por quê? – perguntei.

Ele não me disse nessa ocasião, mas vinha discutindo meus sintomas com seus amigos médicos. Estava tão apreensivo que tinha começado a parar o carro junto à calçada, entre as visitas de venda, preocupado demais para dirigir.

Ficou em silêncio enquanto o Dr. Zuniga me examinava, testava meus músculos, coçava a cabeça e se declarava intrigado.

– Então o senhor não acha que ela tem ELA? – John deixou escapar.

– Ah, não – apressou-se em dizer o Dr. Zuniga. – Susan é muito moça. E o sintoma está contido na mão. A ELA costuma se espalhar depressa.

John se recostou na cadeira.

– Graças a Deus – disse. – Graças a Deus.

Olhei para ele, depois para o Dr. Zuniga:

– O que é ELA? – perguntei.

John não quis discutir o assunto. Procurei no Google. Uma vez.

A coisa me assustou tanto que nunca mais fiz isso.

Em vez disso, entrei em negação. Meu marido não. Depois de vinte anos, ele era mais sintonizado comigo do que qualquer um no planeta. Notou uma ligeira diferença na minha fala no fim de 2009, muito antes de qualquer pessoa. Não me disse uma única palavra sobre isso durante seis meses.

Levou ainda mais tempo para admitir que às vezes virava para o meu lado, no meio da madrugada, para colocar o braço em volta de mim, e, por me conhecer tão bem, sentia haver algo errado.

Nas ocasiões em que estive grávida, ele costumava fazer isso, mas porque adorava sentir as mudanças, meu corpo crescendo.

Dessa vez, sentiu que eu estava definhando.

Ele ficou com medo. Mas não se afastou. Momento a momento, músculo após músculo perdido, John e eu nos aproximamos cada vez mais. Em todos os momentos decisivos, ele me apoiou e se manteve equilibrado.

Equilibrado como um trapezista. Mesmo à medida que a realidade foi ficando mais sombria.

Em setembro de 2011, eu estava extremamente nervosa. Fazia meses que meu apetite vinha diminuindo, como sintoma da ELA. Praticamente desapareceu quando vi mamãe morrendo de fome no hospital. Seu sistema digestivo estava tão arrasado que ela não conseguia ingerir nada pela boca.

Foi uma comemoração quando pôde chupar uma lasca de gelo.

Eu andava tão tensa que trincava os dentes a ponto de sentir dor. Não conseguia dormir. Passava dias inteiros sem comer e, no final, não sentia nem um ronquinho no estômago. Diminuí dois manequins, passando a usar calça 36.

Nossos amigos tentaram ajudar, cada um a seu modo.

O que, no caso de um deles, significou nos presentear com um generoso saquinho de maconha.

Fazia muito tempo que esse amigo estava lutando para se livrar de vários vícios. Ele me contou que minha situação o havia inspirado a viver limpo. Mas, em vez de jogar a maconha fora – "Impossível! O bagulho está muito bom!", disse –, preferiu doá-la a mim. "Isso é muito mais útil para você do que para mim, Susan. Vai ajudar com a dor."

Eu podia contar numa das mãos o número de vezes que havia fumado maconha nos quinze anos anteriores. Nunca havia comprado, e só a tragara nas raras ocasiões em que ela me fora oferecida (pela minha mãe biológica, por exemplo). Eu tinha um emprego respeitável e três filhos. Eram essas as minhas prioridades, não uns baseados.

Além de tudo, era ilegal.

Mas...

Eu andava estressada por causa de mamãe, a ponto de passar a ranger os dentes. Sentia dor na clavícula quebrada, que tinha que se consolidar sozinha naturalmente. E estava com uma doença terminal.

Precisava de uma folga.

A maconha, pelo que eu me lembrava dos tempos de faculdade, em geral me fazia comer e rir sem parar. E essas eram duas coisas que eu precisava fazer.

Convoquei John para a causa. Depois de todas as tarefas difíceis dos dois anos anteriores – mais mentais do que físicas, embora a dificuldade física estivesse chegando –, esse foi um pedido que ele não se incomodou de atender.

Idealmente, nós fumaríamos em casa, comeríamos um pote inteiro de sorvete e assistiríamos ao Discovery Channel, completamente chapados. Mas só quando as crianças não estivessem por perto.

Assim, John e eu tramamos uma saída noturna, para fumar maconha e comer até cair no nosso restaurante mexicano favorito.

Mas então ficamos com outro problema: onde dois adultos responsáveis poderiam fumar maconha e não ter que dirigir depois até a farra gastronômica mexicana?

O restaurante ficava no centro de West Palm Beach, perto do tribunal onde eu havia trabalhado como repórter. O mesmo tribunal onde todos os dias apareciam pessoas presas por posse ou tráfico de drogas. Deveríamos estacionar e fumar, conforme percebemos, e depois ir a pé para o restaurante. E o local mais próximo, sem trânsito nem pedestres, era o tal tribunal.

Paramos nosso furgão numa rua deserta, ao lado do tribunal gigantesco e escuro. Na verdade, nós nos esgueiramos para lá feito dois criminosos num filme policial de segunda. John enrolou um baseado e dã!, acendeu-se um alerta na minha cabeça. Havia policiais do condado patrulhando o perímetro do edifício. Não era um bom lugar, sua idiota!

Achando-me muito esperta, disse a John que avançasse mais um quarteirão, até outra rua escura e deserta. Paramos então ao lado de uma cerca viva alta e dos escritórios da promotoria, inclusive o do promotor-chefe, que não era fã das minhas matérias.

Ele era um político suscetível, que se ressentia quando os repórteres faziam perguntas de verdade, do tipo "Exatamente quantos dólares dos contribuintes o senhor gastou para contratar um consultor de moda para decorar seu escritório?".

Perfeito. Acendemos os baseados.

Em pouco tempo, a fumaça se acumulou dentro do carro. Baixei o vidro e fui soltando baforadas pela janela. John e eu demos risadas por estarmos parecendo Cheech e Chong: a cabeça nas nuvens.

E então ouvimos vozes. Elas vinham de uma distância de poucos passos, do outro lado da cerca viva.

É assim que o site Cannabisconsumers.org descreve o efeito da maconha: "O uso de canabis pode aumentar o foco e a concentração, fazendo com que os estados de ânimo, as sensações e a experiência da pessoa pareçam mais intensas. Talvez você tenha uma impressão de taquicardia, a música é fantástica, essa é a melhor sobremesa que você já comeu e, nossa, saca só como é linda a natureza."

E depois, LÁ EMBAIXO, no fim da página, outro efeito: paranoia.

É, a maconha deixa o sujeito intensamente concentrado. Que delícia esses Cheetos, que legais esses buracos negros espaciais! Mas Deus nos livre de as ideias se tornarem paranoicas, porque elas também ficam ampliadas.

Aquelas vozes na cerca viva – e, pode acreditar, elas foram acentuadas a ponto de parecerem vir de dentro do carro – fizeram uma ideia saltar da minha cabeça: *a maconha é ilegal. O que nós estamos fazendo é ilegal.*

E, como um par de idiotas, nós tínhamos levado todo o saquinho de erva conosco. O que, com certeza, aumentava a probabilidade de sermos detidos se nos apanhassem, certo?

Eu disse ao John para levar o carro para longe das vozes. Não, não tão depressa. Certo, está devagar demais. Ele foi avançando lentamente pelo quarteirão e eu virei para trás, bem displicente, para dar uma olhada do outro lado da cerca viva.

E lá estavam eles: dois policiais do condado, encostados em seus carros-patrulha, conversando. Eu tinha soprado fumaça de maconha *na direção* deles, a dois metros de distância.

De repente, fiquei muito chapada. E muito paranoica.

Com certeza eles sentiram o cheiro.

Com certeza estão vindo atrás de nós.

Com certeza haverá uma perseguição ao nosso furgão, e eles verificarão a minha placa e saberão que sou eu.

E com certeza eu ia virar manchete de jornal: "Detida repórter policial do *Post*: Promotor-chefe encantado!"

Eu queria ir para casa. Mas a mente chapada de John estava intensamente concentrada em outra coisa: nachos.

Repito: um homem é capaz de comer em qualquer situação.

Então paramos novamente o carro e fomos andando para o restaurante mexicano, de braços dados. Mal consegui comer. Estava tão nervosa que fiquei vasculhando os outros clientes em busca de policiais que tivessem vindo me capturar, já com as algemas abertas.

Todas as pessoas do lugar estavam olhando para nós. E a garçonete continuava a sorrir. Por quê? Ela sabia. Todos sabiam.

John terminou a refeição dele e a minha. Toda aquela trabalheira, e talvez eu tenha comido umas quatro garfadas de comida mexicana.

Saímos sem nenhum incidente e pegamos um táxi para casa.

Nessa noite, quando fui me deitar, percebi que ainda estava chapada. Jurei nunca mais fazer tamanha idiotice.

– Da próxima vez, nós vamos ficar em casa – eu disse a John. – Tomando sorvete e assistindo ao Discovery Channel.

A conversa

Só no Natal, quando finalmente tive a chance de experimentar um pouco de paz mesmo com minha doença, foi que me preocupei com John. Ele era forte, mas internalizava as coisas. Raramente falava sobre o que estava sentindo.

Ouvi-o dizer "Fico contente por ser representante farmacêutico, porque, entre um compromisso e outro, posso parar junto ao meio-fio e chorar".

Fiquei preocupada, porque Aubrey o procurou para perguntar:

– A mamãe tem distrofia muscular?

– Não – respondeu John. – Mas o que ela tem é parecido.

Quando penso em qual dos papéis é pior – ser quem está morrendo ou quem sobrevive –, chego à conclusão de que é o segundo. O sobrevivente vivencia a própria tristeza e a dos filhos e depois tem que assumir as responsabilidades e seguir batalhando.

Eu sabia que as responsabilidades já estavam sobrecarregando John. Ter que cozinhar. Limpar. Tentar fazer nossos filhos ajudarem e pararem de brigar. Com aqueles três, era como se o despertador tocasse a cada quinze minutos.

John me vestia e me dava banho. Pagava as contas. Preparava as refeições. Dava a comida na minha boca quando eu estava cansada demais para segurar o garfo e falava por mim quando minha fala arrastada comia as palavras a ponto de ninguém senão ele ser capaz de entender.

Ele se lembrava dos compromissos. Comparecia às reuniões da escola. Cuidava da nossa agenda familiar. Tomou meu posto de organizadora e centro de informações da família, aquela que sempre sabia o que estava acontecendo.

Era ele que tinha de vestir sua mulher de acordo com a moda: os botões, zíperes, pressões, colchetes, laços, faixas, cintos, ombreiras, fivelas, aquela calcinha que só pode ser usada com certas peças de roupa.

– Não posso usar isso – eu lhe disse um dia, quando ele me trouxe uma calcinha de algodão. – Preciso de uma que escorregue.

– O que isso quer dizer?

– Uma calcinha que não grude no vestido.

– Hein?

– Sabe quando você vê uma mulher de costas, e o vestido dela fica grudado na bunda, feito um pedaço de chiclete? É porque essa mulher não está usando a lingerie que escorrega.

Ele deu um suspiro:

– Preciso de um manual.

Eu sabia que John estava sofrendo, mas ele se recusava a tomar antidepressivos. Ele tinha uma amiga com quem conversar, disse-me, uma mulher que havia perdido o marido num acidente de bicicleta. Eles conversavam sobre o que seria melhor: a ausência repentina ou a decadência inevitável.

Insisti que ele fosse ao médico. Ele sempre fora muito calmo e sensato. Agora gritava com os filhos e chorava nos sinais de trânsito.

Um dia, Aubrey veio falar comigo:

– Ele gritou comigo para eu praticar trompete. Mandou Wesley desenhar. Mamãe, Wesley desenha o dia inteiro. É só isso que ele faz.

É verdade: por causa da síndrome de Asperger, é comum Wesley passar horas desenhando. Ele tem uma capacidade extraordinária de reproduzir as coisas que vê, especialmente princesas e o seu adorado porquinho Piglet.

– Eu sei, meu bem – eu disse a Aubrey, abraçando-o da melhor maneira que consegui. – Por favor, vá praticar seu trompete.

John finalmente reconheceu que precisava de ajuda num dia em que estava me vestindo. A cada presilha, a cada cordão, a cada zíper, ele chorava.

Seu chefe era um jamaicano por quem ele tinha grande admiração, um homem sereno.

– Às vezes, o sujeito só precisa de um empurrãozinho, cara – disse ele a meu marido.

John começou a tomar antidepressivos. Passou a chorar menos, gritar menos e rir mais dos comerciais de TV.

Ele ainda estava desconfiado. Não quanto à suposta falta de virilidade decorrente de tomar um remédio psiquiátrico – John não é do tipo machão –, mas quanto aos efeitos dos comprimidos.

– Isso mantém a gente num casulo – dizia. – Corta os altos e baixos.

Ele não gostava de não conseguir sentir mais a mesma alegria, mas sabia que era necessário.

– Os momentos de fossa são muito difíceis – confessava. – Muito difíceis. E me acompanham o tempo todo.

Eu o ajudava da melhor maneira que conseguia. Procurava reduzir ao mínimo o dramalhão, as queixas, os pedidos de ajuda e as lágrimas. E me abstinha de fazer declarações do tipo "meu bem, não posso mais levantar o braço esquerdo", porque isso desencadeava uma cascata interminável de "sinto muito".

Fiz uma ablação uterina, um procedimento cirúrgico que raspou a camada interna do meu útero, reduzindo o fluxo sanguíneo. Não queria que John também tivesse que lidar com minha menstruação.

Contratamos uma mulher para fazer a limpeza e ajudar nos serviços domésticos, uma haitiana chamada Yvette. Nancy a recomendou. Todos a adoramos.

Mas continuei a querer que John me ajudasse, me desse comida, me desse banho. Ninguém me transmitia mais segurança do que ele. Ele sabia o jeito exato de me levantar com delicadeza e de me dar sustentação quando eu andava.

Conversávamos sobre tudo. Talvez eu fosse introspectiva perto de outras pessoas, mas com John não havia assunto proibido.

Era difícil eu dizer "quando eu não puder mais ficar em pé...", "quando eu não puder mais comer...", "quando eu não puder mais falar...".

Era difícil para o meu marido ter que ouvir isso.

Difícil. Mas necessário.

Deixei claros os meus desejos relativos ao fim da minha vida e as minhas esperanças para ele quando eu morrer: a de que volte a se casar. De que encontre uma mulher linda, que (diferente de mim) possa fazer um triatlo com ele. De que a leve para morar na nossa casa, sem nenhuma culpa.

Nem houve necessidade de dizer "escolha alguém que os nossos filhos também adorem", tão absoluta é a minha confiança no julgamento dele.

John ouvia quando eu falava no futuro, mas raramente fazia comentários. Concentrava-se nas tarefas imediatas. Quase nunca falava de suas próprias expectativas para a vida sem mim.

Até que uma noite, já tarde, depois de alguns drinques, ficou sério e disse que estava com vergonha de me contar uma coisa.

Meu Deus, pensei. *O que será?*

Ele disse que, depois que eu morrer, gostaria de voltar a estudar, para se tornar auxiliar médico. Seria uma carreira melhor para um pai sozinho com três filhos. E que acredita que poderia ser muito bom nisso e ainda achar prazeroso.

Fiquei encantada! Uma nova carreira, uma mudança gigantesca

para melhor na vida dele o ajudaria a deixar o passado para trás mais rápido.

– Nunca se sinta culpado por me contar os seus planos sem mim – falei, pousando meus dedos retorcidos na mão dele. – Isso me consola, John. Me deixa feliz.

Agora estou estudando anatomia. Muitas vezes foi uma luta explicar a John exatamente onde era o ponto exato da coceira. Então agora estou aprendendo o jargão: "O segundo metacarpo posterior direito, por favor."

Ele me coça no lugar preciso. Sorrio. John está estudando anatomia também e já está aprendendo na prática a ser auxiliar médico – com uma paciente de verdade.

Estou fazendo tudo o que posso para lhe dar um empurrãozinho numa vida sem mim.

Com alegria.

Budapeste

Nosso lugar especial era Budapeste. Quando John e eu falávamos do passado, como frequentemente fazíamos, nossos pensamentos sempre voltavam para essa cidade onde passamos nossos primeiros dois anos de casamento. O lugar onde lançamos as bases da nossa vida em comum.

Depois do deslumbramento do Yukon com Nancy, Budapeste foi o primeiro lugar em que pensei. Faríamos vinte anos de casamento naquele ano. Eu queria passar esse aniversário com John no lugar onde nossa vida de casados tivera início.

Nós nos convencemos de que, qualquer que seja o futuro, nós temos o hoje. Temos antigas lembranças para reavivar e novas memórias para criar.

O frio húngaro nos atingiu com força. John e eu estávamos acostumados aos invernos no sul da Flórida e tínhamos esquecido quanto Budapeste podia ser congelante em fevereiro. Eu sou uma mulher tropical. Por quê, perguntei a mim mesma, estava sempre viajando para o frio?

Então ouvimos aquela risada calorosa, ressoando pelo aeroporto. Uma lembrança de duas décadas:

– *Szervusztok!* – gritou nosso velho amigo Feri Der, cumprimentando-nos em húngaro com abraços e beijos.

John tinha conhecido Feri em nossa primeira temporada na Hungria. Os dois jogaram juntos num time de beisebol, uma paixão húngara na época (embora meu marido fosse o único do time que sabia todas as regras). Fazia vinte anos que eu não via Feri, e lá estava ele.

– *Szervusztok*, meus amigos. *Szervusztok!* Que bom ver vocês! Vou buscar o carro.

Quando saímos de Budapeste, em 1994, automóveis da Rússia e da Alemanha Oriental chacoalhavam pelas ruas, soltando estampidos pelo cano de descarga. Um deles, o Trabant, movido por uma mistura de petróleo e gasolina, cuspia tanta poluição que as fachadas dos prédios descascavam. Feri dirigia um furgão chamado Barkas, uma peça clássica da tecnologia da Alemanha Oriental que vivia quebrando.

Dessa vez, quando John me ajudou a caminhar até o meio-fio, vimos um Cadillac Escalade branco.

– Cara, que estranho ver isso aqui – comentou John.

E Feri saltou do Cadillac, rindo.

No trajeto após sairmos do aeroporto, percebemos o efeito de vinte anos. Postos de gasolina, mercearias alemãs, grandes anúncios em outdoors, hipermercados gigantescos e – Deus me livre e guarde – shoppings enormes. Ruas antes escuras, agora inundadas por luz neon. Prédios renascentistas com reluzentes farmácias novas no térreo.

Não sinta saudade de antigamente, eu disse a mim mesma. Abrace a novidade.

Em 1994, Feri morava num barraco num subúrbio de Budapeste enquanto construía a casa dos seus sonhos. O barraco era pouco mais que um caixote de compensado com um catre. Feri ia juntando o dinheiro, nota a nota. John o ajudara a construir paredes de barro de quase 60 centímetros de espessura, usando uma pá e uma colher de pedreiro, 30 centímetros de cada vez. Um dia, os dois foram juntos à floresta escolher a viga mestra da casa.

E então paramos diante do sonho concluído: uma casa tradicional de fazenda, quadrada e com dois andares, no meio de Budapeste. Um pedaço do passado num mundo pós-soviético.

Feri nos mostrou cada detalhe: as telhas sobrepostas do telhado, o piso aquecido, um forno para pão feito sob encomenda, a cerca de galhos entrelaçados, que destoava das cercas de arame que circundavam os outros quintais. Ele tinha moldado pessoalmente os trincos de ferro das janelas:

– São 124!

E lá estava o seu lugar predileto – uma grande adega subterrânea. As paredes eram de uma pedra especial, trazida da região vinícola da Hungria. Nelas crescia um bolor preto que dava sabor ao vinho.

Nessa adega, Feri fazia mágica – tinto, branco, doce, seco e uma aguardente húngara chamada *pálinka*. Em dois tempos, estávamos provando cada sabor.

– Tirem o ar das taças! – gritou ele. – É muito bom vocês estarem aqui. É como se nunca tivessem partido.

A Hungria nos cercava. Todas as nossas lembranças. A ópera. Os prédios históricos. O Parlamento. A zona rural. No entanto, não havia outro lugar naquele país que eu preferisse àquela adega de vinhos, com meu marido e nosso melhor amigo húngaro.

A ocasião pedia um guisado húngaro especial, disse Feri. Tradicional, cozido numa fogueira ao ar livre:

– Amanhã nós matamos os coelhos. Você também, John.

– Você vai mesmo fazer isso? – perguntei a John na manhã seguinte, no quarto de hóspedes de Feri, enquanto ele abotoava meu casaco.

Meu marido tem uma alma gentil – jamais caçou, nunca segurou nem quis segurar uma arma, e com certeza nunca deu uma cacetada na cabeça de um coelho, pendurou-o pelas patas traseiras e lhe cortou a garganta.

– Acho que sim – respondeu, com um suspiro profundo.

John me ajudou a pôr meu sobretudo preto comprido, as botas e a órtese dos pés e tornozelos, e me estacionou do lado de fora da casa, na varanda, para que eu pudesse assistir.

Depois de alguns goles de *pálinka*, Feri escolheu o primeiro coelho, um cinza e branco de mais de cinco quilos, o maior de sua criação.

Aplicou-lhe um golpe para quebrar o pescoço do animal, pendurou-o e o cortou.

– Agora, você – disse a John.

Juntos, mataram três coelhos, os quais esfolaram, estriparam e cortaram em pedaços, com meu marido fazendo caretas durante a maior parte do tempo.

Enquanto o observava, pensei mais em John do que na matança, em como era estranho vê-lo fazer algo pela primeira vez. E como era reconfortante a sensação trazida por isso – a de que um dia ele terá outra vida, sem mim, cheia de novas aventuras.

A companheira de Feri, Vikki, trouxe os temperos para o guisado: uma montanha de cebola picada, tubos de creme condimentado de páprica e um tijolo de gordura.

Vikki fez bolinhos à mão. Feri cozinhou os coelhos num caldeirão sobre a fogueira, acrescentando vinho, água e os temperos.

Ele trouxe da adega um de seus melhores vinhos, um cabernet, veludo líquido. Nós nos aninhamos em volta da fogueira, com os copos apoiados na neve.

Estou tão feliz por estar aqui, pensei. *E muito feliz por estar viva.*

Feri passou vários dias com a gente, rindo, cantando músicas, tocando seu acordeão. Levou-nos a banhos públicos medicinais, passeou de carro conosco pela cidade, ajudou a me vestir com todo o equipamento de inverno. Foi uma presença constante, que levantou nosso astral – e, em alguns momentos, também o meu corpo.

Ele nos empanturrou – a carne de javali, *smörgåsbord* de linguiças, *kolbász* de veado e outros animais, e pasteizinhos cozidos de cereja azeda, pelos quais tinha se apaixonado na época em que trabalhou na Rússia.

– Comam, comam – dizia –, há sempre mais.

Feri era executivo da Avon e tinha disparado para o sucesso com engenhosidade e garra. Como gerente-geral da empresa na Rússia, havia aumentado as vendas em 100 milhões de dólares.

– As russas devem comer batom no café da manhã – disse, rindo.

Feri nos contou um problema pessoal, aparentemente insolúvel, que vinha enfrentando.

– Bem, se você não pode mudar a situação, mude de atitude – eu lhe disse. – Você é o senhor da sua mente.

– Isso é tão americano... – retrucou Feri, revirando os olhos.

Mas ele me abraçou e beijou do mesmo jeito.

Nevou forte. Foi outra diferença que notamos em Budapeste dessa vez: a neve grande e úmida. John e eu havíamos conhecido a neve de Budapeste. Mas nunca tínhamos visto as ruas, muito, muito cinzentas, cobertas de um branco puro.

Quisemos sair naquele cenário deslumbrante, embora, para mim, andar na neve fosse como andar em massa de biscoito.

Não fazia mal. Só se vive uma vez.

Meu marido me preparou: sobretudo, órteses, botas. Essa era outra vantagem de morar na Flórida, percebemos. As roupas de clima quente são mais simples que as do frio, especialmente se você não consegue usar as mãos. Agora dei adeus ao clima frio para sempre.

Mas aquele dia foi magnífico. Branco. Novo. Quase intocado.

Saímos pela cidade para caçar um restaurante a que tínhamos ido inúmeras vezes. Não conseguíamos lembrar o nome. Só pensávamos em suas enormes porções de ganso e de repolho doce com maçã. Voltar a saboreá-las valia o esforço de cambalear pela neve.

E eu me lembrava do local, uma pequena avenida que saía de uma grande praça central chamada Deák Ferenc – um lugar por onde eu passava diariamente quando morávamos lá.

Perambulamos para lá e para cá, contornando pedaços de gelo nas calçadas, caminhando por ruas de paralelepípedos e tentando não escorregar, tropeçar ou cair. Fiquei cansada. Mal conseguia levantar os pés. John tirou a neve de um banco e me deixou lá sentada, enquanto ia na frente para explorar o local.

Porém, andando por todos os lados da praça não conseguimos nos situar. Não conseguimos localizar a tal pequena avenida. Os grandes cartazes e as lojas novas a tornaram irreconhecível para mim.

Desistimos da busca, dizendo: "Ah, paciência... Já deve mesmo ter fechado."

Afinal, o jornal que eu havia ajudado a lançar, o *Budapest Sun*, fechara as portas três anos antes.

Um dia encontramos um ex-colega do *Sun*, Steve Saracco. Perguntamos pelo restaurante. Ele o apontou, exatamente onde sempre estivera, quando caminhou conosco até o metrô da praça Deák.

John e Steve me ajudaram a descer a escada até a entrada do metrô. Tinha o mesmo cheiro de vinte anos antes, uma mescla de fritura e combustível. Compramos o mesmo bilhetinho delicado, que perfuramos na mesma maquininha, e pegamos a mesma escada rolante suja, que rodava muito depressa. Esperamos na mesma plataforma, sob o mesmo teto laranja horroroso, pelo mesmo trem azul.

A tristeza tomou conta de mim. Nós nos despedimos de Steve e desatei a chorar, de maneira incontrolável.

– Por que você está chorando? – perguntou John.

– Não consigo nem encontrar as palavras para explicar.

No nosso aniversário de casamento – no dia de São Valentim –, John e eu saímos sozinhos. Seria uma noite especial providenciada pelo Feri, numa suíte do hotel Gellert.

O prédio art nouveau do Gellert, concluído em 1918, era como uma linda avó. Gasto e fora de moda, mas com um estilo clássico.

Seus toques de vitral e ferro batido eram um encanto, mesmo cobertos por monstruosidades da era soviética, pelas lâmpadas fluorescentes e pelos letreiros bulbosos da década de 1970.

Feri reservara a suíte Richard Nixon, assim denominada por causa do presidente que se hospedara lá em duas ocasiões.

A varandinha do quarto dava para o rio Danúbio, onde flutuavam blocos de gelo.

Vestimos os roupões que nos deram, e John me carregou escada abaixo até o spa. Nós nos separamos nas termas cobertas e fumegantes, que eram separadas por gênero.

Sentei-me sozinha na água, a 38ºC, aninhada o mais perto possível da fonte de água térmica mineral. Acima de mim havia cúpulas revestidas de mosaico azul e verde. Uma luz cor de mel infiltrava-se pelo vidro transparente do teto no salão cavernoso e cheio de vapor.

Observei as mulheres – jovens e velhas, roliças e musculosas, nuas e vestidas. Observei como deslizavam pelo piso úmido de azulejos, como desciam graciosamente os degraus até a água e como a luz cintilava em seus membros musculosos.

E me perguntei como diabos eu ia sair dali.

Minhas viagens me deixavam cada vez mais fraca. Percebi isso antes mesmo da praia em Vancouver. Elas lesavam músculos que nunca voltariam a se desenvolver.

Mas fortaleciam minha mente. Meu coração.

Seria uma troca justa?

Em Budapeste, eu já estava mancando muito. Toda vez que levantava o pé esquerdo para dar um passo, a ponta dele arriava, fazendo-me tropeçar nos meus próprios dedos.

Eu usava uma órtese para pés e tornozelos, que ajudava a impedir isso. Mas ali, no banho só para mulheres, eu não tinha nada.

Nem marido em quem me apoiar.

Recostei-me na piscina. Eu tinha tempo. Afinal, essa era a Budapeste que eu amava. A cidade se ergue sobre uma vasta rede de fontes minerais quentes e é famosa na Europa por seus banhos medicinais. Termas, saunas e piscinas termais com séculos de idade, grutas de sal e salas de vapor destinadas a curar um sem-número de males. As casas de banho são parte integrante dos serviços de saúde, tanto que algumas oferecem até serviços dentários no local.

Pensei naquele dia com Nancy no Território de Yukon e em nosso mergulho mágico na fonte termal ao ar livre. Lá, por um momento, eu me vi velha.

Aqui eu me sentia jovem.

Saí da piscina, segurando o corrimão de metal da escada. Pisei nos ladrilhos molhados do centro do salão. As mulheres das piscinas me observaram lutando sob o refletor do palco escorregadio – concentrando meu zoom cósmico em cada passo, tentando não cair de cara no ladrilho.

Este é um daqueles momentos em que tenho de escolher, eu disse a mim mesma, entre sentir pena de mim ou não.

Optei pela segunda alternativa.

– Como você está? – perguntou John, quando nos reencontramos.

– Ótima – respondi, eliminando qualquer drama.

Lá em cima, em nossa suíte do presidente, tomamos banho e passamos nossos primeiros momentos completamente sós e em paz em muito tempo.

Enquanto John passava xampu no meu cabelo, perguntei-lhe se concordava com nossas decisões até aquele momento – não entrar na piração do Google, saindo à caça de falsas curas para a ELA, não implorar para fazer parte de uma pesquisa clínica (e acabar recebendo apenas placebo) e não alimentar falsas esperanças de que surgisse um medicamento.

Nossa decisão de simplesmente existir. De aceitar. De viver – e também morrer – com alegria.

– Não sei como você consegue – disse ele. – Se estivesse no seu lugar, provavelmente eu jogaria o carro em cima de uma árvore.

– Já pensei no assunto – retruquei.

– Por favor, não faça isso.

– Não vou fazer. Porque as crianças nunca entenderiam.

– Ótimo.

– Se não fosse por isso, eu livraria você deste fardo.

– Não é um fardo – disse John. – O mínimo que posso fazer por você é tudo.

Ele me levantou da banheira, me enxugou, penteou meu cabelo embaraçado, fechou meu sutiã:

– Esse é o que eu prendo no primeiro fecho, não é?

– Você está ficando bom nisso! – sorri.

Pela primeira vez, John calçou as meias em mim – meias de seda preta, tão finas que ele poderia facilmente furá-las com o polegar.

– Cuidado! – recomendei.

Ele enfiou o vestido tipo suéter pela minha cabeça, se ajoelhou e orientou meus pés para entrarem na órtese e nas botas.

– O dedo enrolou?

Meus dedos não tinham músculos. Calçar sapatos podia dobrá-los sob a sola do pé, causando uma dor considerável quando eu andava.

– Não.

Mais uma vez, John enfrentou a tarefa de vestir o sobretudo comprido preto em mim, começando pelo braço mole.

– O polegar dobrou para trás! – avisei. Eu não tinha forças para empurrá-lo sozinha pela manga.

E, por último, o chapéu preto.

– Não ponha a flor toda para a frente. Fica parecendo que eu estou com um ramo de brócolis na testa.

No caminho para o jantar, tropecei e caí, abrindo um buraco na meia de seda.

– Quer voltar ao quarto para trocar a meia? – perguntou John.

– Não. Quero só comer e aproveitar o momento.

E ali, num canto sossegado do restaurante do hotel, foi o que fizemos.

Saboreamos um banquete de cinco pratos, cada qual com seu próprio vinho, rindo das traduções para o inglês – "cogumelos de aba" –, relendo as descrições do cardápio e saboreando cada ingrediente descrito.

A polenta de nozes e o gengibre da sopa de cenoura.

O mexilhão verde dentro do ravióli.

O *mangalica*, um suíno húngaro cuja carne tem o dobro do sabor da carne de porco comum.

O marzipã e a gelatina de framboesa do carrinho de sobremesas.

Saboreamos cada gole – tinto, branco, rosé, seco, doce.

Falamos das coisas e das pessoas pelas quais tínhamos que nos sentir gratos. Rimos de como, naquela mesma noite, vinte anos antes, depois de nos casarmos, nós dois tínhamos dito: "O que nós acabamos de fazer?!"

Falamos de como a ida para o exterior nos havia catapultado para a vida conjugal e de como tínhamos nos tornado parceiros tão bons.

O garçom perguntou se podia trazer a conta, porque o restaurante já estava fechando.

Terminamos com uma taça de um excelente champanhe.

Ao sair, apoiei-me com força em John, certa de que não haveria jeito de conseguir voltar para o quarto sozinha.

Quando finalmente chegamos à suíte, ele me despiu, peça por peça, e me carregou para a cama.

O cruzeiro

Março

Minha irmã Steph

O navio de cruzeiro balançava feito gangorra sobre o mar turvo. Os passageiros andavam de lado, trôpegos, de braços estendidos para se equilibrar, cambaleando até os corrimãos.

Eu me agarrava à minha irmã Steph feito um coala numa árvore.

Fazia menos de três semanas que eu tinha voltado da Hungria, uma viagem que me enchera de energia e ao mesmo tempo me esgotara. Nesse estágio da minha doença, eu já não era capaz de me equilibrar sozinha em terra firme. Aquele navio, naquela noite de vento, era como dançar em cima de uma rede.

– Qual foi a inteligência rara que pensou num cruzeiro? – perguntou Steph.

– Você, querida.

Minha doce Steph. Acho que ela viu minhas outras viagens e decidiu: comigo, não, senhora. Steph é uma pessoa caseira que não gosta de andar de avião.

Yukon? Não. Hungria? De jeito nenhum. Chipre, a viagem que eu estava planejando a seguir? Essa era uma coisa especial minha. Steph tinha prometido levar meus filhos lá um dia, e creio que o fará, agarrada na poltrona durante o voo inteiro. Mas isso é só depois que eu já tiver partido.

Stephanie e eu não tínhamos algo nosso, especial, pelo menos em matéria de viagens. Tínhamos sido unidas na infância, embora a nossa vida social se cruzasse raras vezes. E aí, antes de me dar conta, eu estava correndo o mundo, e ela, casada e mãe de dois filhos.

– Eu pensava no que estava perdendo – Stephanie costumava dizer da época em que John e eu viajávamos pela Europa e pela América do Sul. Ela morava a menos de 2 quilômetros da casa de mamãe, criando dois filhos. – Mas isso não é para mim. Gosto de ser mãe. E sou boa nisso.

Ela tem razão. É só perguntar a seus dois meninos fabulosos, William e Stephen. Seu segundo marido, Don, é o homem mais feliz que eu conheço.

E o primeiro, Bill, ainda a adora.

Pergunte a meus filhos. Quando comecei a ter dificuldades para andar depois da ida ao Yukon, tia Stephanie começou a ir lá em casa todos os dias, depois do trabalho.

Sentar-se no quintal, bebericando algum drinque de menina (mas só bebericando; Stephanie não tem nenhuma tolerância ao álcool.) Cuidar dos meus filhos. Falar de mamãe – o que nos ajudava a gostar mais dela. Era disso que gostávamos.

E assim, para termos um momento só nosso, ela escolheu o trajeto mais simples possível. Ofereceu-me um cruzeiro que zarparia de um porto a poucos quilômetros da nossa casa. Era nossa primeira viagem juntas depois de adultas.

Eu não fazia ideia de que ela nunca estivera num cruzeiro.

– Imaginei drinques com guarda-chuvinha, sol e mares tranquilos – disse Steph, tentando nos manter de pé. – Isto é uma droga de um pesadelo!

O mar estava tão agitado que traçamos uma reta para o salão de jantar, bem antes da hora da refeição, para minimizar a caminhada. Nos sentamos nas poltronas baixas de couro do bar.

– Vamos beber alguma coisa. Um conhaque – propus.

– Nossa, não! – disse ela.

Olhei-a. Steph estava sentada de olhos fechados, a poltrona subindo e descendo junto com o mar.

– Só estou tentando seguir o movimento – disse-me. – Fico repetindo para mim mesma que é como uma rede. Tente acompanhar o balanço.

– Você fica enjoada no mar?

– Fico verde só de olhar os barcos.

Passamos algum tempo em silêncio. Um músico foi para o microfone, cantando, tocando violão e brincando com a plateia.

– Vou até a cabine buscar o nosso cartão de reserva do jantar – disse Steph, de súbito. E, igualmente de repente, saiu cambaleando e me deixou sozinha no bar.

Não conseguiu chegar à cabine. Seu estômago começou a revirar no elevador. Ela teve que tapar a boca com as mãos para conter o que estava por vir.

Conseguiu sair do elevador, por sorte. E dar dez passos até um cinzeiro, onde vomitou.

Uma alma caridosa lhe entregou um saco para enjoo por cima do ombro, evitando a linha de fogo. Com o saco na mão, ela saiu trôpega pelo corredor, enquanto membros da tripulação já corriam para o cinzeiro com aspiradores e panos.

Steph ouviu um homem vomitar e gemer a duas cabines de distância. "Seja homem!", resmungou.

Desabou na cama e fechou os olhos. Toda vez que os abria, vomitava.

Entrou em pânico ao pensar em mim, presa no bar, sabendo que não havia jeito de eu conseguir andar sozinha nem de sequer me levantar da poltrona.

Rastejou até a porta. Abriu-a. Chamou alguém. Nosso camareiro de bordo, um indonésio chamado Budi, atendeu-a.

– Irmã. Susan. Bar. Precisa de ajuda – disse Stephanie, fazendo pausas para conter a náusea. – Não pode andar. Calça preta. Poncho.

– Poncho? O que é poncho? – perguntou Budi, perplexo.

– Parecido com capa. Super-homem.

Budi fez um ar ainda mais perplexo.

– Rabo de cavalo. Vá!

Mandou Budi com meu cartão de jantar e um comprimido contra enjoo.

A essa altura, eu sabia que ela estava passando mal. Durante quinze minutos, eu havia lutado para me levantar sozinha da poltrona baixa, tornando a desabar, vez após outra.

– Cortem a bebida dela! – gritou o músico.

Ainda bem que eu não consigo levantar meus dedos médios, pensei, *caso contrário, esse sujeito ia receber um sinalzinho com as duas mãos.* Eu não havia bebido uma gota.

Mas a música estava tão alta que eu não conseguia projetar a voz o suficiente para pedir ajuda. Fiquei caída na poltrona, aceitando meu destino. O que tiver que ser será.

Finalmente, um tripulante oriental do navio se aproximou e me entregou um comprimido. Budi.

Imitou alguém vomitando. Compreendi. Stephanie estava derrotada. *Isto vai ser interessante*, pensei.

Pus a mão de Budi no meu ombro, para fazer sinal de que precisava de ajuda para ficar em pé. Ele se atrapalhou para descobrir um modo de me segurar, e por pouco não me derrubou de cara, ao passar a mão por trás da minha cintura e fazer força para a frente.

– Vá logo buscar uma cadeira de rodas! – gritou outro tripulante.

Na cabine, Steph foi atender à porta, recurvada, parecendo um fantasma verde:

– Graças a Deus você chegou – disse.

Deitamos as duas na cama de baixo do beliche, já que nenhuma tinha condição de subir a escada para o de cima. As pernas de Steph tremiam quando ela se deitou, de olhos fechados, tentando não vomitar de novo.

– Tem água aqui. Tome um pouco – sugeri.

– Não consigo reter nada. Quer que eu tire seus sapatos e a órtese?

– Não – respondi. – Apenas descanse.

Deitamos de olhos fechados, embaladas de um lado para outro pelo mar, ouvindo as ondas estourarem no bordo do navio, e pegamos no sono.

Na manhã seguinte, acordamos na calmaria – o navio tinha atracado em Freeport, nas Bahamas, a meros 110 quilômetros de casa, em Palm Beach.

Permanecemos a bordo do navio quase vazio, demorando-nos no café da manhã, numa mesa com toalha de linho branco e vista para uma baía azul cintilante.

Steph tinha voltado ao normal. Estava linda à luz suave do sol, um brilho reluzente no castanho-claro de seus olhos grandes.

Fiquei felicíssima com as xicrinhas minúsculas de café, que eu conseguia segurar sem dificuldade. Toda vez que o garçom servia mais, Steph abria os potes de leite e açúcar para mim. Ah, os pequenos prazeres da vida!

Ela me trouxe waffles, ovos e frutas do bufê. Eu como num ritmo letárgico, já que os músculos da minha boca estão perdendo força. Pacientemente, Steph esperou.

Os garçons finalmente tiveram que pedir que saíssemos. Precisavam preparar a mesa para o almoço.

Pusemos nossas roupas de banho e ficamos relaxando no navio. Sob os toldos do deque. Na piscina.

Conversamos sem parar, o que é algo que Steph e eu raras vezes tínhamos feito antes, só nós duas. Nada de telefones celulares. Nenhum filho (cinco ao todo). Nenhum bicho de estimação (seis). Nenhum amigo (centenas). Nenhuma distração.

Choramos juntas. Choramos de verdade.

A conversa chegou no assunto da minha mãe biológica.

Nestes últimos dois anos, enquanto eu descascava as camadas das minhas origens, Steph não manifestou outra coisa senão apoio e felicidade por mim. E, em algumas ocasiões, da maneira mais sutil, disse que *talvez* viesse a procurar sua mãe biológica.

– Eu gostaria tanto que ela me procurasse... – disse minha irmã, o que me deixou desolada.

Bem, é neste ponto que você precisa entender a personalidade de Steph. Sabe, ela é uma viciada pesada. Sabe o que lhe dá um barato glorioso, fazendo-a brilhar por dentro?

Agradar as pessoas.

Durante toda a vida, Steph considerou mais importante agradar os outros do que satisfazer a si mesma. Lembro-me de um Dia de Ação de Graças em sua casa, para o qual ela havia convidado uma amiga que pouco faz além de chateá-la e implicar com ela.

Sou protetora em relação a minha irmã mais velha. Percebi quanto a atitude da outra a estava magoando. Assim, praticamente a expulsei.

– Por que diabos você a convidou? – perguntei.

– Porque fiquei com medo de ela se aborrecer se eu não a chamasse – respondeu Steph.

Ao que tenho certeza de que respondi com uma nítida revirada nos olhos.

No Dia de Ação de Graças seguinte, Steph mostrou-se um tiquinho mais ousada e não convidou a amiga. Em vez disso, pediu que todos nós, da família, não fôssemos de carro, para ninguém saber que ela estava fazendo uma reunião e não se magoar por não ter sido chamado.

Entenda bem, era a m... do Dia de Ação de Graças.

Na nossa família, somos condicionados a não falar com franqueza das nossas emoções mais contundentes. Ou das nossas mágoas. Ou temores. Mas nesse dia, no navio, Steph me falou de um de seus medos: o de que até a simples menção de sua mãe biológica magoasse mamãe e papai.

Ela temia que a busca fosse decepcionante. Será que sequer gostaria da mulher? Será que a mulher iria querer conhecê-la?

Tudo que Steph sabe é que essa mulher tinha 17 anos quando deu à luz no Centro Médico Bom Samaritano, em dezembro de 1964.

– Uma criaaaaaança! – disse Steph, com empatia.

Tive vontade de lhe dar uma bofetada emocional e lhe dizer o que eu pensava. Que gostaria muito que ela tentasse encontrar a mãe biológica antes de eu morrer, para que eu pudesse conhecê-la e dizer: "Você deu à luz um ser humano excepcional, que Deus me concedeu como irmã. E foi divino mesmo. Obrigada."

No navio, entretanto, num raro momento de abstinência, eu não disse nada.

Em vez disso, enfatizei que se tratava de uma escolha dela e apenas dela, a despeito do que qualquer outra pessoa achasse, e que ela devia aquietar sua mente tagarela para tomar a decisão correta.

O que, no caso de Steph, é mais ou menos como pedir a um cachorro para dirigir um automóvel.

É que ela tem outro vício grave: o telefone.

Todos os dias ela pode ser vista cruzando a cidade em seu Mazda esporte vermelho vivo: uma loura bonita – de cabelo molhado, correndo de um compromisso para outro – tagarelando sem parar em seu BlackBerry.

Como disse papai, "aquele carro deve rodar com baterias de lítio. O telefone tem que estar ligado para ele andar".

Quando acontece alguma coisa profundamente emocional, o estilo de Steph é ligar para um monte de gente e contar a todos. O que, como testemunhei em primeira mão, costuma levá-la à loucura.

No ano passado, quando mamãe quase morreu na cirurgia, Steph, aflita, ligou para várias pessoas para lhes contar que a mamãe estava com uma hemorragia e que era provável que não sobrevivesse. Depois mamãe melhorou, e Steph teve que ligar para todo o mundo de novo no dia seguinte.

Mamãe teve outra experiência de quase morte – uma obstrução intestinal – e Steph tornou a torrar os minutos do celular, e depois teve de telefonar de novo para todo o mundo, quando mamãe melhorou.

– Steph, pare com isso! Você está ficando louca. Vamos contar apenas àqueles que realmente precisam saber.

No navio, quando conversamos sobre ela procurar sua mãe biológica, sugeri que não ligasse para uma multidão de amigos e falasse sem parar sobre o assunto.

– Não importa o que as outras pessoas acham – eu lhe disse. – Procure pesar os prós e os contras sozinha. Em paz e em silêncio. Escute o que diz a sua alma, e não as pessoas a seu redor.

Isso é significativo, percebo agora. É o que há de especial entre nós. E isso ficou muito claro naquela viagem.

Não é a viagem. Não é a aventura.

É estarmos uma ao lado da outra, para poder desafogar as mágoas, esvaziar a cabeça. E ouvir o que a nossa alma diz.

Nos meses seguintes à viagem, Steph e eu ficamos ainda mais próximas. Agora ela me ajuda a me vestir, a comer, pentear o cabelo, sentar, ficar de pé e andar.

Recentemente, fez um voo de três horas comigo até Nova York, embora tenha pânico de avião e fizesse anos que não entrava em um. Mas ela sabia que eu não conseguiria ir ao banheiro sem ela.

Cuidar de mim é mais ou menos como voltar a ter um filho de 2 anos. Uma criança de 2 anos que fuma muito. E Deus abençoe Stephanie – uma especialista em terapia respiratória – por acender meus cigarros sem reclamar.

– Só não conte aos meus alunos – ela sempre diz.

Não que Steph seja a pessoa mais calma que eu conheço, especialmente sob pressão. Pouco tempo atrás, ela me levou com Marina a um compromisso, dirigindo meu BMW, um carro que comprei pela possibilidade de não precisar usar chave nem para dar a partida, depois que passei a não conseguir mais girar a chave na ignição do meu furgão.

Agora é Steph quem dirige o meu carro, porque não posso mais. Em geral, corre tudo bem. Dessa vez, no entanto, ela e Marina saltaram e trancaram o carro, esquecendo que o chaveiro com o controle remoto das portas estava comigo, no lado de dentro.

Era meio-dia em pleno verão, e eu presa dentro do meu carro preto, de interior preto, vestida de preto. Não conseguia pegar a chave no bolso nem levantar os braços para destrancar as portas. Como eu disse, uma criança de 2 anos.

E o que Steph fez? Surtou. Ficou puxando a maçaneta sem parar, tentando abrir a porta trancada num passe de mágica. Gritou e deu socos na janela. Olhou em volta, freneticamente, procurando, sei lá... uma pedra para atirar no vidro?

– Pare com essa gritaria, menina! – falei pela janela fechada, mexendo os lábios. – Calma! Pare com isso!

A pobre da Marina tentava acalmar a tia, mas era inútil. Minha irmã estava murchando no calor. Ela estava tão desesperada que queria chamar a polícia.

– Espere um instante – pedi. – Fique calma.

O suor pingava nos meus olhos. E eu não conseguia enxugar o rosto. Tentei me concentrar. Cheguei para a esquerda no assento, mais perto do botão de destravar as portas, no centro do painel. Inclinei o corpo para a frente e acertei o botão com a cabeça.

Clique! As travas se abriram.

Rolei para fora do carro "feito uma salsicha", como Steph costuma contar aos risos, descrevendo essa cena.

Ao chegar em casa, depois do nosso compromisso, minha irmã tornou a me trancar no carro. E tornou a perder a cabeça, exatamente como na primeira vez.

Em outra situação recente, fui eu que perdi a paciência.

Eu havia quebrado acidentalmente meu polegar esquerdo, quando alguém me virou sem se dar conta de que o meu dedo estava esticado. Eu descansava, deitada na cama, quando Gracie, minha cadela de 27 quilos, pisou bem nesse dedo. Chorei.

Steph ficou tentando me consolar. E eu estava tão transtornada que não consegui lhe dizer que precisava que ela mudasse a minha mão de lugar, para aliviar a pressão. Ela ficou em cima de mim, atarantada, chorando também.

Pode-se dizer muito sobre uma pessoa por sua maneira de tocar as coisas. E, hoje em dia, muita gente toca em mim, ao me vestir, me limpar e me movimentar de um lado para outro.

Estou sempre dizendo aos outros: "Cuidado. Devagar. Não esqueça meu polegar...", minhas pernas ou qualquer que seja a parte do meu corpo que esteja pendurada, balançando.

Constantemente digo o inverso a Steph: coce com mais força, pressione com mais firmeza, puxe mais. O toque dela é delicado demais.

Ela escova meu cabelo embaraçado cheia de gentileza, como se estivesse fazendo uma cirurgia.

– Meta logo a escova de uma vez!

– Ah, não quero machucar você! Tem certeza?

– Querida, eu não pediria isso se doesse.

Ela afaga minha cabeça toda vez que afasta uma mecha de cabelo do meu rosto.

Costuma dizer: "Eu faria qualquer coisa por você."

E acredito nela.

Confio nela.

Meus filhos a adoram. "Olá, meus amores!", ela os saúda, a cada vez que os vê.

Quando Marina descoloriu um pedaço do próprio cabelo sem querer, bem na parte da frente, foi a Steph que pediu ajuda para consertar o estrago.

Wesley fica mais tempo sentado no colo dela do que no de qualquer outro ser humano – inclusive o meu. "Posso dormir na sua casa?", pergunta-lhe com frequência.

Além de John, Stephanie é a única pessoa no planeta em quem tenho absoluta confiança para criar meus filhos. Sei que ela vai amá-los como se fossem seus.

Que dádiva Deus ter me dado uma irmã assim!

Que paz de espírito!

Para mim, minha doce Steph, você é o maior presente de todos.

Todo mundo deveria ter uma lista das pequenas coisas que ama
(encontrado no meu iPhone, datado de março de 2012)

Saltos ultrassexy de 10 centímetros.
A sensação que tenho ao calçá-los.
Quando Gracie lambe meu rosto.
Quando ninguém está gritando em casa.
O chá com leite desnatado da Starbucks.
Frésias: o perfume, as cores.
Pôr do sol cor de lavanda.
Qualquer pôr do sol.
A graça de uma orquídea.
Um bom vinho branco gelado.
Um amigo com quem compartilhá-lo.
A de bobeira que ele causa.
Sentar perto da saída de ar da secadora de roupas, pois ela emite um cheiro fresco de sabão.
Jiaozis chineses, preparados no vapor, não fritos, com molho shoyu e cebolinhas verdes.
Um bolo lindamente confeitado que seja tão saboroso quanto parece.
Uma carta escrita à mão enviada por um amigo.
Um banho fumegante numa banheira.
Quando minha cadela deita tão perto de mim, na cama, que sinto seu coração bater.
Quando meus filhos fazem o mesmo.
Uma xícara de café logo de manhã. Com leite e açúcar, por favor.
A música "Clair de Lune", porque ela me lembra minha irmã.
Fazer os pés, quando a pedicure massageia meus pés e minhas panturrilhas.
Ver um arco-íris na névoa borrifada pelo regador.
Quando alguém coça minha cabeça para mim.

O presente

Abril

Panos

No fim do outono de 2009, enquanto um grupo de médicos se atrapalhava para descobrir o que havia de errado comigo, minhas reviravoltas mentais começaram para valer: tentei encontrar alguma outra razão para os sintomas no meu corpo que não fosse a ELA.

Ellen, minha mãe biológica, não ajudou, já que não havia nenhum problema no seu lado da família.

Faltava saber do meu pai biológico.

Em sua segunda carta, Ellen dissera o nome dele: Dr. Panos Kelalis. E, na frase seguinte, afirmara ter ouvido dizer que ele havia morrido.

Estava morto.

Morto, morto, morto.

Morto.

Eu nunca tinha nem mesmo considerado essa possibilidade.

Puf! Uma só frase, e lá se fora a chance de conhecê-lo.

A chance de lhe perguntar por que somos como somos.

A chance de lhe dizer "eu sou uma parte de você, e você é uma parte de mim".

Fiquei com raiva e questionei o caráter de Ellen. Ela mantivera meu pai biológico e eu separados, sem que pudéssemos nos conhecer. Será que só havia entrado em contato comigo por ele estar morto? Porque aí, nesse caso, poderia se esquivar de ter que lidar com ele e sua família?

Tive pensamentos cruéis. Eu havia perdido meu pai biológico. E isso doía.

Não se concentre na perda, eu disse a mim mesma. Concentre-se na oportunidade. Na chance de conhecer o homem que ele foi.

Dr. Panos Kelalis. Dr. Panos Ke-LÁ-lis. Passei semanas com esse nome na cabeça.

Um médico, como minha mãe sempre me dissera, quando eu era pequena. Mas eu nunca havia propriamente acreditado nela. Tê exagerava muitas coisas. Por exemplo, um semestre de francês e *voilà!*, Steph e eu já éramos fluentes.

Mas meu pai biológico tinha sido médico mesmo.

E caramba! Era grego de verdade!

Esse tinha sido o flagelo da minha infância: minha falta de etnicidade. Meus traços indefinidos, que eram um grande tormento para a beldade grega de cabelos negros que era minha mãe.

Não era suficiente ter aulas de grego nem apresentações de danças tradicionais gregas com roupinhas gregas. Não adiantava estudar grego com uma mulher ouriçada, a Sra. Karadaras, que puxava minhas orelhas quando eu não me concentrava. Nada era capaz de satisfazer Theodora Damiano, a "Tê". Eu simplesmente não tinha a aparência correta para o papel.

Eu não achava que fosse grega. Mas agora eu sabia o nome do meu pai. Panos Kelalis. Mais grego, impossível.

Parti para o Google.

O Dr. Kelalis fora cirurgião.

Oh!

Trabalhara na prestigiosa Clínica Mayo, primeiro em Minnesota, depois na Flórida.

Oh!

Escrevera um livro didático seminal para os médicos de sua área.

Oh!

Seu obituário no jornal de Jacksonville, na Flórida, descreveu-o como um pioneiro de fama internacional na urologia pediátrica.

No mesmo instante, eu me senti muito mais inteligente.

Nossa!, pensei. *Tomara que seja verdade.*

Como jornalista, eu sabia que era possível criar mentalmente a imagem de uma pessoa falecida. Estudar sua vida. Definir quem ela foi. Criar um sentimento. Panos estava morto, mas não perdido para sempre. Eu poderia recriá-lo nas coisas que ele havia deixado para trás.

Pedi uma foto ao jornal em que seu obituário tinha sido publicado. Ela chegou, como parecia acontecer com tudo, num envelope simples de papel pardo. No dia seguinte, no meu intervalo de almoço no parque, eu o abri.

Olhei fixamente para o homem grisalho diante de mim.

Esses momentos, nos quais vi pela primeira vez o rosto dos meus pais biológicos, não foram de choradeira. Nada de exclamar "mamãe!" nem "papai!", liberando uma ânsia primordial. Ao contrário, foram momentos de uma calma estudada. Uma busca furtiva pelo meu rosto no deles.

Comecei pelos olhos de Panos. Nossos olhos fundos, estes que me fazem parecer um guaxinim se eu usar sombra escura.

Olhei para as sobrancelhas grossas, retas feito um espeto. Nossas sobrancelhas. Toda vez que eu depilava as minhas, dizia à moça vietnamita: "O mais arqueada possível, por favor", e ela retrucava: "Vou tentar! Vou tentar!" Não fosse por ela, eu teria uma grande lagarta reta atravessada na testa.

Notei nossas bochechas redondas, que mamãe tanto criticava.

Sorri para o nosso nariz, com a ligeira bolota na ponta. Não era tão mau quando visto de frente. Mas, visto de baixo, era feito um cogumelo gordo. Em 2010, saiu uma foto minha gigantesca no jornal, do meu primeiro encontro com Gracie, minha cadela. Com a cabeça inclinada para trás, enquanto ela me lambia o rosto, nossa!, meu nariz estava imenso.

Em sua foto, graças aos céus, Panos olhava diretamente para mim.

Pensei: que sujeito bonito.

E aí me segurei.

Na maior parte da minha vida adulta, olhei para os homens sempre pensando se eles me atraíam ou não. Fazia muito tempo que eu havia entrado na fase de adorar cabelos grisalhos.

Pensei: *Dã! Não é para você achá-lo bonito. Esse é seu pai biológico.*

Certo. Está bem. Distinto, então. Panos parecia muito distinto.

Durante quase toda a minha vida, eu tinha olhado para o rosto das seis crianças da família Maass, principalmente para o rosto da minha melhor amiga, Nancy. Ficava deslumbrada com as semelhanças. Decorava os traços que eles tinham em comum: quem tinha os olhos do pai, as maçãs do rosto da mãe, quem tinha a covinha no queixo.

Durante quase toda a minha vida, eu tinha olhado para a face delicada da minha mãe e para meu belo pai, e não conseguia encontrar meu rosto.

Mas eu me vi no rosto de Panos.

Vi a mim mesma num homem muito marcante. Um homem de quem, naquele momento, tive vontade de saber tudo. Queria que ele ficasse vivo naquela foto e falasse comigo, a filha que jamais conheceu.

Comecei a reconstruí-lo da melhor maneira que pude. O obituário observava que ele fora casado com uma mulher chamada Barbara. Não havia menção a filhos.

Puxa vida!, pensei. *E se tudo isso tiver acontecido depois de ele já estar casado?*

Imaginei uma bela mulher de médico, com uma vida perfeita. E depois eu irrompendo porta adentro e emporcalhando uma vida inteira das lembranças dela com ele.

Não, por favor, não.

Procurei uma certidão de casamento em Minnesota, já que ele trabalhava na clínica Mayo de Rochester na época em que fui concebida.

Nada.

Verifiquei os registros oficiais de Jacksonville, na Flórida, o último lugar em que ele tinha morado, e encontrei autos judiciais.

O estado da Flórida está na vanguarda dos Estados Unidos em matéria de legislação sobre a acessibilidade dos registros. Processos judiciais, boletins de ocorrência, divórcios e até testamentos são de domínio público.

Meu domínio. Como repórter policial, eu passara anos usando esses registros.

Achei os documentos relativos a Panos na Vara de Sucessões. Vi que ainda havia litígio em torno do seu espólio. Havia um atestado de óbito, mas sem indicação da causa da morte.

E havia um testamento, um documento solto, com três testamenteiros: Robert Abdalian, Soulla Economides e Stelios Ioannou.

Como se pronuncia isso?, pensei. *E como vou localizá-los?*

Apenas um dos nomes trouxe uma resposta rápida no Google. Havia uma Fundação Stelios Ioannou no Chipre. Panos tinha deixado a maior parte de seus bens para crianças inválidas. Incrível. E não só crianças inválidas, mas crianças inválidas do Chipre.

Meu pai biológico era um cipriota grego.

Eu trouxe o globo para minha escrivaninha e o girei. Lá estava Chipre, uma pequena ilha do Mediterrâneo, ao sul da Turquia e a oeste da Síria e do Líbano.

Chipre, pensei. *Que inesperado!*

Que legal.

Eu imaginei se teria uma doença misteriosa que afeta apenas os cipriotas gregos. Os judeus sofrem da doença de Tay-Sachs; os negros, da anemia falciforme. Talvez no Chipre – população de cerca de 1,4 milhão de habitantes – eles também sofram de algum mal específico.

Escrevi para um advogado em Jacksonville, um dos poucos relacionados nos documentos judiciais de Panos. Não houve resposta. Então, telefonei.

– O senhor foi advogado de Panos? – perguntei.

– Não, sou advogado de um dos advogados dele – respondeu ele.

Ah, meu Deus, pensei.

Disse-lhe que eu era uma filha de quem Panos nunca tivera conhecimento e que queria entrar em contato com os inventariantes ou os parentes para solicitar informações médicas.

O advogado respondeu com um "ah, mas é claaaaaaro!" e me despachou sem a menor cerimônia.

Um beco sem saída.

E foi aí que a minha extraordinária amiga Nancy tornou a entrar em ação.

Sabe, Nancy nunca se esquece de um amigo. E tem uma alma tão generosa e prestativa que presume, naturalmente, que todo mundo também seja assim. O que significa que ela não apenas pensou num homem que ambas havíamos conhecido vinte anos antes, como também não viu nada de mais em pedir a ajuda dele.

– Ligue para George! – disse.

George Sycallides. Um colega da pós-graduação em jornalismo na Universidade da Flórida. Um estudante estrangeiro – eu tinha esquecido! – do Chipre.

Localizei George, tirei a poeira do pouco de grego que eu sabia e falei com ele por telefone.

– *Yassou! Ti kanis?* Caramba, George, eu tenho uma história e tanto para você!

Ele escutou atentamente.

– É mesmo? É mesmo? – disse, repetidas vezes.

Pedi-lhe um favor: será que ele poderia entrar em contato com os dois testamenteiros que eu acreditava estarem no Chipre, Soulla Economidou e Stelios Ioannou?

– É claro, Susan. É claro – foi a resposta.

Eu esperava que ele simplesmente localizasse Soulla e Stelios e descobrisse se eles falavam inglês. Nesse caso, eu mesma falaria com os dois.

George telefonou de volta alguns dias depois. Stelios havia morrido, disse-me, mas Soulla estava viva. Era prima de Panos.

– Contei tudo a ela! – disse-me George, em tom animado.

Pois é. George falou com Soulla sobre uma enfermeira da clínica Mayo que tivera uma filha... quando Soulla o interrompeu: "Panos tem uma filha?"

– Ela adoraria conhecer você! – disse George.

O bom e velho George. Isso é que se chama abrir portas!

Mandei um e-mail para Soulla, enfatizando minha doença misteriosa e que eu só estava à procura de informações médicas. George me deu um endereço, e enviei fotografias da minha família. Imagens em close, nas quais Soulla pudesse distinguir nossas feições com clareza.

Ela abriu uma das fotos e ficou pasma.

Não era minha, mas do meu filhinho moreno de olhos castanho-claros. O que fica bronzeado como eu – ao contrário dos outros, que ficam vermelhos feito o pai.

Meu filho Aubrey era a imagem exata do meu pai biológico.

Três semanas depois, em 19 de fevereiro de 2010, recebi um e-mail de Soulla, por meio de sua filha Alina, que estava em Londres.

"Depois que George me telefonou", escreveu ela, "tive a sensação de que era Natal e eu havia recebido um presente inesperado. Você é muito bem-vinda. Tenho duas filhas (Alina e Mania), duas netas (Phaedra e Anastasia) e Avraam (meu genro). Tenho muitas fotos de Panos aqui comigo. Numa delas, em especial (com uns 6 anos), ele é igualzinho a você! As orelhas são absolutamente idênticas! Mal posso esperar para vê-la".

Alina me garantiu que "tudo o que a mamãe escreveu no bilhetinho para você é muito sincero e fala por todos nós aqui :-)".

Será que isso teria acontecido sem George? Não sei.

Mas jamais poderei lhe agradecer o bastante pelo papel que ele teve nessa história.

Em abril de 2010, cheguei ao Chipre. Fazia menos de dois meses que me correspondia com Soulla. Menos de cinco meses desde o dia em que, através de um mandado judicial, eu tinha conseguido abrir os documentos sigilosos da minha adoção, sob a alegação de motivos de saúde, e descobrira que Panos Kelalis era oficialmente listado como meu pai. E fazia menos de oito meses que eu tinha notado a minha mão esquerda murcha.

Não havia tempo a perder.

Eu queria saber.

Se este livro é sobre as viagens que fiz por causa da esclerose lateral amiotrófica, essa foi a primeira. Uma viagem ao passado do meu pai biológico e ao presente de seus parentes.

Já contei como foi a primeira vez que vi uma fotografia de Ellen. Foi como olhar para o sol. Meu sol pessoal. Um reconhecimento tão luminoso que me cegou.

O Chipre seria o mesmo.

Eu nunca havia pensado em conhecer meu pai biológico. Nunca. E agora, por um golpe do destino, ali estava eu num avião, atravessando a Europa, à beira de uma explosão vulcânica na Islândia. Viajando para me encontrar com uma dúzia de pessoas que não conhecia. Para me apresentar como filha ilegítima de um homem morto que eles admiram muito. Para escrever a minha vida e reescrever a dele.

Eu não conseguia acreditar, e meu coração estava inquieto. Precisava ter alguém ao meu lado que me beliscasse, que assistisse ao irreal e me dissesse que estava mesmo acontecendo. Essa pessoa, como sempre, foi Nancy.

Uma grande profissional de relações públicas, Nancy teria sido uma ótima jornalista. Ela se lembra das coisas com extrema precisão, de cada detalhe. Todas as histórias que ela conta são carregadas de minúcias que a maioria das pessoas esquece.

Sabe aqueles carros equipados com câmeras que giram 360º e que saem por aí, fotografando as ruas para o Google?

É como se Nancy fizesse isso naturalmente.

Ela praticamente fez jornalismo enquanto estávamos no Chipre. A borrifada de aromatizante no consultório do médico, a piada meio inconveniente de uma prima – ela notou tudo.

Nancy me manteve com os pés no chão e concentrada nos detalhes: as flores púrpura que nunca murchavam, mortas ou vivas. O tempero do *souvlaki*. O cheiro de maresia no ar seco do Mediterrâneo.

Fiquei maravilhada ao conhecer a família de Panos. Nancy conduziu as conversas por mim, falou quando eu estava emocionada demais para falar, levou presentes que eu não pensara em levar.

Ela me ajudou a ver a beleza do Chipre. Quente. Fresco e ensolarado como o Mediterrâneo dos nossos sonhos, com construções em planos superpostos e afloramentos de rocha. Um oásis tropical seco, ao contrário do abafamento úmido da Flórida.

Mas um oásis cultivado. Laranjeiras. Palmeiras. Buganvílias. O trabalho manual de dezenas de culturas que, ao longo de mil anos, tinham feito dessa ilha sua casa.

Uma encruzilhada. "Um bote salva-vidas para o Oriente Médio", como a descrevera Avraam, genro de Soulla. Um lugar antigo. Um lugar para explorar e continuar explorando, e sempre encontrar algo novo.

Agradeço a Deus por George. Ele organizou a viagem inteira e nos enviou uma programação diária. Marcou os encontros com Soulla e outros parentes. Disse-nos exatamente aonde ir e quando, e nos ofereceu sua casa para nos hospedarmos.

"Bem-vindas, Nancy e Suzin", dizia uma placa ao chegarmos, uma faixa que tinha sido feita por Stelios, seu filho de 8 anos.

A casa ficava fora de Nicósia, a capital cipriota, e era uma residência branca contemporânea, no meio de um trigal dourado. Para mim, são essas as cores do Chipre: branco e dourado. Como o sol.

E azul, como o Mediterrâneo. Inúmeros matizes de azul.

Jantamos peixe, direto do mar, e vinho. George, como havia brincado numa de nossas primeiras trocas de e-mails, era "ainda o homem arrojado, brilhante e bonito que vocês conheceram na Universidade da Flórida, porém com menos cabelo, por... razões de maturidade". Conversamos noite adentro com ele e sua mulher, Yioula, tomando vinho até muito depois de o peixe ter acabado.

Após o jantar, George nos mostrou uma enorme árvore genealógica dos parentes de Panos. Havia incluído todas as pessoas que conseguira encontrar. Eram seis folhas de papel grudadas com fita adesiva. Ele foi desfiando os nomes das pessoas com quem havia falado e me contando os detalhes. A árvore tinha mais de sessenta familiares, mas, nessa noite, eles mais me pareceram seiscentos.

Inclusive eu.

Lá estava eu, num galho curto no meio daqueles nomes gregos, Petrides, Georgiades, Michaelides. Meu nome banal, "Susan Spencer", entre os -ides, -ios e -is.

Fiquei radiante.

Nessa noite, porém, fiquei remoendo mentalmente a árvore genealógica. Pensando. Será que eu era mesmo um deles?

Panos não deixara descendentes nem família imediata... exceto eu. Mas, como é comum na cultura grega, tinha sido muito ligado a seus tios, tias e primos. E a pessoa de quem ele foi mais íntimo talvez tenha sido, desde a infância, sua prima Soulla.

Soulla fora generosa comigo no e-mail, referindo-se a mim como um presente inesperado. Mas não pude deixar de me perguntar: será que ela gostaria tanto do presente quando o abrisse? O que pensaria quando me visse ao vivo?

Será que eu estaria à altura do legado de meu pai biológico?

No dia seguinte, fomos ao coração de Nicósia, uma cidade de contrastes. Uma antiga muralha ao lado de arranha-céus. Uma vibrante arquitetura mediterrânea em morros a quilômetros do mar.

Uma experiência europeia com fortes influências do Oriente Médio. Cidade sonolenta, mas viva; congestionada, mas compacta; familiar, mas comodamente estrangeira.

O apartamento de Soulla ficava num prédio moderno de uma rua movimentada. Sorri ao ver o nome: Rua Attikus. O primeiro nome de Wesley é Atticus.

Tomamos um elevador privado para o andar dela. George, que já a havia visitado, dissera que o elevador se abria diretamente dentro do apartamento.

Soulla é viúva. Seu marido poderia ter sido eleito presidente do Chipre, segundo nos disseram seus filhos, se não houvesse morrido. Eu estava de preto, por cortesia à condição dela, meio que esperando uma *babuchka* recurvada de 1,5 metro de altura, coberta da cabeça aos pés com trajes negros de luto.

Então Soulla abriu a porta, vestindo jeans e camiseta.

– Oi! Olá! Passei o dia inteiro empolgada! – disse.

Entramos no apartamento, um espaço amplo e aberto, inundado de luz, com abajures de vitral e antiguidades, vitrines embutidas nas paredes, repletas de coleções minúsculas, e obras de arte que incluíam os quadros de ícones de sua filha Alina, emoldurados por um azul vibrante.

Era a casa de um aristocrata, mas me senti perfeitamente à vontade.

Assim como Soulla.

Nos sentamos do lado de fora, na varanda. Observei as linhas das construções que nos cercavam, uma misturada de prédios residenciais com morros mais atrás. Soulla examinou meu rosto. Sutilmente. À procura de Panos. Dividida entre manter um olhar educado e me avaliar descaradamente.

Ela pediu *souvlaki* de um restaurante local. Ele veio acompanhado de uma linda salada de tomate e pepino. Comemos e conversamos pela noite afora.

Soulla é uma mulher rica, educada e miúda, que talvez pese uns 45 quilos depois de uma refeição farta. Seu inglês é perfeito; sua conversa, descontraída. Ela exala calor humano e consideração, com a naturalidade de qualquer mulher na rua, sem um pingo de maquiagem ou o menor traço de esnobismo, apesar de sua alta posição social.

Na hora ficou evidente que ela adora e admira Panos, seu primo mais velho. Gostava muito da ternura dele com os pacientes. Sua conduta sempre leal e gentil. De seu jeito de adorar os filhos dela.

Soulla fala com as mãos, e seus gestos são tão reveladores quanto suas palavras. Num desses, ela disse "Foi..." e parou, balançando a cabeça, encolhendo os ombros, fechando os olhos e respirando fundo, em sinal de alguma coisa divina.

– Saber que ele tinha uma filha... – disse-me, e fez exatamente esse gesto.

Explicou quanto a família ficara desolada com a morte súbita de Panos, em 2002. Ele tinha voltado ao Chipre de avião para o nascimento da primeira neta de Soulla. Sentiu-se mal depois do voo e foi se deitar. Nunca mais se levantou.

Soulla disse que meu súbito aparecimento na vida da família era como se uma parte de seu primo estivesse de volta. Um presente. "Como no Natal", voltou a dizer, gesticulando.

Ela me mostrou fotos de Panos. Lá estava ele, sentado num café na Itália, na casa dos seus 20 anos, com um perfil igualzinho ao meu. Lá estava ele quando menino, com as orelhas de abano e os olhos exatamente iguais aos de Aubrey.

Ele era destemido.

Foi isso que Soulla ficou repetindo. Panos era destemido.

Ajudava qualquer um. Ia a qualquer lugar. Enfrentava qualquer desafio.

Meses depois, o melhor amigo de Panos, Robert Abdalian, viria a me contar que ele tinha o costume de nadar mar adentro, para além do campo de visão de quem estava na praia. Bob usou a mesma palavra: destemido.

Acolhi essa palavra na alma. O destemor estava nos meus genes.

Depois de algum tempo, chegou a filha de Soulla, Mania. Ela morava no mesmo edifício e era mãe como eu, com duas filhas que mais tarde eu viria a conhecer: Anastasia – pronunciado à elegante maneira grega, A-nas-ta-SI-a – e Phaedra.

Após mais uma hora, chegou o marido de Mania, Avraam – o sedutor, como sempre pensei nele –, trazendo uma garrafa de vinho.

Avraam se manteve calado nos primeiros dias, porém, depois disso, não parou mais de falar. Disse-me posteriormente que minha aparição repentina o havia deixado em pânico. Ele se perguntou se também teria uma filha de que não tivesse conhecimento. "Da faculdade, você sabe."

Avraam é engenheiro empresarial. Eis como explica sua profissão na assinatura de seus e-mails: "A engenharia empresarial envolve administração industrial & ambiental, gerenciamento de inovações, iniciativa empresarial, engenharia de mercado, gestão de serviços, pesquisas operacionais, econometria, estratégia global & liderança, ciência administrativa, administração de empresas, finanças, economia, matemática e ciências sociais (ética e direito)."

E, como diz sem meias palavras, Avraam é especialista em todos esses assuntos.

Ele levou os carros elétricos para o Chipre, segundo me contou. Um dia, pedi um Red Bull na frente dele.

– Eu trouxe o Red Bull para o Chipre! – afirmou.

Como todo mundo, Avraam adorava Panos.

– Ele era de uma racionalidade incrível – disse-me naquela primeira noite. – Com ele não tinha conversa mole.

Avraam serviu o que restava do vinho e foi buscar outra garrafa. Soulla continuou a me mostrar fotografias, falando de Panos. À medida que o vinho circulou, a conversa foi mudando para o grego. Apesar dos sábados da infância, com a Sra. Karadaras a me puxar as orelhas, não consegui entender uma palavra. Para mim, eles pareciam russos falando italiano.

Mesmo assim, me senti em casa.

Por fim, Soulla me mostrou uma foto de família que tinha sido tirada havia uns cinquenta anos e para a qual posavam talvez umas vinte pessoas – inclusive os pais e tios de Panos. Peguei meu caderninho de repórter e lhe pedi para me dizer o nome de cada um deles.

Não sei quê -ios. Não sei quê -ides.

– E quem é esse senhor? – perguntei, apontando para uma figura morena e atarracada, vestida de preto.

– Essa é a sua avó! – respondeu Soulla.

A vovó Julia, explicou, tinha sido abençoada com um cérebro, não com a beleza. Fora uma mulher bigoduda. Tão bigoduda, segundo Alina, que assustava os netos.

Demos muita risada disso, inclusive Soulla.

Foi perfeito. Frivolidade e gravidade ao mesmo tempo.

Na manhã seguinte, Soulla me levou para conhecer um amigo, o médico que havia atestado o óbito de Panos. Não houvera autópsia, mas o médico me assegurou que meu pai biológico não tinha qualquer problema neurológico que pudesse explicar minha mão murcha. Na opinião do médico, ele havia morrido de algum problema vascular – provavelmente, um aneurisma – depois de um longo voo.

Ufa!, pensei. *Nenhum sinal de ELA hereditária.*

Soulla confirmou: não havia nenhum problema genético de que se tivesse notícia em sua família.

Aliás, eles tinham um primo de 100 anos. Xenon, o centenário, estava com a saúde perfeita. Também médico, havia ajudado Panos em sua carreira. Soulla providenciou para que Nancy, George e eu o conhecêssemos.

A prima Nadia nos acompanhou. Nadia é parecida com Soulla: miúda e refinada, na casa dos 60 anos. Mas é uma pessoa explosiva, propensa a piadas inconvenientes. Intérprete profissional de grego, italiano e inglês, certa vez ela tivera a oportunidade de trabalhar como tradutora durante uma visita do papa. Rejeitara a oferta. “Eu nunca gostei desse sujeito”, declarou.

Havia um pequeno lance de degraus na entrada do apartamento de Xenon – o que nos incomodou quando descobrimos que ele usava uma cadeira de rodas e fazia anos que não podia sair de casa.

Xenon nos recebeu em sua sala. Usava um blazer azul por cima do pijama. Seu aparelho auditivo se projetava do bolso do paletó.

Sua mulher, Irini, muito mais jovem (estava apenas com seus 80), veio se juntar a nós.

Ele tinha sido ministro da Saúde do Chipre. Contou-nos que havia trabalhado com lorde Mountbatten na erradicação da malária, que seus dois filhos eram médicos e que havia exercido a medicina pelo mundo afora.

Na juventude, tivera febre tifoide. Tifo! Xenon estava no meio dessa história, quando Irini, que até então havia permanecido calada, finalmente soltou:

– ELA QUER SABER DO PANOS! Ele é capaz de ficar contando histórias até amanhã – disse-nos Irini, balançando a cabeça.

O que fez com que Nancy, Nadia e eu déssemos umas risadinhas discretas.

Sem se deixar abater, Xenon prosseguiu:

– Antes da guerra...

George educadamente o interrompeu:

– QUAL GUERRA?

Ele gritou, é claro, já que Xenon não conseguia ouvir. Isso nos fez rir ainda mais. George ficou horrorizado.

Nadia perguntou se Irini tinha fotografias de Panos. As duas desapareceram em outro cômodo e voltaram com pilhas de fotos emolduradas.

– Dos filhos dela, os médicos! – informou Nadia, revirando os olhos.

Risos. Sorrisos. Foi uma tarde deliciosa, ainda que eu não tenha aprendido muito sobre meu pai biológico. Exceto por um detalhe precioso e etéreo.

Quando íamos saindo, eu me inclinei e dei um beijo em cada bochecha de Xenon, seguindo o costume cipriota.

– Ah! – disse o ancião, sorrindo. – Você beija igual ao Panos.

Sempre adorei comida grega – folhas de parreira recheadas, queijo feta condimentado, azeitonas pretas temperadas com alho e alecrim.

No Chipre, descobri a melhor maneira de comer: numa *mezze*. Palavra de origem árabe, com o sentido de "compartilhar", a *mezze* consiste numa variedade de iguarias compartilhadas por todos à mesa, algo comum em todo o Oriente Médio. Um lembrete de que uma refeição é mais do que apenas comida.

No início da viagem, Nadia nos ofereceu uma *mezze* com frutos do mar. A refeição incluiu todos os tipos de crustáceos, ovas de peixe, polvo e ouriço-do-mar, e filés de peixes grandes e pequenos, tudo servido em louça branca sobre uma toalha de linho branco. Uma delícia.

Mais perto da nossa partida, compartilhamos uma inesquecível *mezze* de carne com toda a família de Soulla, numa pequena taberna de paredes castanho-avermelhadas e mesas marrom-escuras. Foi um presente dela, apesar de ser vegetariana.

Primeiro vieram ovos de codorna e alcachofras marinadas, cogumelos *sautés*, pão pita com *homus* e uma caponata condimentada.

A isso se seguiu uma sucessão inesgotável de pratos de carne: *souvlaki*, frango assado, todas as variedades de carne de porco, carneiro com molho de hortelã. Torta de espinafre. *Moussaka* com uma cobertura tostada de um creme saboroso. Cuscuz com caldo. Legumes.

E sobremesas. Tortas de queijo com canela, barquetes de massa folhada grega, cobertas de mel e repletas de pistache moído.

Nós desfrutamos cada prato lentamente. Cada vez que oferecíamos aos outros. Em cada dentada. Conversamos e rimos durante horas a fio.

Finalmente passamos para o lado de fora, para o último café e o último drinque da noite. O céu noturno estava claro. O mundo, íntimo e acolhedor. Não havia sombras entre nós.

Mania fez um comentário com Nancy sobre a nossa amizade.

– Não é algo que se possa sequer ser recriado algum dia – retrucou Nancy, chorando.

Avraam, que não entendia o espectro sinistro da minha saúde, fez perguntas. Chorei ao explicar que talvez fosse ELA, uma verdadeira sentença de morte.

– Mas... – consegui dizer – haja o que houver, sou uma pessoa de sorte. Conheci todos vocês. Posso dizer a meus filhos: "Vocês não estão geneticamente condenados ao sofrimento." Agora sei que parte de mim veio de um grande homem. E de pessoas maravilhosas.

Falei dos meus pais adotivos. Que se sacrificaram por mim. Que tinham grandes expectativas, que haviam ficado ao meu lado e me transformado em quem eu era.

Disse que me sentia a pessoa mais afortunada do mundo.

E era verdade.

Podia ser que eu estivesse morrendo, mas naquela noite – naquela varanda, depois daquela refeição, com aquelas pessoas – eu estava experimentando o grande milagre da vida.

Eu havia chegado como uma estranha, mas estava partindo com uma nova família.

Eu não estava com medo.

Destemida.

Levei esses sentimentos comigo para casa, junto com uma pulseira antiga – presente de Soulla, exatamente do tipo que eu mesma teria comprado – e dois bens preciosos encontrados no corpo de Panos na ocasião da sua morte: seu rosário e sua medalha de Santo André.

Mandei incrustar a medalha numa base de ônix. Uso-a com frequência como colar, perto do coração.

A Bíblia

Dois anos depois, minha viagem ao Chipre ainda repercutia na minha alma. Entre os meus parentes, eu não havia encontrado respostas, mas encontrara a paz. Eu me senti aceita, como em raras ocasiões anteriores.

Apesar de nunca haver conhecido Panos, aquela era a terra da minha origem. Meu segundo lar.

Eu queria voltar. Levar John, apresentá-lo a todos e ouvi-lo me garantir que compreendia e que um dia levaria as crianças lá, para conhecerem seus parentes.

Eu queria agradecer a Soulla e sua família.

Terminar o que tinha começado e descobrir mais sobre o homem que meu pai biológico havia sido.

Eu queria voltar na primavera. O cruzeiro com Stephanie foi em março. Eu estava guardando o verão para os meus filhos, quando eles estivessem de férias. Isso deixava dois meses para meu retorno ao Chipre.

Mas Nadia, minha prima de pavio curto, tinha sido diagnosticada com câncer e estava no meio da quimioterapia. E Soulla precisou fazer uma cirurgia na coluna, que exigiu um longo período de recuperação. A viagem teve que ser adiada para junho.

Sem problemas. Eu ainda tinha tempo.

E havia algo importante a fazer para Soulla antes de voltar – encontrar um presente tão precioso quanto os que ela me dera.

No Chipre, tinha ficado claro que a família de Panos não gostava de Barbara, a americana com quem ele se casara – de quem se divorciara e com quem voltara a se casar. Antes de se divorciar pela segunda vez.

Barbara era "uma princesa americana mimada", disseram eles. Dava chiliques nos restaurantes. Ela se recusava a participar dos eventos de família quando estava zangada com Panos ou alguma outra pessoa.

Toda vez que diziam o nome dela – com certo desconforto na voz –, eles pronunciavam cada sílaba com precisão, BAR-ba-ra:

– A BAR-ba-ra era complicada! – disse Avraam, sobrinho de Panos por afinidade, girando o indicador perto da têmpora.

O insulto final, de acordo com Soulla, havia sido quando ela pedira a BAR-ba-ra que levasse a Bíblia da família de volta para o Chipre, para o enterro do Panos, e ela não o fizera.

– Se você conhecê-la e vir a Bíblia, agarre-a! – Soulla me dissera, meio em tom de brincadeira. Palavras que nunca esqueci.

Fiquei determinada a conseguir aquela Bíblia para Soulla.

E a conhecer BAR-ba-ra. Quer dizer, Panos tinha se casado com ela e se divorciado duas vezes? Fiquei fascinada. Deve ter sido uma paixão e tanto.

Assim, escrevi para BAR-ba-ra em Jacksonville, na Flórida, o último lugar em que ela e Panos haviam morado. A carta foi devolvida sem ser aberta. Um beco sem saída. Eu precisava de ajuda.

Pensei em Pat McKenna. Pat é um detetive particular famoso no país inteiro. Ele trabalhou para a defesa no processo de homicídio de O. J. Simpson, no caso de estupro de William Kennedy Smith e nos julgamentos de Casey Anthony por homicídio.

Eu o havia conhecido dez anos antes, num caso mais discreto. Uma mulher deixara o filho pequeno dormindo em casa enquanto foi comprar um presente nas imediações, na elegante Avenida Worth, em Palm Beach.

A criança de 2 anos acordou e se afogou na piscina do quintal da casa. A imprensa passou a execrar a mãe, em parte pela natureza do motivo que a levara a sair.

Como mãe, eu acreditava que não vinha ao caso se a mulher tinha saído para comprar uma mala Louis Vuitton ou uma garrafa de leite. Ela havia deixado o filho sozinho. O crime era esse.

No fim do processo, Pat me agradeceu por ter sido imparcial.

Não nos vimos muito desde então. Entretanto, éramos amigos no Facebook, e eu lhe mandei uma mensagem privada.

Considerei até que ponto deveria escrever uma mensagem dramática e pensei: *Ora, por que não? As coisas são o que são.*

Escrevi:

> Caro Pat,
>
> Eu gostaria de contratá-lo para encontrar uma pessoa. É um último desejo...

Ele apareceu na minha casa no dia seguinte, oferecendo seus serviços de graça. Mais tarde, contou-me que nem havia reparado a parte do "último desejo". Queria apenas me ajudar quanto pudesse.

Bem, Pat é um sedutor. Sua principal habilidade investigativa é sua lábia. O sujeito seria capaz de convencer um gato a sair de uma caixa de ratos. Ele também usa a linguagem mais desbocada que a de qualquer ser humano que eu conheça.

– E ainda por cima eu estava fodido, sem um puto centavo! – disse, ao me explicar que estava em dificuldades financeiras na época em que um tabloide lhe ofereceu um milhão de dólares para revelar detalhes secretos do processo de homicídio de O. J.

Pat recusou a oferta.

Ele é de uma grosseria incrível.

– Tiro a Bíblia dela na base da sedução ou na intimidação – disse-me, quando lhe expliquei a questão. – Acabo com a raça dela se ela não lhe entregar a tal Bíblia!

Mas ele também é de uma doçura incrível.

Quando telefonou para BAR-ba-ra pela primeira vez – pareceu que ele levara apenas uns cinco minutos para encontrá-la numa pesquisa num banco de dados –, Pat teve que se afastar de mim para recobrar a compostura, já que se emocionara quando lhe explicou meu estado de saúde.

Por sua vez, Barbara desconhecia completamente a minha existência.

E ficou completamente incrédula.

Estava tão enrolada com advogados e problemas jurídicos relativos ao inventário de Panos – mesmo dez anos após sua morte – que achou que nosso telefonema fosse uma decorrência disso.

– Não, senhora – disse Pat. – Susan não tem nenhum interesse na herança. Não quer nada da senhora, exceto informações sobre Panos e sobre a Bíblia da família dele, se a senhora puder fazer essa gentileza.

Os dois desligaram. Logo veio um telefonema do irmão mais velho de Barbara, um senhor texano meio protetor em relação a ela.

Bem, você precisa entender que o Texas é um estado inusitado, com um espírito rebelde que lhe é muito característico – o estado que imagino ter maior probabilidade de se separar dos Estados Unidos se tiver essa chance.

O Texas é tão grande que tem a própria rede elétrica. Os Estados Unidos têm apenas três: uma para a metade oriental, outro para a metade ocidental e uma inteiramente para o Texas.

E esse sujeito tinha uma personalidade texana gigantesca. Certa vez processou Panos, seu próprio cunhado. É esse o tipo de atrevimento que eles têm por lá.

O sujeito tinha palavras escolhidas a dedo para Pat e para mim, num sotaque tão fanhoso e carregado que meus ouvidos chegaram a doer:

– Eu soube que vocês estão assediando a minha irmã – rosnou.

Barbara, segundo ele, tivera um infarto e um derrame.

– Vocês vão acabar matando-a. Tenho um amigo que é candidato a promotor-chefe e eu o estou ajudando a se eleger. Ele disse que vocês podem ser acusados de cúmplices de homicídio. Eu detestaria que fossem acusados ou processados.

Pode vir!, pensei.

O homem continuou a fanhosear, dizendo que Panos não podia ser pai de ninguém porque tinha ficado estéril depois de um acidente, no começo da década de 1960. Bem, ele podia dizer que o pênis de Panos tinha sido decepado e lançado no espaço sideral que, mesmo assim, eu continuaria a acreditar que ele era meu pai biológico. Então suas ameaças nem sequer me atingiram.

É claro que Pat também não caiu nessa.

Ele falou em tom cauteloso com o sujeito, prometendo enviar-lhe fotografias e registros, e pediu que ele reconsiderasse a ideia ao recebê-los.

– Porra de caipira – disse Pat, quando desligamos o telefone.

Nos dias seguintes, ele manteve longas conversas telefônicas com Barbara, que estava curiosa, e a convenceu a se encontrar conosco. Ela não acreditou que eu fosse filha de Panos, mas se dispôs a me dar a Bíblia, se isso me trouxesse algum consolo.

Pouco depois, Pat, Nancy e eu pegamos um avião para Knoxville, no Tennessee, o local para onde ela acabara de se mudar. Foi minha primeira viagem de avião já na cadeira de rodas. Mais um momento marcante.

Pensei nas piadas intermináveis que Nancy e eu fizéramos sobre essa mulher mítica, rindo da ideia de que talvez tivéssemos que nos vestir completamente de preto e invadir a casa dela para pegar a Bíblia – cometendo um pecado, um crime e um ato de amor, tudo ao mesmo tempo.

Considerei que, por gratidão, eu deveria apagar da cabeça todas as coisas depreciativas que ouvíramos sobre Barbara. Ela estava sendo generosa.

Naquela tarde, Barbara foi ao nosso hotel. Sua acompanhante a levou até lá numa grande Mercedes verde. Pat ajudou-a a entrar. Ela usava uma bengala elegante, a única indicação de que estava com 70 e muitos anos, no mínimo.

Seu cabelo era castanho-escuro, o que destacava os olhos de um azul cristalino. Sua pele era impecável; recendia a rosas.

– É um prazer conhecê-la – disse-me, sentando-se perto de mim e segurando minha mão quase sem vida. – Como foi o voo?

Ela estava segurando a Bíblia com sua mão livre.

Quando falava de Panos, seus olhos azuis se arregalavam e assumiam uma expressão sonhadora.

– Ele e eu, nós éramos um só.

Era uma mulher lindíssima.

E excepcionalmente educada. Não me bombardeou com perguntas nem ficou me encarando fixamente. Ela nos convidou para jantar. Pelo modo como escolheu uma mesa específica no restaurante e fez o pedido do cardápio, percebi que era uma mulher exigente.

Pensei em como devia ser difícil para ela saber que o homem que ela pensara ser unicamente seu não o era. Barbara tinha se mudado para Knoxville, onde não conhecia ninguém, o que me pareceu esquisito e triste. Senti pena dela.

Naquela noite, ela me entregou a Bíblia.

De volta ao quarto do hotel, Nancy, Pat e eu a examinamos. Nancy foi a primeira a dizer:

– Não me parece uma Bíblia de família!

Descreveu sua própria Bíblia de família: um enorme volume em alemão que tinha o próprio suporte e cujas folhas estavam se desfazendo com o tempo.

A Bíblia que Barbara me dera parecia nunca ter sido usada. Era de tamanho padrão, em inglês, com uma capa de madeira que tinha um crucifixo ortodoxo grego entalhado. Verificamos a data de publicação: 1957.

Pat contou ter avistado uma loja de artigos religiosos perto do hotel, e concluiu:

– Fomos tapeados! Esses putos desses caipiras! – E recomeçou sua ladainha sobre acabar com a raça da mulher.

– Calma, pessoal – pedi. – Podemos conversar melhor com Barbara na casa dela, amanhã.

Nancy mandou mensagens para o pessoal do Chipre, na tentativa de obter uma descrição da Bíblia da família. Meu iPhone tocou antes do amanhecer. Era Soulla. Nancy falou com ela.

Enquanto eu me espreguiçava para acordar, ouvi Nancy pedir uma descrição da Bíblia e dizer:

– O quêêêê????? Você não sabe?

Constatou-se que Soulla não via essa Bíblia desde sua infância. Ela disse que a única pessoa capaz de identificá-la seria Xenon, o primo já centenário que havíamos conhecido dois anos antes.

– Ele ainda está vivo? – Nancy deixou escapar.

Quando Pat veio ao nosso encontro, nós lhe demos a notícia boa e a má. A boa era que havia alguém capaz de confirmar a autenticidade da Bíblia. A má era que essa pessoa... não era muito confiável.

– Deixem ver se eu entendi direito – disse Pat. – A nossa pessoa de confiança tem 102 anos?

– Exato! – respondemos, rindo.

Juramos vasculhar a casa de Barbara em busca da Bíblia verdadeira quando a visitássemos.

Almoçamos com ela num lugar maravilhoso, a Northshore Brasserie. Eu me lembro de duas coisas nesse encontro: (1) O sorvete. De fabricação própria. Lima com caramelo. O melhor que já tomei em toda a minha vida. (2) Um grande avanço nas negociações com Barbara.

Durante a refeição, eu contei a história da minha mãe biológica. Barbara, como pude perceber, era educada demais ou estava nervosa demais para fazer perguntas. Eu não tinha certeza absoluta das datas do relacionamento de Ellen com Panos nem sabia se eu fora concebida enquanto ele estava... casado.

Contei sobre como os dois tinham se conhecido. Ela fora paciente do hospital em que ele trabalhava. E quando Barbara e Panos tinham se casado? Em 1967.

Ufa!!!!!

Bem depois de eu nascer.

Pedi a Barbara que lembrasse que a gravidez de Ellen – ou seja, eu – havia acontecido antes de Panos conhecê-la.

– Nada disto diminui o que vocês dois tiveram – afirmei. E vi os olhos azuis dela se arregalarem de gratidão e alívio.

Fomos à casa dela – uma residência enorme, até para os padrões americanos, num subúrbio residencial de classe alta em Knoxville. Uma casa em que ela morava sozinha.

Barbara subiu com hesitação os degraus da escada até sua majestosa porta da frente. Pat nos ajudou, a nós duas. Foi muito solícito durante toda a viagem. Eu vinha usando a cadeira de rodas às vezes, e ele a levava para todo lado. Ouvi-o gemer, um dia, ao içá-la para a mala do carro:

– Lá se vai uma vesícula seminal! – disse, gracejando.

Ele era um perfeito cavalheiro quando queria. Conseguiu até ficar sem falar palavrões na frente de Barbara. Ela era uma lady (ao contrário de mim). Não os acharia divertidos.

Sua casa era decorada em estilo barroco, com inúmeros toques dourados e móveis finos. Formais como a dona. Barbara tinha três cães minúsculos, cujos latidos estridentes ecoavam pelo lugar.

Sentamo-nos. Eu me dei conta de que nunca tinha visto a letra de Panos.

Você é capaz de saber algo sobre uma pessoa pela letra dela? Eu sou.

Perguntei a Barbara se poderia ver alguma carta escrita por ele. Agora fico horrorizada ao pensar no atrevimento disso: eu estava pedindo para ver mensagens íntimas que os dois trocavam.

Nunca vi as cartas.

Mas, ah! Vi coisas incríveis!

Barbara trouxe recortes de jornais sobre as muitas realizações de Panos na clínica Mayo. Histórias de pacientes curados. De prêmios recebidos. De livros escritos e instituições de caridade que ele apoiava.

Nós nos sentamos em sua sala sofisticada, com janelas que iam do piso até quase o teto em todas as paredes, e ficamos lendo as matérias. Fazia um dia tão bonito, tão ensolarado, que espremi os olhos contra a luz.

A certa altura, Barbara parou de falar. Levantei a cabeça. Ela me olhava fixamente:

– Você está espremendo os olhos igualzinho ao Panos – disse.

A partir daquele momento, ela acreditou.

Trouxe alguns pertences antigos do marido. Dispôs o conjunto à minha frente:

– Leve o que você quiser – disse-me.

Escolhi um deles.

Barbara me deu o *komboloi* de ouro de Panos, uma espécie de fio de contas antiestresse que ele costumava manusear quando estava tenso. Deu-me o prendedor de notas, também de ouro, encontrado no bolso dele na ocasião da sua morte, ainda com os euros presos. Não, nunca contei o dinheiro. Poderia haver centenas de euros, mas eu jamais os gastaria.

Pat e Nancy perguntaram pela Bíblia. Barbara disse que era a única que ela tinha.

Nancy perambulou pela enorme mansão. Havia perguntado aos parentes cipriotas sobre outros objetos, e eles tinham mencionado um quadro, uma cena marinha de um pintor grego ilustre, que pertencera a Panos e que ele adorava. Ela também estava decidida a encontrar essa pintura de qualquer jeito.

Barbara se mudara recentemente. Algumas coisas ainda estavam em caixas, alguns quadros ainda não tinham sido pendurados.

Nancy viu uma cena marinha, mas parecia muito mal pintada para ser a que emocionava a alma de Panos.

Avistou outro quadro, de cor e feitio mediterrâneos, e o levou até onde Barbara e eu estávamos. Nancy é assim. Uma boa moça muito chique e profissional, mas sempre leva as coisas um passo adiante. Sempre me pressiona a explorar mais, a procurar mais. A perguntar. A tentar.

Sim, o quadro era o que Panos adorava. Barbara o ofereceu a mim.

Ela foi muito generosa. Me deu um beijo na saída, com seu aroma de rosas. Senti um certo mal-estar por deixá-la sozinha naquele casarão enorme, sem dúvida com saudade do amor que um dia tivera.

Os parentes de Panos consideravam uma loucura ele ter se casado com ela e se divorciado duas vezes. Bob Abdalian, seu melhor amigo, que também não era fã de Barbara, acreditava que Panos a via como uma paciente e tentava ajudá-la.

Mas sei que era mais do que isso. Vi a beleza dela – algo que os outros não fizeram.

Acho extraordinário Panos ter tido toda a paciência que teve com sua mulher.

Não faço ideia da razão por que eles nunca tiveram filhos. Há coisas que não me atrevo a perguntar, mesmo sendo tão cara de pau assim. Mas eles não os tiveram. E agora Barbara está sozinha.

Talvez tenha sido por isso que me chamou de "enteada" e compartilhou tantas coisas comigo.

O quadro que ela me deu está pendurado no quarto onde eu durmo às vezes. Meu pai o pendurou ali para mim, sem fazer uma única pergunta.

É uma paisagem oceânica. Grandes ondas azuis e verdes, uma espuma branca no alto, o sol cintilando na superfície.

Frequentemente essa é a última imagem que vejo antes de cair no sono.

A cabana

Maio

Um lugar para chamar de meu

Em muitos sentidos, meu pai Tom e eu temos um relacionamento distante. Durante toda a minha infância, ele trabalhou dez horas por dia em sua farmácia, seis dias por semana. Aos domingos, ia para a igreja. Estava trabalhando para nós, eu sei, mas eu sentia falta dele.

Eu costumava ficar acordada à noite, esperando os faróis de seu carro entrarem na garagem, lá pelas nove ou dez da noite. Adormeci muitas vezes sob a luz que ficava acesa no corredor, esperando que ele voltasse.

Eu adorava quando ele me deixava carregar os galhos que sobravam depois que podava nossa cerca de fícus. O trabalho no quintal era uma das poucas coisas que fazíamos juntos.

Eu idolatrava meu pai quando era criança. Ele sempre foi amável comigo.

Depois de adultos, no entanto, parece que nos afastamos mais. Na verdade, foi uma distância impossível de se reduzir, porque ele nunca falava nada. Nos 25 anos antes de mamãe adoecer, acho que papai não chegou a me telefonar nem cinco vezes. Ele morava a 1,5 quilômetro de distância, mas nunca me chamou para almoçar ou assistir a um filme.

No entanto, continuou amável. Ia buscar meus filhos quando eu estava no trabalho e é o encarregado disso agora que estou doente demais para dirigir. Resolve as coisas na rua para mim. Leva os meninos para andar de patinete.

Papai é um faz-tudo excepcional. É capaz de construir ou consertar praticamente qualquer coisa, e sempre nos garantiu que fica contente em fazê-lo. Construiu beliches para os meninos. Estantes para mim. Instalou sancas em todos os cômodos da casa.

Como acabei percebendo, essa é a linguagem do amor do meu pai – fazer, não falar.

Quando eu estava bem de saúde, entrava e saía de casa sempre com muita pressa, reparando nas roupas espalhadas das crianças, na louça criando crostas na pia, nos fios de cabelo no ralo do chuveiro.

Ora, eu pensava, *a vida é assim mesmo.*

Depois que adoeci, no entanto, comecei a notar coisas maiores. Ou talvez as coisas pequenas tenham ficado maiores.

Como a tinta lascada nas calhas. As paredes sem graça que precisavam de um toque de animação. A mesa de jantar já muito gasta (um depósito de roupa lavada), maltratada pelas crianças durante anos. Uma delas inclusive desenhou nela com um marcador permanente.

Telefonei para papai:

– Eu adoraria mandar fazer um banco embutido na área da sala de jantar, com um espaço para guardar algumas coisas – disse-lhe. – Ah, e uma estante embutida na parede oposta, para colocar a TV, o som e tal.

– Está bem. É só me dar um desenho – disse papai.

– Mas é provável que primeiro a gente precise pintar o teto.

– A gente quem? – perguntou ele.

O teto fica a quase 4 metros de altura, com tábuas e vigas decorativas. Teria que ser pintado à mão, com pincel, e não com um rolo ou um jato de tinta.

– Você, papai! Não existe ninguém melhor!

E assim fez, todo animado. Passou dias inteiros no alto de uma escada, aos 73 anos, com o pescoço torto, pintando o teto, enquanto eu ia dizendo as cores lá de baixo.

– Superbranco nas vigas! Branco simples nas tábuas!

Em momento algum dissemos uma palavra sequer sobre minha mão murcha ou sobre as consultas médicas que terminavam com perguntas, e não respostas. Quando o assunto era a minha doença, sempre ficávamos num silêncio constrangedor. Mesmo depois do diagnóstico, em junho, papai nunca me ofereceu consolo ou alento. Nunca reconheceu que eu estava doente.

Mas me deu aquele teto branco deslumbrante.

É engraçado quanto uma camada de tinta é capaz de fazer diferença.

Depois do meu diagnóstico, John e eu contratamos alguns pintores profissionais para pintar nossa casa de bege-escuro, com um toque de coral. Papai ficou sob o sol escaldante da Flórida, pintando de azul-marinho todas as portas duplas envidraçadas da área da piscina.

Levei duas montagens antigas de marlins-azuis para um taxidermista reformá-las. Uma delas era um peixe de 1,80 metro, fisgado por mamãe e papai em 1962. O outro viera do lixo de um vizinho.

Penduramos os marlins junto às portas azuis. Genial!

Agora percebo o que eu estava fazendo: estava construindo um ninho. Criando uma casa dos sonhos. O lugar onde eu queria passar meus últimos anos de vida. Que queria deixar para meu marido e meus filhos depois que eu partir.

Conforme o clima foi ficando mais fresco no inverno da Flórida, comecei a passar grande parte do tempo do lado de fora de casa: escrevendo, planejando viagens e projetos, fumando – mais cigarros a cada dia que passava, parecia. Longe do tumulto da televisão, do estudo de trompete e das crianças brigando.

Passei meses sentada sob um toldo de lona no deque de cimento da nossa piscina, numa cadeira dobrável de diretor, contemplando nosso quintal adorável. Observei as mangas ficarem mais rechonchudas a cada dia. Admirei a enorme variedade de palmeiras.

Essa é outra história da bondade dos meus pais. Um amigo e ex-vizinho, Bart, é botânico, dono de uma floricultura e paisagista. Anos atrás, ele projetou todo o nosso jardim da frente de graça. Por quê?

– Só quero fazer algo para você e seus pais. Eles foram muito generosos – disse Bart.

Ele soube do meu diagnóstico e se ofereceu para cuidar do paisagismo do quintal também. Levou-me à sua floricultura e escolhemos um montão de árvores maduras que, noutras circunstâncias, teriam custado milhares de dólares.

Palmeiras-triângulo, coqueiros, palmeiras-fuso, bananeiras e palmeiras-garrafa, nas variedades simples, dupla e tripla. Havia uma palmeira baixa rara e preciosa de que ele tinha um orgulho enorme. Não me lembro do nome, apenas da gentileza dele por me dar esse presente.

Ele nos ajudou a plantar as árvores em volta das bordas do deque da piscina e no quintal. Eu ficava sentada embaixo do toldo todos os dias, aproveitando. Curtindo a vida.

Esta é uma das glórias do sul da Flórida: sentar de short do lado de fora, cercada por palmeiras.

E então veio o calor, que se irradiava do deque de cimento e era retido pelo toldo. Mesmo à sombra, era como estar sentada dentro de um forno.

Um dia, estava tão quente que vi uma miragem no nosso vasto gramado: um oásis de frescor. Quem sabe uma pérgula ou uma varanda coberta? Ou... – e meu pensamento se fixou – uma cabana.

Um quiosque ao ar livre, sem paredes laterais, com um telhado alto de folhas de palmeira. Durante centenas de anos, os índios miccosukee, da Flórida, construíam cabanas desse tipo para morar. Essa cobertura era impermeável e não absorvia calor, criando uma área fresca de sombra.

Muita gente constrói bares sob cabanas assim. Eu imaginei uma área ampla e confortável para sentar, com móveis de teca, sofás estofados, mesas, almofadas, velas, otomanas, um lugar onde John e eu pudéssemos reunir os amigos e curtir a vida.

Um lugar onde nossos filhos e seus amigos pudessem ficar que não fosse embaixo do nosso nariz, mas ainda assim sob nossa vigilância.

Tentei convencer John.

– Não. Eu gosto do quintal livre – disse ele.

Comecei a tentar vencê-lo pelo cansaço: "Nossa, como essas cadeiras de diretor são incômodas!" "Cara, como está quente aqui!" "Pense nisso como um local para passar as férias, no nosso próprio quintal!"

Ele não cedia nem um pouquinho.

Estava preocupado com o custo e com a ideia de que o projeto fosse lhe dar ainda mais trabalho. Já estava sobrecarregado.

– Podemos pedir apenas um orçamento – falei. – E eu prometo que cuido de tudo.

Isso foi no início de maio. Àquela altura, digitar no meu iPad estava quase impossível. Minhas mãos ficavam cansadas demais com o teclado grande. Meus dedos e a palma da mão se arrastavam pela tela.

Eu apontava meu dedo crispado e trêmulo para a letra, como um atirador de elite, e torcia para acertar o alvo.

Olá, iPhone!

O tecladinho pequeno era perfeito, porque meu polegar direito ainda estava ótimo. Com esse polegar e o iPhone, escrevi cem mil palavras, do mesmo modo que você escreveria uma mensagem de texto. Escrevi este livro quase todo assim.

E usei este mesmo polegar para encontrar uma empresa de construção e conseguir um orçamento para a cabana.

O custo era razoável. Podíamos arcar com a despesa. Fui em frente, a todo vapor. Não esperei a aprovação de John, o que o deixou aborrecido.

"Por favor, me inclua nas decisões", ele me enviou uma mensagem de texto.

"Está bem. Desculpe."

John concordou com tudo, porém com uma ressalva: a cabana teria que ser construída mais para o fundo do quintal, perto da cerca e da linha de demarcação do terreno, para ela não ocupar todo o espaço livre.

– Fechado!

Alguns amigos me ajudaram a pegar os formulários de licença, preenchê-los e entrar em contato com a construtora.

Moramos num pequeno subúrbio residencial bem cuidado, no meio de West Palm Beach, chamado Lake Clarke Shores. O local é cheio de casas bonitas, mas tem uma porção de normas legais sobre novas construções.

Reclamo daqueles que impõem o cumprimento dessas leis, mas estas realmente ajudam a criar uma comunidade agradável – casas grandes, cercadas por amplos espaços abertos. Não é permitido construir nada muito perto das cercas e das linhas divisórias das propriedades em Lake Clarke – inclusive no local em que John queria a cabana.

Teríamos de pedir uma licença especial, o que levaria dois meses e custaria mais centenas de dólares. Eu já estava vivendo na base do cronômetro.

– Por favor, John, deixe a gente construir a cabana no meio do quintal. Pense nisso como menos grama para cortar. Por favor.

– Está bem – ele cedeu.

Começamos a construir uma cabana de 4 metros por 5. Primeiro fincaram quatro estacas em um metro de concreto. Depois, em cima delas, o esqueleto de uma estrutura de vigas de cedro.

E então vieram caminhões e mais caminhões de folhas de palmeira. Milhares. Folhas de palmeira sabal, que não rasgam e repelem a água. Seu grande formato em leque foi dobrado e grampeado várias vezes, num total de 12 camadas.

A miragem ganhou vida diante dos meus olhos.

Digitei umas coisas no meu iPhone e comprei móveis de teca: dois sofás e duas poltronas.

– Você faz mais estrago com esse polegar do que eu com todas as minhas faculdades intactas – disse John.

Em seguida, fui a uma loja de tecidos com a ajuda de amigas a fim de encontrar a padronagem perfeita para o estofamento e as almofadas. Por acaso, estava em oferta um tecido impermeável, chamado Sunbrella, num adorável tom de laranja. Perfeito!

Fizemos a instalação elétrica – o que é uma cabana sem ventiladores de teto, iluminação e música?

– E TV a cabo – disse John, agora entusiasmado com o oásis.

Uma amiga soube da instalação da TV a cabo e trouxe um televisor de tela plana de 27 polegadas:

– Um presente para a sua cabana – disse Val.

Nem havíamos tido tempo para ligar esse televisor quando outro amigo, David, viu o cabo de instalação da TV pendurado na parede e trouxe um aparelho de tela plana de 34 polegadas.

Nossa!

Encomendei almofadas com monograma, tomando cuidado com os tamanhos e as cores. "Têm que ser grandes o bastante para a pessoa deitar a cabeça no braço do sofá!", insisti, pedindo aos amigos que dissessem se estavam confortáveis ou não.

Mandamos instalar um piso de pedras de calçamento embaixo da cabana, com passarelas largas e planas para o acesso da cadeira de rodas. Compramos o Rolls-Royce dos mata-mosquitos.

Fizemos todo o possível para tornar a cabana impecavelmente confortável.

E, sem querer, as regras do condomínio fizeram a cabana ficar ainda melhor. Instalá-la no meio do quintal permitiu que a brisa entrasse por todos os lados.

A primeira vez que me sentei na cabana pronta, fiquei ouvindo o farfalhar do vento nas folhas, a cascata da piscina ali perto e o tilintar dos nossos sinos de vento. Pensei comigo mesma: *eu poderia ficar aqui para sempre.*

Por mais quente que esteja do lado de fora, continua fresco sob as folhas de palmeira. Por mais torrencial que seja a chuva, a cabana continua seca. Por maior que seja o caos dentro de casa ou na minha cabeça, ela continua tranquila.

John pendurou pequenas lâmpadas em forma de globo ao longo da estrutura do telhado. À noite, elas nos dão uma claridade suave, iluminando nossa vida. Nunca chegamos a conectar a televisão. Em vez disso, reunimos amigos. Abrimos um vinho. Relaxamos. Damos risada.

Eu me sento todos os dias na cabana, muitas vezes o dia inteiro. Com meus filhos. Com amigos. Na maior parte do tempo sozinha.

Wesley aparece por lá para me mostrar seus desenhos:

– Olhe, mamãe, eu sombreei – diz ele, falando de um desenho exato de Piglet. O sombreado é novo. Ele costuma desenhar à caneta e hidrocor, sem nunca cometer um erro sequer.

– Lindo, Wesley – eu lhe digo, antes que ele vá embora.

Fico vendo Gracie pular e correr entre as mangueiras. Ela desaparece entre os arbustos, perseguindo um lagarto. Só consigo ver sua cauda branca balançando, como se dissesse: "U-hu! Estou aqui! Que divertido!"

Ela pega um lagarto na boca, deixa-o cair, para que ele saia correndo, e torna a pegá-lo. Quando os lagartos não conseguem mais sair correndo, faz um ar intrigado – a cabeça inclinada de lado, as orelhas caídas para a frente.

A brisa sopra. Pousa uma borboleta. Gracie se aproxima e fica deitada a meus pés, em silêncio, enquanto eu escrevo.

Levanto cedo, o que é uma mudança ritual da minha vida de antes. John me ajuda a andar até a minha poltrona favorita e me deixa com meu iPhone e minha digitação.

Quando os mosquitos me atacam, escrevo: "Socorro! Repelente, por favor!"

E, quando a natureza chama, mando uma mensagem de texto: "Hora do banheiro. Uma ajudinha lá dentro, por favor."

John deu para cochilar perto de mim. Cobre o braço do sofá com um almofadão azul, deita a cabeça nele e estica as pernas.

– Susie, esta cabana foi a melhor ideia que eu já tive! – disse-me uma noite, sorrindo. – Falando sério, é perfeita – murmurou, um minuto depois, pegando no sono. – Parece que ela sempre esteve aqui. Obrigado.

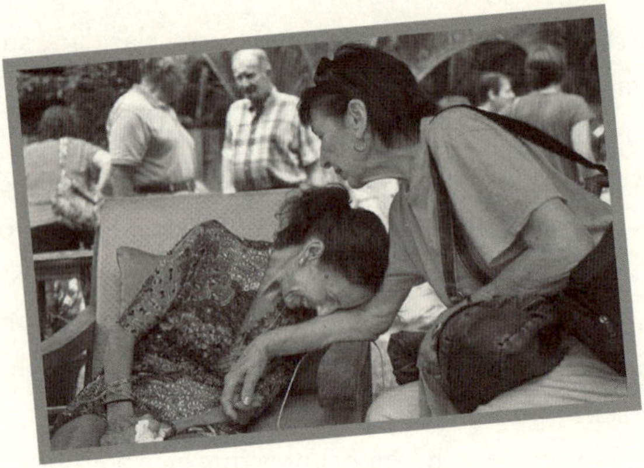

Festa da Manga

Fiz uma Festa da Manga no começo de junho, para estrear a cabana e agradecer àqueles que nos ajudaram. Nossos amigos colheram centenas de mangas das árvores do nosso quintal, prepararam pratos com elas e os trouxeram para a festa.

Convidei 125 pessoas. No fim, apareceram umas cem. Todas elas haviam me ajudado de alguma forma: cozinharam, escolheram fotografias para álbuns, resolveram coisas para mim, fizeram uma vaquinha para me comprar um iPad, ficaram de babás, doaram dinheiro.

Lá estavam o responsável pela obra que vinha tornando nossa casa acessível a deficientes, a preço de custo; Pat McKenna, o detetive particular; um monte de jornalistas e fotógrafos com quem trabalhei no *Palm Beach Post*.

O editor do jornal veio e me agradeceu por ter confiado nele na ocasião em que assumiu pela primeira vez aquele cargo tão importante. Uma ex-orientadora de redação do jornal, Mary, veio de Oklahoma. Tracey me deu uma pulseira com um crucifixo e me disse que estava rezando por mim.

Um vizinho, um aposentado na casa dos 60 e alguma coisa, chorou ao falar comigo:

– Eu sinto muitíssimo, Suzanne – disse Glenn, cuja mulher, Brigitte, também ficou com os olhos marejados.

É comum Wesley ir até a casa deles, que fica ao lado da nossa, e pedir para brincar – e eles o atendem. Wes foi lá tantas vezes e fez tantas perguntas sobre a estátua nua junto à piscina que Brigitte acabou fazendo um saronguinho para ela.

Gente assim merece uma festa.

John e eu nos empenhamos ao máximo. Alugamos barracas e mesas. Pusemos tocheiros de bambu em volta da piscina, da cascata e da cabana. Uma amiga fez velas decorativas sobre rodelas de cortiça. Nós as colocamos para boiar na piscina.

– Seu quintal parece uma paisagem de revista – disse um convidado.

Assamos um peru e um porco do lado de fora. Encomendamos máquinas de *margaritas* e *piñas coladas* cremosas, e birita suficiente para saciar um navio abarrotado de piratas.

A certa altura, algum pateta puxou a alavanca do aparelho de *piña colada,* em vez de empurrar. A máquina quebrou e esguichou pasta de coco nos convidados que estavam por perto, como se fosse uma mangueira de incêndio.

Perfeito. ADORO momentos memoráveis!

Nossos amigos trouxeram 85 pratos – todos de manga, é claro. Havia *quesadillas* de manga, salpicão de manga, cuca de manga, salada de manga com feijão-preto, vinagrete e *chutney* de manga, camarão com manga, torta crocante de manga e muita, muita, muita manga. Minha amiga Jan, a especialista em culinária já famosa pela ceia de Natal, foi de uma ajuda preciosa para organizar e servir o banquete.

E assim, lá estávamos todos no quintal. Um punhado de gente na cabana – inclusive eu. Os demais em cadeiras de bambu e teca ou sentados diante de mesas cobertas por toalhas tropicais. Havia luzes flutuando na piscina, tocheiros acesos, flores frescas, comida nos pratos, copos de bebida na mão, música tocando.

E choveu.

Pois é, choveu fino por uma hora inteira – o suficiente para deixar tudo meio molhado, arrepiar os penteados das mulheres e fazer uma bruma de umidade pairar sobre o cenário, como uma tenda de circo.

Entre os convidados estava um homem chamado Ron, um ex-repórter de 50 e poucos anos que chamamos carinhosamente de "o primo rabugento". Ron adora reclamar.

Durante a chuva, ele veio correndo até mim por entre os convidados e elogiou:

– Está tudo uma maravilha, Susan. Realmente maravilhoso. Até na chuva.

O pessoal migrou para baixo da tenda de festa e da cabana, conversando em grupos. Ouvia-se um ou outro gritinho, quando pessoas que estavam há anos sem se ver se abraçavam.

Anos atrás, houve uma redução de pessoal no jornal. Um bando de gente aceitou um acordo de indenização e saiu. A festa foi a maior reunião dessas pessoas em anos. "É provável que tenha sido a única vez que elas puderam se reunir dessa maneira", escreveu-me depois um membro da equipe do jornal.

No Facebook, os convidados se derramaram em elogios, dizendo que tinha sido "uma noite mágica!" e "uma vitória da SpenWen!", o que me fez sorrir.

Durante a festa, não circulei. Não vi o banquete dentro da minha casa. Não saí da minha cadeira.

Quando eu andava, John tinha que me segurar pelas axilas para me firmar, como se faz com uma criança que está aprendendo a dar os primeiros passos. Eu não queria que as pessoas me vissem assim.

Isso se chama orgulho.

Também não comi uma dentada sequer de manga. Com as minhas mãos fracas, eu comia mais ou menos com a mesma compostura de uma criança de 2 anos, e é difícil falar e comer sem me engasgar.

Em vez disso, mantive um pote de azeitonas ao meu lado. As azeitonas são (1) deliciosas; (2) fáceis de segurar, mastigar e engolir; (3) pequenos reservatórios de alto teor de gordura – mais recompensa pelo esforço; e (4) salgadas o bastante para reduzir o número de vezes que o maridão tinha que me carregar para o banheiro, como se eu fosse uma criança pequena.

Muitos e muitos anos atrás, num dia em que viajei de avião com minha filha pequena no colo, lembro-me de ter sentido pena de mim mesma por não poder baixar a bandeja do assento e comer a refeição. Um sentimento que se repetiu várias vezes ao longo dos anos, enquanto meus filhos pequenos iam desperdiçando muitas refeições: chorando, fazendo cocô, derramando, brigando.

Enquanto fazíamos planos e mais planos para a festa, eu me perguntava como me sentiria quando não pudesse comer com meus amigos. Quando não pudesse tomar quantos drinques cremosos eu quisesse, uma vez que já era uma luta andar e falar.

Eu me perguntei como me sentiria ao ver as mulheres encantadoras para lá e para cá em seus saltos. Os saltos altos sempre me fizeram sentir sexy, do tipo mulherão. Eu os adorava.

Mas depois que levei um tombo e quebrei a clavícula, comecei a doar os meus. "Que número você calça?", perguntava a alguém que tivesse feito algo por mim.

Só que logo parei de fazer isso. Tive uma revelação: "Você poderá usá-los de novo, um dia, quando estiver na cadeira de rodas. Panaca!"

Então como me senti na noite da festa? Saltos altos? Bebida? Comida? Oitenta e cinco pratos! Antigamente, eu esperaria um momento de distração de todos e espetaria meu garfo em cada um deles, só para provar o sabor.

Como me senti?

Saí sem dizer palavra.

Eram umas dez e meia, a festa no auge, a música aos berros, as pessoas rindo alto, quando John me ajudou a andar até o banheiro pela primeira vez.

Nessa hora, eu soube que estava cansada demais para continuar a falar, para continuar a andar, e pedi que ele me ajudasse a ir para a cama.

O aparelho de som estava bem ao lado do quarto. Tocava um clássico dos anos 80. Adormeci quase no mesmo instante, perfeitamente feliz.

Foi uma vitória mesmo.

Só no dia seguinte, com paz e sossego, lembrei que Mary, a mulher que viera de Oklahoma, tinha me entregado um embrulhinho. "Um presente para depois", dissera.

Eu o havia colocado ao lado da minha cadeira e agora não sabia onde estava.

John me perguntou:

– Quem lhe deu a joaninha?

Eu soube que tinha sido Mary.

Acontece que Mary e eu, nos velhos tempos, não éramos muito amigas, mas eu tinha grande respeito por ela. E, quando ela se aposentou, mandei-lhe um cartão em que havia joaninhas.

Depois do meu diagnóstico, Mary me mandou um cheque e mencionou que adorava joaninhas – a "bênção" delas, como disse – e que ainda tinha o meu cartão na janela da cozinha.

Escrevi um bilhete de agradecimento para ela, explicando que as joaninhas também têm um significado especial para mim.

Não, não tenho jogos americanos com joaninhas, toalhas com joaninhas nem saleiros e pimenteiras com joaninhas. Na verdade, não tenho uma única joaninha dentro de casa. Apenas uma lembrança, gravada na alma.

Nosso sobrinho, Charlie, passou anos sofrendo de um câncer infantil raro, chamado neuroblastoma. Morreu aos 7 anos. Foi sepultado pelos pais – Karen, a irmã de John, e seu marido, Bernie

– num cemitério ao lado de uma catedral jesuíta da Pensilvânia, sob um dossel de folhas douradas e âmbar, entre sepulturas de padres e freiras.

Lá estavam dois casais de avós, tias, tios e primos, inclusive crianças pequenas. Nenhum de nós sabia o que dizer. Estávamos todos paralisados em volta do caixão branco.

E então, um enxame de joaninhas pousou nele, e as crianças pequenas correram em sua direção, rindo e tentando pegá-las.

Vi aquilo como um sinal de Deus para nos dizer que estava recebendo Charlie. E, nos sorrisos das crianças, seu lembrete de que a vida continua.

Pensei naquele momento ao pegar o presente de Mary: uma pequena joaninha esmaltada em vermelho e preto, com imitações de diamantes nas bordas das asas, que se abriam e revelavam uma caixinha.

A imensa barraca da festa já foi desmontada. A louça está lavada. As caixas térmicas estão vazias. As máquinas e o barril de bebidas foram devolvidos.

A pequena joaninha está na minha penteadeira.

E a vida continua.

A viagem para dentro

Maio - Junho

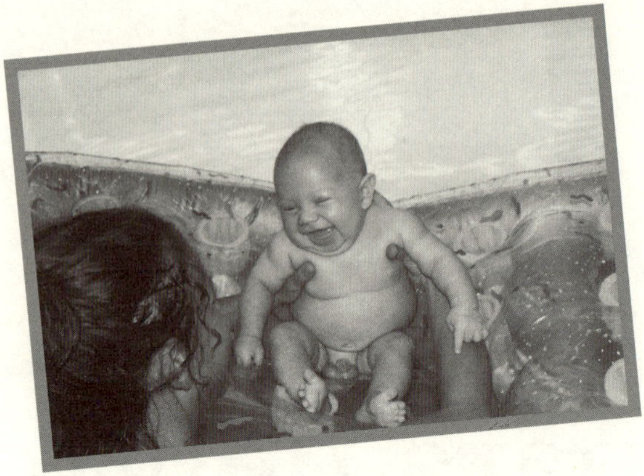

Álbum de fotografias

Fotografias. Tenho milhares delas: de meus filhos, de nossas viagens, da nossa vida. Milhares.

Sabe essas pessoas que guardam todas as fotografias arrumadinhas num mesmo lugar? Com etiquetas dizendo o local e a data?

Pois é, eu não sou uma dessas.

Eu tinha uma diáspora digital e um desastre de fotos impressas. Fazia séculos que jogava fotografias em caixas de sapatos, enfurnava cartões digitais com todo o espaço utilizado na gaveta da escrivaninha e baixava fotos aleatoriamente no iPhoto. Eu trabalhava e vivia num ritmo tão acelerado que apenas tirava as fotos e depois as guardava sem olhá-las novamente.

Em treze anos de maternidade, não tinha feito um único álbum de fotografias de nenhum dos meus três filhos. Todas as primeiras fotos deles estavam enterradas em caixas ou espalhadas pela internet.

Que vergonha!

Depois de adoecer, eu ficava acordada à noite, pensando: *Que merda. Ninguém, a não ser eu, seria capaz de achar as fotos, muito me-*

nos de organizá-las e rotulá-las. Ninguém seria capaz de fazer álbuns de fotografias para as crianças – exceto eu.

Faça isso já.

Agora mesmo, Susan, enquanto você ainda pode.

Depois do diagnóstico, incluí, junto com as viagens, os "álbuns de fotografias" na minha lista de o que fazer antes da morte. Uma viagem não para o mundo exterior, mas de volta à minha própria vida.

Um álbum pessoal de fotografias para cada uma das crianças, focado nelas.

Uma exposição sequencial de fotos da minha vida, para quem quisesse ver.

Histórias sobre a gente. Histórias que se transformaram neste livro. Você está segurando o meu presente para os meus filhos. Meu desejo de que eles tenham mãe, mesmo depois que eu tiver partido.

Comecei os álbuns no outono, logo depois da ida ao zoológico no aniversário de Wesley. A primeira tarefa? Olhar todas as fotos que John e eu (e nossos amigos e até as crianças) havíamos tirado.

Você já ouviu falar que é preciso uma aldeia inteira para criar um filho? Pois é, eu precisei de uma aldeia inteira para fazer três álbuns de fotografias.

Minhas mãos e meus braços estavam tão fracos que eu não conseguiria segurar uma pilha de fotos nem trocar uma caixa de lugar. Então, pedi a ajuda de alguns amigos. Dia após dia, com mamãe de cama no hospital e eu planejando minhas viagens, as pessoas vinham à minha casa para vasculhar caixas de fotos enquanto eu observava e dizia o que fazer.

Quando havia um instantâneo genial das três crianças juntas, precisávamos de três cópias.

Minhas amigas não conseguiam distinguir os meninos quando bebês. "Esse é Aubrey!", dizia eu em tom ríspido, irritada por ter que repetir tantas vezes.

Era frustrante explicar repetidamente a minha visão do produto final: um álbum para cada filho, contendo todos os momentos mais significativos de sua vida. O primeiro ano, o primeiro mês de crescimento milagroso, todos os aniversários, todas as férias, todos os eventos escolares, e assim por diante.

Preparávamos um envelope de fotografias para cada página, com datas e legendas. Eu ia contratar um organizador profissional de álbuns para fazer a montagem das fotos. Seria fisicamente impossível cuidar disso sozinha, com todas aquelas peças miúdas e o trabalho minucioso. Eu precisava de organização e de detalhes. Daria a planta e a matéria-prima a uma estranha, e ela faria a montagem.

Imaginei álbuns grandes e elegantes, com encadernação de couro e letras douradas na gravação – lembranças para durar a vida inteira.

A seleção e as legendas das fotos demoraram meses. Eram eventos sociais repletos de riso, fofocas e bate-papo. Era um viver revivendo.

No princípio, eu me demorei nas fotos adoráveis – o instantâneo do rechonchudo Aubrey aos cinco meses, nu na piscina, parecendo um pequeno Buda.

Ou Wesley, tão gorducho que não conseguia abotoar as calças.

Ou Marina me olhando com aqueles olhos azuis, sorrindo enquanto mamava no meu seio.

Durante toda a doença de mamãe, eu me demorei por ali. Durante toda a minha viagem ao Yukon, as fotos permaneceram em suas pilhas.

Depois do Natal, percebi que, no ritmo em que ia avançando, eu poderia estar morta antes de terminar.

Acelerei o ritmo. As ajudantes chegavam e, antes mesmo que se sentassem, eu orientava a atenção delas para o chão:

– Por favor, espalhe esse grupo de fotografias para eu escolher.

Elas começavam a se deter nas imagens, fazendo perguntas.

– Vamos em frente – eu dizia, espero que com algum verniz de gentileza.

Fiz isso durante semanas. Repassando lembranças. Imprimindo o passado digital. Soprando cartuchos de tinta.

– Deus do céu, esse ano não acaba nunca! – disse Nancy, enquanto fazia a seleção de 1997, o ano em que Marina nasceu.

Droga! Marina, a primogênita, aparecia em pilhas de fotos, mas esse número sofreu quedas vertiginosas a cada filho posterior. Também comecei a fazer um controle da quantidade de fotos para cada um deles.

Finalmente, terminamos. As fotografias estavam prontas para serem arrumadas nas páginas, e eu sabia exatamente o que queria: fundo preto, as fotos dispostas num arranjo artístico, as datas anotadas.

Espalhei a notícia de que estava querendo contratar um organizador de álbuns. Alguém que cuidasse dos tesouros dos meus filhos como se fossem seus. Uma amiga advogada me recomendou uma mulher chamada Carol.

Bem, neste ponto, preciso explicar algo: nos Estados Unidos existe uma verdadeira indústria de confecção de álbuns de recortes e fotografias. Há lojas do tamanho de estádios – dentre as quais a Michael's é a mais famosa – que vendem zilhões de papéis especiais, bordas, carimbos e tesouras. Elas têm corredores e mais corredores de adesivos requintados de tudo o que você possa imaginar, de celeiros a abelhas, de arranha-céus a paisagens marinhas.

Tu-do.

É que os organizadores de álbuns se orgulham de fazer páginas "temáticas". Panos de fundo. E design.

Eu me dei conta disso quando Carol veio me visitar com suas amostras. Minha amiga Missy se prontificou para me ajudar a conversar com ela, já que a minha fala estava arrastada. Insisti com Missy para que ela enfatizasse que eu queria algo simples e sofisticado.

Carol era uma senhorinha muito doce, de uns 60 anos, apaixonada por confecção de álbuns. E, na sua cabeça, quanto mais decorada a página, melhor!

Ela me mostrou uma página temática, trazendo bem no centro a foto de uma criança de roupa amarela e preta de abelha. O fundo era um papel listrado em preto e amarelo. A foto tinha uma moldura ornamental preta e amarela, e havia adesivos de abelhas zumbindo por toda parte. Era difícil achar a criança ali.

A amostra da página do Dia da Independência era ainda mais abarrotada. Montes de pessoas vestidas de vermelho, branco e azul, molduras em vermelho, branco e azul, fogos de artifício e estrelinhas por toda parte.

Fiquei com uma leve dor de cabeça só de olhar. Carol e eu éramos tão diferentes em matéria de estilo quanto Andy Warhol e Claude Monet. Eu sendo Monet.

– A beleza está nas próprias fotos – ponderei. – Quero páginas pretas lisas em que as fotografias fiquem em evidência.

Ela fez um ar horrorizado.

– *Nenhuma cor?*

Fiz que sim e acrescentei a seguinte regra super-rígida:

– Você não está autorizada nem a entrar na Michael's!

Declarei que não queria ver uma única bandeira ou abelha nos álbuns.

O rosto de Carol ficou sem cor:

– Mas eu nunca trabalhei assim – objetou. – Tem certeza de que não posso usar nem umas coisinhas?

Pegou um papel de fundo laranja com desenhos de teias pretas:

– Na página do Dia das Bruxas?

Foi uma luta reorientar a concepção de design de Carol. Então, por que não enxotá-la dali na mesma hora?

Porque vi algo especial nela: seu jeito de falar efusivamente dos netos, o modo como olhava as fotos dos meus filhos, soltando ohs! e ahs! diante de cada uma.

Eu sabia que ela cuidaria deles como os tesouros que são.

Algumas horas depois, após um discurso animador de Missy, Carol saiu porta afora, levando a infância de Wesley e Aubrey embaixo do braço.

Meses depois (tive a Hungria, um cruzeiro e a construção da cabana para supervisionar; Carol fez uma cirurgia...), ela entrou em contato comigo. Queria me mostrar como os álbuns dos meninos tinham ficado e apanhar as fotos de Marina.

Marcamos um encontro. Nos dias que se seguiram, Steph me ajudou com os preparativos finais para as fotos de Marina. Nessa ocasião, eu me dei conta de que havia passado pelas fotos de seus primeiros meses sem qualquer emoção. Havia parado de fazer ohs! e ahs!, mas também havia refreado meu coração.

Ali estava minha filha primogênita diante de mim. Com dois dias de vida. Dois meses. Dois anos. Com seu arzinho muito meigo, muito alegre. Nada parecida com a adolescente que ela é hoje, mas também exatamente igual.

– Esse processo acaba comigo – comentei, falando tão enrolado que Steph não conseguiu compreender.

– Desculpe, o quê? Acalma você?

– Deixe para lá.

Carol chegou. Nos sentamos na cabana. Ela estava nervosa, sem saber se aquela pessoa cheia de exigências que eu era gostaria do trabalho. Transpirava um pouco:

– Hoje de manhã, liguei para minha filha e pedi que ela me desejasse sorte! – contou-me, com um risinho de nervosismo.

É estranho como uma inválida de 43 quilos pode ser tão intimidadora.

Mas eu sei por quê: Carol não queria me decepcionar.

Ela tirou dezenas de páginas prontas de sua mochila de rodinhas. Pusera cuidadosamente meu envelope com as fotos originais junto de cada página. Dava para ver a letra de várias amigas que tinham me ajudado a arrumá-las, o que me deixou encantada.

As páginas tinham fundo preto, com uma gota de cor. Carol havia emoldurado economicamente cada foto com uma cor que complementava o assunto, mas sem exagerar. Escrevera as legendas com todo o cuidado, em letras muito bem desenhadas.

As páginas estavam lindas.

– Amei – eu disse a ela.

– Estou tão aliviada! – disse Carol, dando um suspiro.

Vou-me deter pelo resto dos meus dias na apreciação dos álbuns acabados, da tarefa concluída, já sem ter que trabalhar arduamente neles.

Reviverei a infância dos meus filhos, como espero que eles façam um dia. Espero que vejam diante de si as pessoas lindas que eles são.

E quanto sua mãe os amou.

Vaso sanitário

Segunda-feira, 11 de junho, dois dias depois da Festa da Manga, foi quando finalmente tive que pedir a meu marido para me limpar.

E o dia em que recebi a oferta para publicar meu livro.

A vida tem dessas coisas engraçadas. É assim, perfeita.

Eu havia defecado, como sempre, quando me dei conta de que já não conseguia levar a mão atrás para me limpar com a precisão desejada. Meu braço direito, o que ainda funcionava, ficou impossível de controlar nesse ângulo. Minha mão estava crispada demais para esticar os pedaços de papel higiênico.

– John! Me ajude!

Pobre John. Sabíamos que esse dia ia chegar e havíamos discutido de antemão o protocolo relativo à situação.

– Desde que eu não tenha que olhar, tudo bem – dissera John. – Por favor, dê descarga antes de me chamar.

– Entendido.

Então puxei a válvula e ele entrou.

Agachei-me e ele me inclinou para a frente, por pouco não me derrubando de cabeça.

– Desculpe – conseguiu dizer, prendendo a respiração.

Ele passou papel umas três vezes. Até que acabei me irritando:

– Chega! A bunda é minha, eu sei!

Bem, poderíamos ter nos desesperado nesse momento. Mas eu havia rejeitado o desespero. E tínhamos coisas muito melhores para fazer. Por exemplo, verificar meus e-mails.

Eu vinha escrevendo desde o meu diagnóstico. Na verdade, passara a vida inteira escrevendo, mas agora havia escrito sobre mim mesma: meus triunfos, meus tombos, minha tentativa de viver com alegria e morrer com alegria. Eu vinha escrevendo a história da minha vida ao longo de um ano genial.

No dia de Natal, o *Palm Beach Post* havia publicado minha matéria sobre a viagem ao Yukon com Nancy. Em maio, contando sobre minha viagem com John à Hungria. Recebi alguns dos maiores elogios da minha carreira. As pessoas escreveram para me estimular a seguir em frente. Alguém disse que havia chorado ao ler sobre a minha viagem após dezessete anos sem derramar uma lágrima.

Pobre John. As mulheres se desmanchavam com a frase dele no artigo sobre a Hungria: "Não é um fardo. O mínimo que posso fazer por você é tudo."

– Mas é verdade – disse ele, meio triste.

Então, como costuma acontecer, a agitação se acalmou. Voltei para a cabana e os amigos, planejando viagens e rindo dos dramas adolescentes de Marina.

Veio então um telefonema de um antigo colega, Charles Passy. Ele havia gostado dos meus artigos e queria abordá-los em seu blog do *Wall Street Journal*. Eles não seriam impressos, apenas teriam grande destaque num blog da página do jornal.

Pedi a ele que por favor incluísse a informação de que eu pretendia publicar o livro que estava escrevendo.

No dia seguinte, um agente me telefonou. Ouvira falar do blog por um amigo, que soubera dele através de outro amigo, cujo amigo... Bem, você já entendeu.

Uma hora depois, eu estava ao telefone com um agente. Conversamos. Gostei dele. Não preciso dizer mais nada.

Peter, agente toda a vida, começou a me explicar as negociações relativas a livros. Não era preciso dizer mais nada, Peter! Já bastava.

– Mal consigo falar – eu lhe disse. – Mal consigo andar. Não me importam os detalhes. Você está contratado. Vamos fazer o livro.

E, quando menos esperava, lá estava eu em teleconferências com produtores da ABC e da Disney, e havia um advogado em Nova York, que era ex-consultor jurídico da editora Simon & Schuster.

Stephanie ficava a postos durante os telefonemas, ajudando a esclarecer a minha fala enrolada.

– Solte uma porção de palavrões quando traduzir o que eu digo, para eles saberem que talvez eu não seja um material apropriado para a Disney – eu lhe dissera de antemão.

Em pouco tempo, veio a oferta de uma grande editora. Fiquei vibrando. Peter quis tentar conseguir mais.

– Vai fundo! – encorajei.

Isso foi na sexta-feira. Eu tinha uma Festa da Manga a preparar no dia seguinte. Tinha uma lembrança para criar.

"Isso está ficando uma loucura!", Peter me escreveu na manhã de segunda-feira, quando eu estava sentada no vaso sanitário. "Está chegando uma oferta GRANDE."

Depois de fazer cocô, corri para o meu telefone. Está bem, está bem, John pôs as mãos embaixo das minhas axilas e me reconduziu lentamente à cabana, passo a passo, fazendo uma longa pausa naquele degrau irritante que serve para descer da nossa piscina. Na minha cabeça, porém, eu corri.

Nenhuma mensagem.

O que vier virá, eu disse a mim mesma. O que tiver que ser será.

Larguei o iPhone. Sentei no degrau da piscina com Stephanie. Passei algum tempo com Wesley. Deitei na cama de hóspedes para descansar, comi qualquer coisa – tudo o que consegui mastigar – e assisti a *Law & Order*.

Quando voltei para o telefone, havia uma porção de chamadas perdidas de Nova York e um e-mail com o assunto "Grande oferta!!! Onde você está???".

– Acenda um cigarro para mim! – eu disse à Yvette, minha ajudante.

Respire.

Liguei para Peter.

– Você está sentada? – perguntou ele.

– Estou, querido. Não posso ficar em pé.

Eu estava tão perturbada que nem pensei na grosseria da minha resposta:

Ele me falou da oferta. Era GRANDE. Não tanto quanto os jornais (inclusive o meu adorado *Palm Beach Post*) informaram depois, mas o suficiente para mandar meus filhos para a faculdade. Para John deixar o emprego se quisesse voltar a estudar e se tornar auxiliar médico. Para eu deixar minha família em boa situação.

– Acho que devemos aceitá-la – disse Peter.

– Prometo fazer você se orgulhar de mim – respondi. – Estou confiante de que posso fazer isso. Vou escrever até o dia da minha morte.

Vi a confusão no rosto de John quando lhe dei a notícia. Eu sabia no que ele estava pensando. Já o ouvira dizer isso centenas de vezes, com palavras e com o olhar:

– Sei que você quer que eu seja feliz. Sei que você precisa que eu seja feliz. Mas eu estou muito triste.

Ele ficou em conflito. Minha doença tinha levado ao livro. Era a minha vida em troca da independência financeira. Uma troca terrível.

– Eu só queria que você ficasse boa.

– Eu sei.

– Preferiria ter você a ter o dinheiro.

– Mas não é assim que funciona – retruquei. – Este é o melhor desfecho possível para a pior situação possível. É meu presente para você.

Nessa noite, deitada ao lado do meu marido, tornei a me maravilhar com o *yin* e o *yang* de tudo. Não era uma troca. Era a vida.

Um dia iniciado sem a menor dignidade havia terminado de maneira extraordinária.

Perfeito.

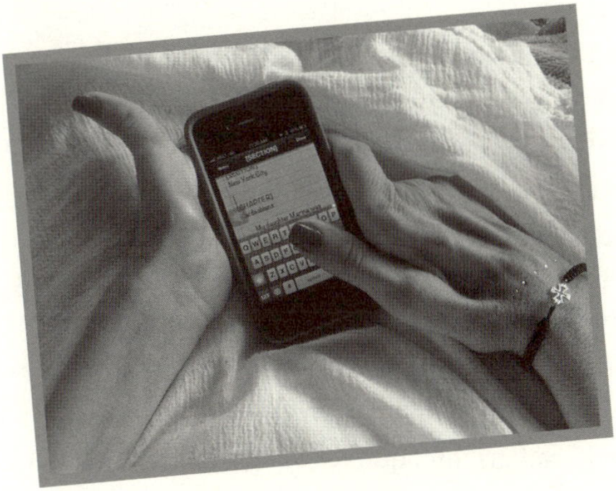

Meu triatlo

Comecei a escrever em horário integral no dia seguinte.

Percebi imediatamente que, como havia acontecido com os álbuns, meu ritmo estava lento demais. Eu havia gastado tempo perambulando pela vida, entrando e saindo de momentos felizes, anotando-os com displicência. Havia completado uns 10% do livro, talvez – e só me restavam alguns meses de coordenação motora.

Respirei fundo.

Eu tinha que fazer um triatlo.

Mas não fiquei preocupada.

Tinha treinado para isso durante a maior parte da minha vida adulta. Digitei matérias sentada na primeira fila dos tribunais do condado de Palm Beach, diante dos indesejáveis, dos detritos da humanidade.

Matérias que não raro se referiam a bandidos adolescentes condenados à prisão perpétua, alguns deles sem o pai nem a mãe por perto; a vítimas estraçalhadas por motoristas bêbados, com familiares chorando tanto que os bancos do tribunal sacudiam; a maridos que contratavam assassinos de aluguel para acabar com a raça das mulheres, e vice-versa.

Às vezes, os crimes eram tão absurdos que me deixavam com raiva. Às vezes, os criminosos tinham sido tão negligenciados que eu me pegava cogitando se a culpa era da sociedade. Às vezes, os detalhes eram tão brutais que eu voltava para casa todas as noites e abraçava meus filhos, dando graças a Deus por estarmos bem.

De vez em quando, porém, as matérias tinham um sentido diferente. Fiz um perfil de uma juíza do Superior Tribunal de Justiça do estado, Barbara Pariente, que teve um câncer de mama e continuou a trabalhar, careca no assento de juiz.

Escrevi uma longa reportagem sobre uma mulher sem-teto, Angel Gloria Gonzalez, que estudou direito sozinha, representou a si mesma num processo federal e conseguiu anular seu despejo com base na alegação de discriminação racial.

– Isso nunca acontece – eu lhe disse, logo de saída. – Você é única.

Meu momento de maior orgulho como jornalista, entretanto, foi quando localizei quatro assassinos e irritei nosso promotor-chefe, fazendo-o contar uma história que nenhum dos envolvidos queria que viesse à luz.

Tudo começou com uma trama para assassinar uma loura bonita, chamada Heather Grossman. Seu ex-marido, Ron Samuels, era um empresário megalomaníaco que sempre conseguia tudo o que queria. E que não queria Heather viva, não depois de ela ter conquistado a guarda das crianças.

Não é que Ron não amasse seus três filhos pequenos, testemunhou sua nova mulher, pouco depois. É que ele detestava pagar pensão alimentícia.

Assim, Ron apelou para um amigo viciado em crack, que recorreu a um traficante que lhe vendia a droga, que contratou dois clientes viciados para "acabarem com a raça da mulher". No dia 14 de outubro de 1997, um deles – Roger Runyon – carregou um rifle de alta potência e disparou um tiro na base do crânio de Heather, quando ela e seu novo marido estavam parados num semáforo.

Heather sobreviveu, ficou tetraplégica.

Ron Samuels acabou sendo detido e julgado por tentativa de homicídio. Em outubro de 2006, foi condenado e sentenciado à prisão perpétua. Os outros quatro integrantes da quadrilha saíram livres. Tinham conseguido imunidade em troca de seus depoimentos.

Passei semanas sentada ao lado de Heather Grossman no tribunal. Dia após dia, eu a via ser empurrada pelo corredor em sua cadeira de rodas, a cabeça permanentemente caída no encosto. Via suas lágrimas rolarem de lado, entrando em seu ouvido, e escutava a máquina que respirava por ela, *ff-ff-ff-ffiiiu*, uma baforada mecânica depois da outra.

Logo saberei como é essa sensação.

Mas é a minha doença que vai me deixar assim. Heather Grossman levou um tiro. Quatro homens planejaram o crime. Um deles enfiou uma bala no cérebro dela.

Será que tinham mesmo que ficar livres?

O assistente do promotor-chefe me disse: "Isso não é matéria que preste, Susan." E "Nenhuma das redes de televisão cobriu o assunto." E que só serviria para "irritar" o chefão.

Um jornalista sabe que farejou um bom assunto quando as pessoas dizem coisas desse tipo.

Então, fui pesquisar o processo e descobri que houvera indícios suficientes para acusar e processar os homens. E ficou claro que o depoimento de Roger Runyon, o atirador, não havia implicado Ron Samuels diretamente. No entanto, ele recebera imunidade previamente e tinha ganhado a liberdade.

Segui a pista dos supostos assassinos.

Até chegar a uma empresa de seguros de vida em Hollywood, na Flórida, onde um dos integrantes da quadrilha me disse que o acordo de imunidade tinha sido "a melhor coisa" que ele fizera; a um escritório em Deerfield Beach; e a uma casa de viciados em Carol City, no norte de Miami.

Peguei um avião para Indianápolis e dirigi até a cidadezinha em que morava o atirador, Roger Runyon. Sua casa ficava numa estrada da zona rural, perto de uma plantação de milho.

Postei-me diante de sua porta de entrada para tentar entrevistá-lo. Um peru selvagem começou a me perseguir no quintal. Eu o ouvi lá dentro, mas ele não quis atender à porta.

Conversei com o chefe de polícia local e com o agente da condicional de Runyon, que estava cumprindo pena em liberdade condicional por crimes de trânsito. Nenhum dos dois sabia do crime na Flórida.

Achei importante escrever essa matéria, para que os leitores compreendessem a dinâmica por trás do nosso sistema judiciário. Pareceu-me importante mostrar-lhes como a justiça pode ser complexa – e como podem ser extensas as suas ramificações.

Mas houve também uma dimensão pessoal.

Amo essa matéria porque adorei Heather Grossman. Ela foi uma inspiração para mim, com sua vontade de viver depois do tiro que a deixou inválida; sua tenacidade na criação dos filhos; e com a beleza e a força que ela parecia ter em sua cadeira de rodas, mesmo com o corpo destruído.

Ela não conseguia respirar sozinha. Não podia sobreviver sozinha. Mas participou do concurso Miss Cadeirante dos Estados Unidos. Que garra!

Escreva sobre força, eu disse a mim mesma, sentada na cabana. Não escreva sobre a sua doença. Escreva sobre alegria.

Fiquei perplexa, meses atrás, com um documentário sobre o caso de Heather. Anos depois do tiro, ela esteve com o cirurgião do pronto-socorro que a havia operado. O médico disse que ela lhe implorara para não salvar sua vida.

Heather não se lembrava disso. Chorou ao contar a história, mais de uma década depois, com os filhos quase adultos. "Fico tão contente pelo médico não ter dado ouvidos ao meu pedido!", exclamou.

Seja franca, eu disse a mim mesma.

A pessoa pode se desesperar. Como Heather Grossman. Como eu. É aquilo que conseguimos reunir depois da tragédia – a tenacidade – que importa.

Em junho, eu já havia perdido a capacidade de usar meu iPad. O teclado era grande demais, e minha mão direita ficava cansada de ter que ir para lá e para cá.

Então resolvi escrever o livro usando a função "notas" do meu iPhone. John, Stephanie, Aubrey ou Marina, quando estavam por perto, deslizavam o telefone pela minha inútil mão esquerda, cujos dedos crispados, por um feliz acaso, formavam um suporte perfeito. Eu digitava cada letra com o polegar direito – tac! tac! –, o único dedo que eu era capaz de controlar.

Acrescentei uma assinatura aos meus e-mails: "Graças a Deus pela tecnologia." Percebi que, cinco anos atrás, antes da era touch screen, teria sido impossível escrever este livro.

Digitei e digitei sem parar.

Eu me levantava cedo, decidida a concluir um capítulo por dia. Escrevia nos fins de semana. Escrevi durante as viagens com meus entes queridos. A certa altura, percebendo quanto estava ficando fraca, assumi o compromisso de escrever quarenta capítulos em um mês (alguns foram cortados ou mesclados pelo meu editor). Cumpri o compromisso, apesar de ter feito duas grandes viagens durante esse período.

Esse é o poder da vontade.

Quando chegava alguém, eu pedia que tirasse o telefone da minha mão (pois eu já não podia entregá-lo) e lesse em voz alta a última parte que eu tinha escrito (uma vez que eu já não podia ler em voz alta). No iPhone, eu só conseguia ver vinte ou trinta palavras de cada vez. Queria escutar a cadência e o fluxo do texto.

Eu pedia que os amigos que vinham me visitar lessem meus capítulos favoritos repetidas vezes. Não podia abraçar as pessoas. Não saía com elas para comer fora nem para ir à praia. Não podia andar no quintal nem conversar por mais do que alguns minutos.

Esses capítulos, lidos na sombra fresca da cabana, eram as minhas conversas. Eu falava com meus familiares e amigos através das minhas palavras escritas, e estava revivendo os momentos ao relembrá-los.

Quando conheci John. O nascimento dos meus filhos. A paz que eu abracei dentro de mim.

De vez em quando, uma palavra ou expressão me fazia sorrir.

De vez em quando, eu sorria de expectativa, sabendo que logo viria uma das minhas frases favoritas.

(Como a de Soulla, quando lhe perguntei pelo homem da foto: "Essa é a sua avó!")

Eu ficava frustrada nas ocasiões em que escrevia na presença de outras pessoas. Como quando eu via Nancy digitar rapidamente em seu telefone e pensava no meu ritmo lento – no esforço para apertar cada letra.

Mas escrever este livro não deu trabalho. Assim como cada uma das viagens que fiz durante o ano, isso me trouxe alegria. E me manteve viva.

Como todas as coisas boas da minha vida, eu não queria que acabasse.

Quando digitei a última letra do rascunho inicial, em meados de setembro, três meses depois de começar a escrever para valer, nem pude acreditar no que eu havia realizado.

Foi como se eu tivesse me içado até o topo de uma montanha com nove dedos amarrados nas costas.

Curti o momento sem pressa – a emoção de um triatlo concluído.

Olhei para John, que estava sentado diante de mim na cabana. Eu esperava sorrir. Exibir um sorriso exultante pela realização de um sonho.

Chorei.

E enunciei as palavras da melhor maneira que pude:

– O que vou fazer agora?

Desapego

Maio - Junho

Natação

Hoje, dia 21 de junho, é o solstício de verão. Não hoje no livro. Estou sentada na cabana neste momento, escrevendo esta frase com um dedo só, no dia de sol mais longo do ano. Um dos meus dias favoritos.

Sou filha do sol, nascida e criada na Flórida, onde o sol dá boas-vindas à nossa vida. Fico bronzeada como um grão de café. É uma dádiva grega (obrigada, Panos), então sempre gostei de muito sol.

Se você me leva a um restaurante, eu escolho a mesa em que bate sol. Se me leva para acampar na ilha Peanut, aqui perto, passo o dia inteiro em pé, com a água cristalina até a cintura, dando comida aos peixes, ou vou mergulhar na gruta com um snorkel, procurando peixes-bois.

Você sabia que os peixinhos miúdos comem biscoito de cachorro, direto da sua mão?

Eu costumava mergulhar com cilindro anos atrás e, para mim, um dos pontos altos era olhar para a superfície da água de uma profundidade de 18 metros e ver os raios de sol prateados atingindo a água. A essa profundidade, num dia ensolarado, a superfície do mar parece mercúrio.

Eu ficava boiando perto da arrebentação, sentindo as ondas, as conchas revolvendo. Se você ficar quieto e escutar embaixo d'água, poderá ouvir o tilintar delas. Uma delícia.

Uma amiga e eu subíamos no ombro uma da outra, dentro d'água, e mergulhávamos com uma cambalhota para a frente. Uma vez, acertei uma joelhada no rosto fazendo isso e fiquei com o olho roxo.

Sim, eu era capaz de tomar sol e nadar o dia inteiro, todos os dias, com meu guia, o sol, seguindo cada um de meus passos, dourando os meus ombros e as minhas costas. Sem filtro solar.

"Devo ter sido um réptil em outra vida", eu costumava dizer, enquanto tostava.

Eu me apaixonei por John, um nadador bronzeado da faculdade, de sunga. Por trás dos meus óculos escuros, eu acompanhava suas braçadas fluidas no nado livre. Seus braços musculosos – suas "armas", como ele os chama em tom de brincadeira – faziam-no disparar pela piscina, quase sem espirrar água para os lados.

Também nadei em competições. Não era grande nadadora. Era regular. Então John e eu fazíamos exercícios na piscina.

– Muito bem, tiro livre – ele mandava.

Eu disparava pela piscina a toda a velocidade, convencida de estar girando meus braços feito um moinho, mais depressa do que Janet Evans, aquela mulher miúda que conquistou inúmeras medalhas de ouro no fim dos anos 80 e início dos 90. E John dizia:

– Não. É um *tiro*.

– É o que estou fazendo.

– Sério?

Penso nisso agora, olhando para a piscina do quintal neste ensolarado solstício de verão. Recentemente, uns amigos e eu estávamos ao redor da piscina, tomando uma cerveja, quando pedi para entrar. Duas pessoas – agora precisam ser duas se não tiverem a experiência de John e Steph – me ajudaram a chegar aos degraus da piscina.

Fiquei sentada lá, com metade do corpo submersa, tomando minha cerveja de canudinho.

Estava de costas para todos, então tentei boiar de bruços para ficar de frente para eles.

Quando virei, minha cabeça afundou e eu engoli água. Como uma criança aprendendo a nadar, senti as narinas arderem. Levei um susto. Abri a boca e aspirei mais água ainda.

Não tinha forças para levantar a cabeça.

O pessoal me ouviu cuspindo água. Quatro mãos me seguraram e me puxaram para cima.

– Eu estou bem – declarei.

Tornei a me sentar no degrau, de costas para eles. Percebi que provavelmente eu não poderia mais nadar.

Não falei nada, para não desencadear aquele monte de "Oh, eu sinto muito". Lutei sozinha com esse fato.

Desde então, ainda não pedi a ninguém para entrar na piscina comigo e testar minha hipótese. A verdade é que não quero saber. Se eu não puder mais nadar, não há nada que eu possa fazer.

Como vou lidar com isso? Ficar lamentando uma coisa que não posso mais fazer? Uma coisa que eu adorava?

Não.

Porque esse é o caminho para a loucura. Querer uma coisa que nunca se pode ter.

Sou a senhora da minha mente. Posso escolher o que vou sentir, vivo dizendo a mim mesma.

É o que tenho praticado nos últimos anos, repetidamente: a arte do desapego.

Eu era frequentadora assídua de uma academia local de ioga Bikram, que se pratica numa sala aquecida a 38° C. Esse calor ajudava não só a expandir meus músculos, mas também a minha mente.

A ioga era meu refúgio desse deus nos acuda que é a vida moderna. Eu podia entrar numa aula de Bikram cheia de angústia e sair com os músculos alongados e a mente limpa, após noventa minutos de um exercício tão intenso que não sobrava energia para me preocupar com mais nada.

Quando percebi que não podia mais segurar as coisas com a mão esquerda, me recusei a aceitar essa perda. Calcei uma luva de levantamento de peso e continuei a frequentar a ioga. Depois notei que os dedos da mão esquerda já não ficavam esticados, lado a lado.

Quando eu levantava a mão acima da cabeça, ela ficava parecendo uma estrela no alto de uma árvore de Natal.

Fiz uma demonstração de ioga para meu neurologista, no consultório dele. Levantei a perna esquerda bem alto, para trás, e segurei o tornozelo, formando um arco, mas ainda de pé, uma das posturas mais difíceis da Bikram. Fiz direitinho. Era a prova, insisti, de que eu não tinha ELA.

Perdi a ioga seis meses depois, com tristeza.

Passado um ano, mencionei a John casualmente: "Você sabia que não posso mais pular?", como se fosse um comentário sobre uma saída recente para fazer compras.

Quando uma vizinha me disse que não queria mais que eu desse carona para os filhos dela, fiquei fumegando de raiva. Ainda zangada, contei isso a John, horas depois, e ele disse:

– Também não fico tão tranquilo com você dirigindo com nossos filhos no carro.

Isso doeu.

Dois meses depois, quando estava dirigindo meu adorado BMW, parei junto à calçada e disse a Stephanie, sem lágrimas nem drama:

– Acho que eu não devia mais dirigir. Estou tendo dificuldade para segurar o volante.

Aceitação.

Controle.

Lembra-se de Nathaniel Brazill, aquele menino de 13 anos assassino? Era um aluno do sétimo ano que atirou na professora na porta da sala de aula, em 2000. O incidente aconteceu a poucos quilômetros da minha casa. Fui a primeira repórter a ver a gravação das câmeras de segurança, um dos maiores furos da minha carreira.

Dez anos depois, entrevistei Brazill na prisão:

– A prisão não é um mau lugar – ele me disse. – Nem parece que estou sendo punido.

Escrevi essa matéria para o *Palm Beach Post*, e as pessoas ficaram enojadas. Chamaram essa atitude do rapaz de "prova" de que ele era um criminoso frio.

Dei à postura dele o nome de "sobrevivência". Nathaniel Brazill teve que reinventar seu meio para sobreviver. A prisão não é um mau lugar, ele convenceu a si mesmo.

E não nadar, depois de ter feito isso durante a vida inteira, também não tem que ser tão ruim.

O aniversário de Aubrey

Dezoito de junho de 2012, cinco dias atrás, foi aniversário do meu filho. Um dia importante para contar. Para contemplar e sentir orgulho. O meu Aubrey estava fazendo 11 anos.

Que lembrança, o dia em que ele nasceu! Eu estava gravidíssima. Já passara da hora, na verdade. O parto estava previsto para o dia 14 de junho, mas eu pedi ao médico que adiasse a cesariana. Queria que fosse no dia 21, o solstício de verão. Imaginava as festas de aniversário dele estendendo-se noite adentro no dia mais longo do ano, animadas pela luz do sol.

No dia 18 de junho, trabalhei o dia inteiro em reportagens no tribunal. Depois disso, estava deitada, descansando, quando Marina, de 3 anos, começou a dar pulos na cama.

– Pare! – John a repreendeu. – Você pode machucar a mamãe.

Levantei-me, fui ao banheiro fazer xixi e senti um jorro de água. John e eu ficamos parados diante do vaso sanitário, examinando o líquido. Pois é, como se pudéssemos adivinhar o futuro olhando fixo para o interior do vaso.

– Você acha que a bolsa d'água rompeu? – perguntou ele.

– Não, não pode ser.

Eu tinha planejado tanto o jeito que queria que meu neném nascesse que reinventei o que estava acontecendo. Não, o líquido que escorria pela minha perna era incontinência, obviamente. E aqueles pontos viscosos na água do vaso, ora, eles eram alguma outra coisa.

Tornei a me deitar, ainda sonhando com meu bebê do solstício de verão.

E tive uma contração.

Marina tinha nascido de cesariana, depois daquela viagem no ônibus escolar em Bogotá. Eu não havia entrado em trabalho de parto, não tinha nenhuma experiência com aquela pressão no meu abdômen.

Se há uma coisa no mundo capaz de trazer a pessoa de volta para a realidade é esse aperto. E a ideia pavorosa de um parto normal, com um pé saindo e o médico puxando aquela pequena alma enroscada.

Num piscar de olhos, estávamos a caminho do hospital.

Bem, fazia meses que John e eu não chegávamos a uma conclusão a respeito do nome. John queria... Tudo bem, não consigo lembrar o nome que ele queria, mas sei que ele não estava animado com "Aubrey".

– Parece nome de menina – ficava dizendo. – As pessoas vão achar que ele se chama Audrey.

Algum tempo antes de eu entrar em trabalho de parto, parei de falar no assunto. Mas nunca desisti do nome. Era importante para mim.

Sabe, Aubrey foi um dos meus primos mais velhos: Aubrey Motz IV, para ser exata. Esse Aubrey era hemofílico. Seu sangue não coagulava direito. Se levasse um encontrão muito forte, ele podia ter uma hemorragia interna.

Certa vez, ele saiu conosco num passeio de barco e acabou hospitalizado, com hemorragia cerebral. Acho que ele foi a razão de os meus pais terem resolvido não ter filhos biológicos.

Aubrey Motz teve que receber transfusões durante a vida inteira, para ajudar seu corpo a coagular o sangue. Em algum ponto do início da década de 1990, antes que houvesse exames para verificar a presença do HIV no sangue, ele recebeu material infectado. Morreu de aids em 1999. Tinha 39 anos.

Aubrey era meu primo favorito. Era inteligente, divertido, bondoso e – o ponto alto para mim – nunca reclamava de nada. Não tinha um pingo de raiva naquele corpo frágil.

A vida lhe dera um golpe duplo, primeiro uma doença crônica, depois uma doença fatal. Mesmo assim, Aubrey viveu com alegria e sem sentir pena de si mesmo. Foi para a faculdade, viajou, se casou. Viveu.

Depois de sua morte, eu pensava nele com frequência. Ainda penso. Todos os dias, tento seguir seu exemplo. E não queria que quatro gerações do nome morressem com ele. Queria honrar sua memória.

Então, esperei até estar na mesa de cirurgia, pronta para entrar na faca. Depois de quase vomitar – efeito da anestesia –, toquei no assunto do nome:

– Por favor, vamos chamá-lo de Aubrey.

O que John podia dizer naquele momento?

Em troca, ele ficou com o direito de escolher o nome do nosso terceiro filho. Optou por Atticus, inspirado em Atticus Finch, personagem de *O sol é para todos*, seu livro favorito. Nunca chamamos Wesley por seu primeiro nome.

A primeira vez que fui à biblioteca com Aubrey bebê, ouvi uma mãe chamar "Aubrey!" e sua filhinha se aproximar com passos titubeantes. Xi...

E aí o bolo do aniversário de um ano do Aubrey chegou da confeitaria com grandes letras confeitadas: "Feliz Aniversário, Audrey!"

Mesmo assim, fico muito contente por ter escolhido esse nome. Os nomes de família têm valor. Pela continuidade. Pelas lembranças. Converso com meu Aubrey sobre seu xará. Conto a ele que meu primo nunca se queixava, porque, verdade seja dita, o principal traço negativo do meu Aubrey – e, puxa vida, de todos nós – é que ele vive reclamando.

Ainda outro dia, quando eu lhe disse que ele só receberia seu GRANDE presente de aniversário às sete da noite, hora exata em que havia nascido, ele revirou os olhos:

– Ai, droga! Ainda nem tenho 11 anos.

Dos meus três filhos, Aubrey é o que mais me preocupa.

Seu irmão Wesley, isolado pela síndrome de Asperger, não anseia por afeição e tem a bênção de continuar a ignorar minha morte iminente. O principal interesse de Wes é que ELE empurre minha cadeira de rodas quando saímos.

Marina, sua irmã, se distrai imensamente com rapazes, amigas, moda e ensino médio.

E então vem o meu Aubrey. O do meio. Espremido entre o irmão com necessidades especiais e a irmã adolescente que o considera, neste momento, um pé no saco. Meu filho mais sensível e mais consciente.

Na reunião de pais e professores deste ano, sua professora me disse: "Aubrey tem uma alma antiga." Isso me deixou arrasada. É que as almas antigas são mais sábias. Têm consciência do que se passa à sua volta.

De fato, Aubrey foi o primeiro (e, até agora, o único) dos meus filhos a fazer perguntas diretas sobre a minha doença.

Foi o primeiro a se oferecer para me ajudar sem eu precisar pedir. Quando meus passos começaram a vacilar, se colocava a meu lado, para eu poder apoiar a mão no pescoço dele.

Está sempre procurando saber como estou, pondo a cabeça para fora da porta dos fundos e gritando para mim, quando estou escrevendo sentada na cabana:

– Você está bem, mamãe?

Talvez seja por causa da sua alma antiga. Ou talvez porque ele me viu em algumas situações realmente lastimáveis.

Como aquela ocasião, algumas semanas depois de eu voltar do Yukon, em que fui buscá-lo na escola. Era uma nova oportunidade que eu prezava muito, desde que havia deixado o emprego. Cheguei cedo nesse dia, então entrei na escola para usar o banheiro. Estava andando por um corredor pouco utilizado, quando escorreguei e caí de costas.

Fiquei me debatendo feito um besouro, sem conseguir me levantar. Perguntando a mim mesma o que fazer.

E então Aubrey e um outro menino apareceram por acaso.

– Mamãe! – ele gritou, correndo para junto de mim, não sem antes ver se o outro menino estava olhando.

Pela primeira vez, senti que minha doença deixava meu filho envergonhado.

O outro menino foi embora e Aubrey começou a tentar me levantar, me segurando por baixo das axilas e me puxando em direção a meus pés.

– Epa, cavalinho! Devagar! – falei. – Me deixe recobrar o fôlego.

Seus olhos castanho-claros estavam arregalados.

– Não se preocupe – eu lhe disse. – Está tudo bem comigo. Está pronto?

Ele tentou de novo e quase caiu. Eu ri e ele começou a rir também.

– Tudo bem. Me ajude a ficar de quatro, para eu engatinhar até a porta. Lá eu posso me segurar na maçaneta.

Quando cheguei à porta, orientei-o a segurar a parte traseira do cós das minhas calças e puxá-la para cima.

– Tudo bem. É só me dar um bom puxão para cima!

Funcionou. Eu me levantei. Fui ao banheiro e saí da escola com meu filho ao meu lado, com um braço em volta do pescoço dele para me equilibrar.

Dias depois, quando saíamos juntos da escola, uma mulher se aproximou de mim e perguntou, sem rodeios:

– O que aconteceu com você?

Se Aubrey não estivesse parado ali, eu teria retrucado: "O que aconteceu com o seu rosto?"

É que aquilo doeu. Fiquei me perguntando como eu deveria estar para aquela mulher falar comigo daquele jeito.

Pouco depois, escrevi um e-mail para os professores de Aubrey e Wesley. Sabia que eles tinham me visto tropeçando e com a fala arrastada. Não queria que houvesse nenhum mal-entendido. Informei-lhes que eu não tinha problemas com álcool. Tinha uma doença.

Então parei de buscar meus filhos na escola. Papai me substituiu nessa tarefa. Mais um favor. Mais uma coisa que eu não podia fazer.

Algo de que nunca imaginei que sentiria tanta saudade.

Agora, passados seis meses, tive medo de decepcionar Aubrey, mais uma vez.

Sempre fiz um grande acontecimento nos aniversários. Comprava serpentinas de duas ou três cores e, na noite anterior, John e eu as pendurávamos no lustre, esticando-as para todos os cantos da nossa sala. A criança acorda no dia seguinte sob um dossel de cores.

Nesse ano, não pude providenciar a decoração e esqueci de lembrar John de fazê-lo.

Aubrey acordou na mesma casa de sempre.

Depois, o bolo. Sempre comprei bolos especiais, cheios de cobertura ou creme de chocolate. Ou então eu mesma os preparava, nem de longe com a mesma sofisticação dos que eu comprava prontos, mas não por falta de esforço.

No ano passado, peguei meus sacos de confeitar e meus bicos de confeiteiro e desenhei detalhes sofisticados num bolo caseiro.

A festa de Aubrey foi num parque aquático local, com o sol da Flórida a pino. Na hora do almoço, o confeito pingava do bolo feito suor. Aubrey e a turma de crianças de 10 anos acabaram atacando o bolo a colheradas.

Este ano, não consegui fazer bolo nenhum. Steph entrou em cena e levou Aubrey à confeitaria. Ele escolheu um bolo dos Smurfs. É, dos Smurfs. Cheio de cobertura azul. Stephanie preparou um filé para ele jantar enquanto eu cochilava com Gracie.

À noite, nós nos reunimos para o bolo e os presentes. Dias antes, eu tinha comprado outro iPhone mais moderno e embrulhado o antigo para Aubrey. Marina ganhara um telefone novo ao completar 11 anos, um modelo baratinho. Calculei que o modelo antigo estivesse ótimo, já que Aubrey ia ganhar um telefone muito melhor que o da irmã.

Cantamos “Parabéns” e comemos o bolo. O litro de corante deixou todo o mundo de lábios azuis, com cara de cianótico.

Aubrey abriu o telefone na embalagem original. Adorou. Começou imediatamente a gravar os números de todo o mundo e a mandar mensagens de texto.

Hum. Nenhuma reclamação? Talvez eu fosse a única que sentia tanta falta das tradições.

Mais ou menos uma hora depois, Aubrey foi falar comigo na cabana:

– Olhe, tem um arranhão. Este é o seu telefone antigo?

– É.

– Marina não ganhou um telefone usado!

– Marina não ganhou um iPhone. Pare de reclamar.

Ele voltou devagarzinho para dentro de casa e me mandou uma mensagem: “Obrigado.”

No dia seguinte, da casa de um amigo, mandou um torpedo: “Você está bem?”

“Sim”, respondi.

Então ele me mandou uma mensagem com símbolos: “Eu – coração – vc.”

“Também – coração – vc, meu filho.”

Ajudantes

Doce Gracie, a nossa menina dos olhos dourados.

Enquanto meus filhos, graças a Deus, seguiam sua vida normal, minha cadela sabia que havia algo errado comigo. Foi ficando cada vez mais inquieta durante meu longo período de construção do ninho, naquela primavera, até que acabou comendo a alça do sutiã do meu biquíni. Ela já havia roído sapatos (preferindo os de couro italiano macio), mas não roupas.

Antigamente, quando meus filhos eram bebês, eu punha minha blusa suja de leite materno no berço deles. Parecia que o cheiro os acalmava. Perguntei-me se Gracie tinha roído minha roupa pelo mesmo motivo.

Não importava. O biquíni não fez falta.

Preferi apreciar esse gesto. É que Gracie e suas travessuras me fazem bem. Muitas vezes, ela era minha única companhia na cabana, em geral enroscada a meus pés. Ou perseguindo lagartos e pulando em cima de esquilos, o que era igualmente legal.

Quando eu cochilava, à tarde, ela pulava em cima da cama e lambia meu rosto. Eu sei. Nojento. Mas eu adorava.

Às vezes ela fazia ficava enroscada em volta da minha cabeça, em cima do travesseiro, com a língua comprida pendurada na lateral do meu rosto. O mais comum era ficar bem em cima do meu peito, para um festival frontal completo de lambidas.

Poct! Poct!, batia a cauda no colchão, enquanto dava lambidas intermináveis, com seus quase 30 quilos, dificultando a minha respiração.

Quando abria a boca para gritar "Socorro!", lá vinha a língua para dentro.

Aaaargh! Que nojo! Até eu tenho limites.

Uma vez, na sua empolgação, Gracie chegou mais para cima, para me lamber melhor, e pôs a pata na minha garganta. Aí realmente não pude respirar, e estava fraca demais para empurrá-la.

– Socorro! – guinchei. – Me ajudem!

E lá veio Aubrey com seu passinho:

– Gracie! Você está matando a mamãe? – fez, puxando-a pela coleira.

Ele saiu do quarto e voltou para suas atividades rotineiras. Gracie tornou a pular em cima da cama.

– Desce! Desce! – eu lhe disse, antes de desistir e deixar a cachorra em paz.

Toda noite, ainda cedo, em geral antes da hora de as crianças dormirem, John me conduz passo a passo até nosso quarto.

Tira minhas roupas, uma a uma.

Me coloca no vaso sanitário.

Escova os meus dentes.

Me deita na cama.

– Precisa de mais alguma coisa?

– Só traga Gracie – eu lhe digo.

Ela pula na cama comigo. Se enrosca no meu travesseiro e passa a língua pelo meu rosto. Penso em Wesley e em como Gracie faz a mesma coisa com ele. Ela nos põe para dormir.

Um dia, no meio da madrugada, acordei sozinha no quarto de hóspedes, no outro lado da casa, muito longe dos outros quartos.

Eu tinha que ir ao banheiro, mas precisava de ajuda para me levantar da cama. No escuro, chamei:

– Alô! Alô!

Nenhuma resposta.

Esperei o ar-condicionado barulhento entrar na pausa do ciclo e tentei de novo:

– Olá! Olá! – repeti, elevando minha voz fraca de acordo com o aumento da pressão na bexiga.

Nenhuma resposta. Ninguém acordou.

– Olá! Olá! Socorro! Ajudem!

Lá veio Gracie, provavelmente saindo do quarto de Wesley. Olhou para mim inclinando a cabeça, com ar intrigado. E então começou a latir alto, bem na porta do quarto de Marina.

Marina acordou e chamou o pai para me ajudar.

– Igualzinha à Lassie! – comentei, no vaso sanitário.

Gracie começou a me seguir, bloqueando o caminho nas horas mais inoportunas, como quando John estava me ajudando a ir ao banheiro.

– Depressa! Depressa! – eu dizia, tentando evitar um acidente.

E lá vinha Gracie, atrapalhando o trajeto, correndo conosco para dentro do banheiro minúsculo.

– Fora, Gracie! – gritava John, irritado.

Em várias ocasiões, nossa menina de 28 quilos quase me derrubou, pulando em cima de mim ou dando esbarrões quando eu tentava me levantar.

– Devíamos nos livrar dessa cachorra – disse John, um dia, com raiva.

– Só por cima do meu cadáver – retruquei.

Gracie fica doida quando as crianças pulam na piscina – late, salta nas árvores e arranca a casca dos troncos. Tivemos de envolver alguns deles com tela de galinheiro.

Mas ela nunca pula na piscina – exceto uma vez.

Aubrey estava dando uma volta na baleia, que é o nome que damos quando John o carrega nas costas e nada embaixo d'água. Os dois ficaram submersos, deslizando paralelamente ao fundo, por um período mais longo do que o normal. Gracie deve ter pensado que eles estavam se afogando.

Pulou na água e nadou em sua direção.

Então, John e Aubrey voltaram à tona, e ela subiu os degraus na mesma hora.

Lassie!

Pobre John. Pai. Cuidador. Passeador de cachorro. Uma alma cansada. Toda manhã, ele limpa as marcas de patas dos nossos estofados, reclamando da droga da cadela.

Sei de maridos que abandonam afetivamente as esposas doentes. Não John. Acho que ele sente o meu sofrimento tanto quanto eu, a minha frustração com todas as pequenas coisas que não posso mais fazer. Coisas como me levantar de um vaso sanitário ou erguer meus próprios pés.

Agora John tem que fazer essas coisas por mim.

Mas ele tem ajuda. Pode acreditar, quando você não consegue calçar os próprios sapatos, não sente vergonha de pedir ajuda. Minha amiga Jane Smith, que organizou minha festa de aposentadoria no *Post* e comprou meu iPad, montou um horário completo para meus ajudantes no site WhatFriendsDo.com.

Às vezes, porém, como acontecia com Gracie, essa ajuda tornava as coisas ainda mais difíceis para John. Havia gente entrando e saindo de casa o dia inteiro – resolvendo coisas na rua, trazendo refeições –, mas eu tinha dificuldade de comunicar meus desejos ou mesmo de agradecer a eles.

Para começar, não conseguia sair da cadeira. Felizmente, temos uma política de ficar com as portas abertas. Sempre moramos nessas casas em que a porta fica destrancada o dia inteiro e as crianças da vizinhança, parentes e pessoas prestativas simplesmente vão entrando.

O que era uma bênção, já que quase sempre eu estava na cabana. E não poderia atender a porta, mesmo que quisesse. Eu não conseguia girar a maçaneta. Não podia ser realmente sociável, mesmo quando as pessoas se sentavam comigo. Era difícil demais, com a minha língua preguiçosa. Cansativo demais.

Pedi a John para comprar várias garrafas de marsala, um vinho usado na culinária. Queria ensinar minha receita favorita – Camarão à Onassis, que levava essa bebida – a cada uma das pessoas que cozinhavam para nós.

"O marsala é o ingrediente secreto que transforma a receita. Assim como a sua bondade transformou o meu dia de hoje." Foi o que pedi a John que escrevesse nos bilhetes de agradecimento.

Era difícil para ele. John chegava do trabalho e tinha que correr atrás de crianças, cumprimentar as pessoas que traziam presentes comestíveis (muitas das quais eu não conhecia) e lhes oferecer uma garrafa de vinho. Às vezes, ele não conseguia encontrar o vinho nem se lembrar do que escrever.

E, enquanto isso, eu lhe mandava mensagens de texto dizendo que precisava fazer xixi, de modo que ele tinha que me levar ao banheiro... "agora mesmo".

E Wesley, Deus o abençoe, FALAVA ASSIM O TEMPO TODO, gritando, sem manter nenhuma conversa, apenas tagarelando sem parar sobre o que estivesse em sua cabeça:

– Posso tirar uma foto da Gracie? Você gosta de lagartos? Você viu o livro que eu desenhei? É o patinho feio. Olhe, ele está chorando. Mas aqui nessa parte, a mãe dele achou ele, e agora ele está contente.

Agradeço a Deus por Yvette, nossa empregada doméstica incrível. Wesley a adorava. Os dois eram capazes de passar horas falando sobre Piglet e *Lilo & Stitch*. Acho que Wesley assistiu a esse filme dez vezes seguidas.

Na verdade, não era o filme. Era o anúncio do filme, no canal pay-per-view. Wesley assistiu a essa chamada umas cem vezes até que, uma noite, Stephanie alugou o filme para ele.

Uma delícia.

Enquanto isso, a comida ia se acumulando. Eram todos muito generosos, trazendo o suficiente para oito pessoas. Mas Marina saía constantemente com os amigos. Aubrey e Wesley não gostavam de nada. E o meu apetite estava reduzido à metade do que tinha sido, ou talvez menos.

Restava John. O homem come, mas não por sete pessoas e meia.

– Agradeça a eles, mas diga que, por enquanto, nós estamos bem – disse-me ele, num dia em que conversamos sobre as entregas frequentes de comida.

– Diga você – resmunguei, mal-humorada. – Eu mal consigo falar.

A frustração culminou num acesso de choro. É claro que eu os tenho. Minha mente não foi afetada pela ELA. Às vezes fico furiosa.

Como quando não tínhamos as sacolas de vinho adequadas para colocar a porcaria das garrafas que íamos dar de presente.

Nessa ocasião, John parou de correr atrás de Gracie e olhou para mim:

– Você esqueceu de tomar o seu remédio?

Na minha primeira consulta com o neurologista, eu tinha pedido um antidepressivo. Ele me receitou 10 miligramas diários de Lexapro, o que era a menor das doses. Depois do meu diagnóstico, dobrou-a para 20 miligramas. Nós chamávamos o remédio de "pílula da felicidade".

– Esqueci – retruquei, percebendo o que tinha acontecido.

Como o Papa-Léguas, John disparou para o armário de medicamentos.

Pôs o comprimido na minha língua, lá atrás. Como de praxe, ele grudou e se dissolveu ali, me fazendo engasgar. Eu não tinha músculos para empurrá-lo para baixo.

Amargo, depois amargo de novo, o gosto voltando à boca. Fiz sinal para John aproximar o copo d'água. Trazê-lo para bem perto, onde eu pudesse pôr os lábios em volta do canudo, sem as mãos. O único jeito de eu conseguir beber.

O único modo de engolir a pílula amarga que me ajuda a ficar feliz.

Recentemente, passei para o Lexapro líquido, já que não consigo mais engolir comprimidos. Ele é igualmente amargo, mas eu seria capaz de gargarejar com alho se isso me ajudasse a me sentir melhor.

Existe algum estigma em admitir a depressão? Em admitir que tenho momentos de raiva e desespero? Se existe, prefiro ignorá-lo, porque a minha mente está saudável.

É como correr uma maratona. Mesmo com treinamento, completá-la é estafante. Mas a pessoa consegue dar conta dela.

Mesmo com antidepressivos, a ELA é devastadora. Mas eu consigo dar conta dela.

É que agora a depressão vem com menos frequência. Depois do meu diagnóstico. Depois da aceitação. Ela desce num rasante, feito as borboletas, e pousa em silêncio, como elas fazem nos arbustos próximos da cabana. Eu a vejo bater as asas e admiro sua complexidade. Sinto seu peso por um instante, e então ela se vai.

Há algo de belo nesse tipo de tristeza. Ela me permite saber que estou viva.

E que ainda me importo.

Cuidados paliativos

Os meses de visitas à minha mãe no hospital nunca me saíram da cabeça. Aquelas noites que passei acordada no quarto dela, olhando, pensando, sentindo. Vendo as enfermeiras verificarem a medicação e os sinais vitais. Ouvindo os pingos do soro intravenoso, os alarmes soando na madrugada. Sentindo o cheiro da sonda de alimentação, onde uma substância de aspecto leitoso tinha um odor muito particular.

E que não era nenhuma maravilha.

Papai fazia três ou quatro visitas por dia. Suportou o maior impacto da frustração e da confusão da mamãe. O seu medo. Numa ocasião, mamãe simplesmente lhe mostrou o dedo do meio, a ele, que não lhe demonstrara nada senão o mais absoluto carinho. Mamãe se recusava até mesmo a ver televisão.

Papai ficou tão tenso que eu me perguntei quando ele iria explodir.

Aquelas imagens, aqueles momentos, aqueles *cheiros* ficarão comigo para sempre. Nos meses seguintes, eu os revivi incontáveis vezes. Não era a borboleta da depressão, mergulhando num rasante para meu ombro e depois alçando voo. Não era pena de mim mesma.

O que vi no hospital me deu uma visão clara de mim. E me fez jurar que eu não faria meus entes queridos passarem pela mesma coisa. Eu não queria John se angustiando para decidir se devia ou não suspender a intervenção médica. Não queria deixar minha família na miséria por custearem intermináveis internações hospitalares.

Se eu tinha que morrer, decidi, seria da maneira mais graciosa que pudesse.

Tive conversas infindáveis com John, para me certificar de que ele compreendia meus desejos. O principal era que eu nunca ficasse definhando num hospital.

Ao contrário da doença da mamãe, não havia esperança de recuperação para mim.

Mandei redigir os documentos legais necessários. Nada de hospital. Nada de respiradores. Nada de alimentação artificial. Nada de medidas para prolongar a vida, quando eu estivesse à beira da morte.

Mais fácil para mim.

Mais fácil para a minha família.

Não era desistir – era aceitação.

E quem saberia honrar melhor esse espírito do que uma clínica ou um programa para doentes terminais? Eles oferecem cuidados paliativos. Confortam os moribundos, em vez de tratá-los.

– Inscreva-me num deles! – pedi a John.

Não, eu mesma vou me inscrever enquanto ainda posso, pensei. É melhor eu mesma contar a eles dos meus desejos, antes que eu não possa mais falar.

Entrei em contato com o asilo do condado de Palm Beach. A enfermeira encarregada das admissões no programa de serviços veio à nossa casa. Uma amiga levou nossos filhos ao cinema. Stephanie e seu marido, Don, juntaram-se a nós. Abrimos uma garrafa de vinho tinto.

– Será que eu estou fazendo a coisa certa? – perguntei a Steph e Don.

Os dois são especialistas em terapia respiratória e já trabalharam em hospitais. O trabalho de Don consistia em cuidar de doentes graves ligados a aparelhos de ventilação. Muitas vezes, viu famílias manterem um ente querido vivo depois de qualquer esperança realista de recuperação estar perdida.

– Com certeza – respondeu Don. – Você está fazendo a coisa certa.

Stephanie tinha visto pacientes falecerem no hospital:

– É o último lugar em que se deve morrer – disse.

Numas dez ocasiões em sua carreira, ela havia permanecido com os pacientes, segurando a mão deles na hora da morte, por não haver mais ninguém que o fizesse.

– Não gosto de ver ninguém sozinho nessa hora – disse ela.

A funcionária do asilo para doentes terminais era uma mulher alegre e jovial, com um sotaque caribenho. Não consigo lembrar seu nome, mas gostei muito dela. Falava na morte com naturalidade e não tinha um pingo de sentimentalismo.

Lembro-me de ter dado risada quando insistimos em lhe oferecer vinho. Abrimos uma segunda garrafa.

– Não, obrigada – disse ela. – Mas podem ter certeza de que vou tomar uma tacinha quando chegar em casa!

Como me senti?

Bem. Como se estivesse dando um presente a minha família. Triste, é claro. Mas bem.

Durante horas (nós a desviávamos constantemente do assunto com nossas histórias), a enfermeira ficou preenchendo formulários. Montanhas de papéis. Quinze cópias de tudo, todas precisando de assinatura. Fez perguntas e mais perguntas sobre a minha doença.

Lembro-me de uma sobre a minha perda de peso.

Expliquei que eu tinha pouco apetite. Sim, eu conseguia engolir. Mas, sim, a dificuldade de haver outras pessoas preparando a comida e me alimentando diminuía o meu desejo. Em geral, eu fazia só uma refeição por dia.

– É natural – disse ela. – Vivo dizendo às famílias que eu atendo que as pessoas que estão morrendo não comem tanto assim. O corpo delas não precisa.

Ah! Isso explicava tudo. Muito natural.

Fui enfática ao dizer que não queria internações hospitalares.

Mas em certos momentos seria inevitável cuidar de um mal-estar que causasse grande dor e desconforto. Ela me perguntou para onde eu gostaria de ser levada numa situação dessas.

Eu tinha visto a ala de doentes terminais do hospital de minha mãe, cujos corredores pouco iluminados eram pintados de um caloroso bege-escuro. Então me lembrei de algo que eu ouvira, fazia muito tempo, uma coisa tão preciosa que eu havia guardado na lembrança: que, no centro de atendimento médico do próprio asilo de West Palm Beach, os pacientes podiam receber seus animais de estimação.

– É verdade? – perguntei.

– É.

– Então é para lá que eu quero ir.

Gracie poderia me visitar com as crianças. Imaginei a maravilhosa distração que ela seria nessas horas obscuras. Seu jeito de balançar a cauda é hipnótico. Ela é uma fonte constante de alegria.

A enfermeira perguntou se eu queria ter uma ordem de não ressuscitação em casa. Um documento que especificasse que eu não deveria ser salva. Se chegassem paramédicos correndo numa emergência, tudo o que John teria que fazer seria mostrar essa ONR.

Eu já havia mandado fazer uma pulseira de alerta médico dizendo a mesma coisa. Em ouro de 14 quilates, é claro.

A funcionária ficou até depois das onze. As crianças chegaram. Eu a enxotei porta afora. Guardamos a ONR – um papel amarelo vivo, assinado por um médico – numa gaveta. Acessível, mas sem ficar à mostra.

Minha inscrição no serviço de medicina paliativa desencadeou visitas frequentes de enfermeiras e auxiliares de enfermagem. Visitas rápidas: sinais vitais, alimentação e excreção. Pedi a eles que tirassem o crachá de identificação da clínica ao entrarem em casa, para as crianças não fazerem perguntas. Também pedi que procurassem vir durante o horário escolar.

Eu precisava de ajuda para tomar banho. Com as mãos e as pernas fracas, não conseguia me ensaboar, esfregar o xampu no cabelo nem me firmar de pé no piso escorregadio.

John sempre fora meu ajudante, mas continuava trabalhando em horário integral e já tinha que dar banho em dois meninos.

Sabe essas garotas que tiram a roupa toda no vestiário e ficam lá nuas, batendo papo, na maior segurança?

Pois é. Eu não era uma dessas.

Durante a maior parte da minha vida, só usei biquíni na frente de um pequeno grupo seleto. Sou recatada.

Mas estava me sentindo tão pegajosa e fedida que concordei em deixar uma estranha me dar banho.

Tenho uma banheira com pés em forma de patas, mais alta do que a maioria, o que é uma bênção dos céus. Uma assistente de enfermagem do serviço de doentes terminais me ajudou a tirar a roupa e entrar na banheira, cheia de água morna com espuma borbulhando.

Essa moça era tão descontraída, animada e tranquilizadora que comecei a esperar suas visitas ansiosamente. Ela massageava meu couro cabeludo – uma *delícia!* –, me lavava do jeito certo e me vestia com roupas limpas.

Experimentei uma comunhão feminina que nunca havia sentido. Uma mulher dando banho em outra. Devagar, com delicadeza. Completamente assexual. Conversando de vez em quando. Compartilhando segredos: o condicionador que não é para passar perto da raiz do cabelo, os lugares ossudos em que a gilete pode cortar, as dobras que precisam ser esfregadas.

Os pequenos detalhes.

Pouco depois, a médica encarregada soube das minhas condições: eu caminhava com assistência, comia sozinha. Pediu para falar comigo.

– Você não está doente a ponto de precisar de cuidados paliativos – disse ela.

Respondi que compreendia e respeitava sua decisão. Eu ouvira dizer que esses cuidados não eram só para pessoas que estavam à beira da morte. Era por isso que tinha feito minha inscrição. Mas eu ainda nem havia entrado no prédio. Ainda estava do lado de fora, caminhando ao sol.

Três semanas depois de eu ter sido aceita pelo serviço de medicina paliativa, a instituição me deu alta.

Minha irmã ficou encantada:

– Até que enfim aconteceu alguma coisa boa!

Funeral

Algum dia você já pensou no seu enterro? Admita!

Todo o mundo tem um, mas é só um: de que outra coisa na vida se pode dizer isso?

Eu pensei no meu enterro muito antes de ficar doente. Nossa, teria que haver um cortejo dramático de limusines pretas. Sou fissurada em limusines. Canapés refinados. Champanhe. Lágrimas.

E fotos. Não só presas com tachinhas em quadros de avisos, mas numa montagem profissional, com música de fundo. Uma apresentação multimídia.

Toda vez que mamãe volta de um enterro, tece comentários sobre o número de pessoas presentes. "Todos os bancos da igreja estavam cheios, menos os dois últimos. Devia haver mil pessoas lá", diz, em tom efusivo. Como se isso fosse capaz de medir o valor de uma pessoa.

Portanto, tinha que haver gente no meu funeral. Muita gente. Meus pais têm um montão de amigos, minha irmã também. É, provavelmente conseguiríamos reunir uma multidão.

Depois que adoeci, no entanto, comecei a me importar menos com isso. Limusines? Aonde elas iriam? Quem é que ia andar nelas?

Os enterros são para os vivos, passei a repetir para mim mesma. E creio que a pior coisa que pode acontecer com alguém, a pior de todas, é perder um filho. Por isso, meu funeral deveria ser na igreja dos meus pais, onde centenas de amigos deles os cercariam de amor.

Mas não sou batista.

Tenho algumas crenças. Creio que Deus existe em cada um de nós. Mas as religiões nos separam. A ciência constrói aviões, mas a religião os joga contra arranha-céus.

Um de meus livros favoritos sobre a fé é *O tao do Pooh*, de Benjamin Hoff. Ele explica os fundamentos do taoismo através da maneira simples com que o Ursinho Pooh enxerga a vida. Cito um trecho do texto de Hoff:

> "– O coelho é esperto – disse Pooh, pensativo.
>
> – É – concordou Leitão. – O coelho é esperto.
>
> – E tem cérebro.
>
> – É – disse Leitão. – O coelho tem cérebro.
>
> Houve um longo silêncio.
>
> – Acho – disse Pooh – que é por isso que ele nunca entende nada."

Hoff usa Pooh, um ursinho calmo que segue a lei do menor esforço, para explicar como os taoistas alcançam a paz e o poder sobre a mente, em parte por não resistirem à ordem natural do universo.

"Isso não é religião", dirão os batistas.

O que é justamente a razão pela qual isso me agrada.

Portanto, ali estava eu, uma pagã aos olhos dos batistas. Uma pagã moribunda que queria um funeral na igreja deles.

E não um funeral qualquer, mas um que refletisse meu respeito ecumênico por todos. Eu queria um rabino, um imame, um monge budista e um padre católico. Queria que cada um explicasse sua crença sobre o que acontece depois da morte.

Convidei o pastor Jimmy Scroggins, da Primeira Igreja Batista, à minha casa a fim de lhe pedir exatamente isto: um ofício religioso inteiramente aberto. Uma solicitação quase tão escandalosa quanto pedir uma festa de arromba em seu santuário.

Conversei com papai sobre o assunto. Ele ficou estarrecido, mas não me disse uma só palavra, apenas comunicou ao pastor Scroggins que discordava do meu pedido. Esta foi uma das primeiras coisas que o pastor me disse, ao chegar aqui em casa:

– O seu pai acha que isso não é uma boa ideia.

Em tom respeitoso, fiz meu pedido:

– Será que um rabino, um imame, um monge e um padre poderiam celebrar o meu funeral junto com você?

O pastor Scroggins era um pregador jovem e carismático, um religioso estimado, dedicado a servir ao Senhor e a disseminar a palavra de Jesus Cristo. Um homem de fé. Fitou-me nos olhos e disse:

– Susan, você pode pedir a qualquer um que se levante e diga coisas sobre você, mas não sobre as crenças dele.

Explicou-me que não pediria para pregar numa mesquita, por deferência ao imame:

– É desrespeito.

Ele foi educado, interessado – e firme.

Compreendi. Sem ressentimentos. Sua igreja, suas regras.

Agradeci a ele por ter vindo.

De qualquer modo, se papai discordava, não deveria acontecer. Eu estava tentando com insistência fazer o funeral ficar do jeito que eu-eu-eu queria, esquecida de que essas cerimônias são para os vivos. De que a mensagem mais reconfortante que meus pais poderiam ouvir, no que talvez fosse o pior dia da vida deles, seria a que haviam escutado por décadas, aquela em que acreditavam.

Não aquela em que eu acredito.

Não pense demais nas coisas, digo a mim mesma. Seja como o Ursinho Pooh.

Faça um funeral simples. Algumas palavras. Uma apresentação das fotos da minha vida, com trilha sonora – que estou preparando com Gwen Berry, uma colega jornalista especializada em multimídia que se ofereceu para ajudar. Alguns amigos. Apenas alguns. Minha família. Assim será mais fácil para John. Ele não gosta de ser o centro das atenções.

Vai chegar atrasado, de qualquer maneira. O meu John.

Terá passado a manhã lutando com três crianças para fazê-las vestirem roupas bonitas. Deixe-os usarem shorts, John! Deixe que aproveitem o que puderem. Tudo o que for melhor para as crianças – os meus filhos –, é isso que eu lhe peço.

Até lá, vou viver à maneira taoista: serena, sem fazer estardalhaço sobre desejos ou crenças. Vou viver o momento presente.

Como escreveu Lao Tzu:

> Contenta-te com o que tens; alegra-te com as coisas tais como são.
>
> Quando perceberes que não falta nada, o mundo inteiro te pertencerá.

Desvio os olhos do iPhone e contemplo o meu quintal. Ele continua aqui. Neste exato momento. Mando uma mensagem de texto para Aubrey: "Pode vir aqui?"

Não lhe digo o que estou com vontade de fazer: lhe dar um abraço. Ou, para ser mais exata, já que não posso abraçá-lo muito bem, quero que ele me abrace.

Fique contente. Alegre-se. O mundo pertence a você.

Se quiser, diga essas palavras, pastor Scroggins. Ou não. Não tem importância. Faça o que achar certo.

Depois doe o meu corpo à ciência.

A ciência – nela eu acredito.

Chipre

Junho - Julho

Destemida

Chegamos ao Chipre no final de junho, num calor de 38ºC. Quente, sim, mas confortável para minha alma mediterrânea.

Na primeira visita ao país, eu estava numa busca. Tentava encontrar uma explicação médica, mas também a minha história. Tentava encontrar ligações.

Dessa vez a viagem era mais de lazer. Eu sabia quem eu era, conhecia meu passado e meu futuro. Queria apenas passar algum tempo com meus parentes. Vivenciar a cultura deles. Imergir nas cores de que eu me lembrava bem: casas brancas, palmeiras e árvores frutíferas verdes, buganvílias esparramadas em tons de fúcsia, vermelho, branco e laranja.

Além de Nancy, levei John. Queria que ele aprendesse a dar tanto valor àquela terra e àquelas pessoas quanto eu, para que essa ligação não morresse comigo.

Ellen, minha mãe biológica, também foi. Ela havia pedido que eu a levasse comigo para poder explicar por que tinha agido da maneira que agiu. Oferecera-se como voluntária para o que poderia se transformar numa inquisição e tanto pelos parentes de Panos.

Ela não tinha nenhuma ligação afetiva com Panos. Não havia falado com ele desde a ocasião em que descobrira estar grávida. Mas queria, pelo que percebi, chegar ao próprio desfecho psicológico. Falar sobre a decisão que havia tomado de não contar a ele sobre mim.

Eu havia duvidado dela uma vez, achando que ela havia ficado afastada de mim e de Panos por covardia. Agora percebi que ela havia lutado e que era forte.

Destemida!

Fomos do aeroporto para o Hilton, do lado grego de Nicósia: um hotel de luxo, com sofás estofados de veludo, varandas e uma grande piscina.

Havia presentes da família de Panos em nossos quartos. Um exemplar antigo de *Peter Pan* – Soulla adora antiguidades. Joias. Bombons. Um livro sobre o Chipre. Fedra, a neta de Soulla de 9 anos, tinha desenhado borboletas num lindo cartão de boas--vindas.

Eu me senti em casa instantaneamente.

E mimada. O genro de Soulla, Avraam, o sedutor (que tinha levado o Red Bull para o Chipre!), conhecia o gerente do Hilton. E *voilà*, ganhei um quarto acessível a cadeira de rodas no andar VIP.

– Bonito, hein? – disse John.

– *Neh* – respondi.

Em grego, *neh* quer dizer "sim". Por isso, é claro que comecei imediatamente a usar essa palavra com meu pobre marido.

– Você precisa ir ao banheiro? – ele perguntava.

– *Neh*.

– Não?

– *Neh*.

– Pare com isso!

Outra palavra grega que eu adorava era a correspondente a "tudo bem": *endaxi*. Ou *dox*, abreviando.

– *Dox* – eu respondia ao John, e ele revirava os olhos.

Aí um dos meus compatriotas soltava aquela velha piada do "para mim, você está falando grego", e então era eu quem revirava os olhos.

Na minha primeira viagem ao Chipre, apenas dois anos antes, eu havia circulado por Nicósia inteira. Subira o elevador para o terraço de Soulla e a escada para o apartamento do centenário Xenon. Fora à casa de George. Percorrera o bairro comercial histórico.

Em dado momento, George tinha levado a gente a uma praia chamada Baía da Figueira. A água estava fria, mas eu não quis perder a oportunidade de nadar no Mediterrâneo. E, assim, Nancy (com relutância, porque é uma frouxa em matéria de água fria) e eu havíamos nadado uns 200 metros até uma plataforma flutuante. Eu subira nela sem ajuda. Tinha passado algum tempo lá, deitada, absorvendo as cores, tomando sol, sem querer ir embora.

Dessa vez, fiquei presa no Hilton. Fraca demais para andar, confinada demais em meu próprio corpo para nadar sozinha.

Não tinha problema. O Hilton oferecia um terraço coberto, cheio de arcos e mesas que davam para a piscina. Um belo lugar do Mediterrâneo. Meu lugar. Onde meus parentes poderiam ir ao meu encontro.

E foi o que fizeram em muitas noites da semana que passamos no Chipre. Reuniões gloriosas, sem nenhuma expectativa nem limite de horário, apenas uma miscelânea de comes e bebes e tentativas de acomodar o nosso grupo de dez pessoas.

Nessa viagem, foram as crianças, Phaedra e Anastasia, que me encantaram.

Hoje em dia, tenho mais do que plena consciência de que posso assustar crianças pequenas. Minha cadeira de rodas é toda preta, com rodas grandes, e eu fico sentada, sem poder me levantar nem brincar, toda retorcida e falando arrastado. Uma vez, vi um menino se virar de costas e afundar o rosto nas pernas da mãe quando me viu. Na idade dele, eu também teria ficado com medo.

Mas não Phaedra e Anastasia. Para elas, minha cadeira era um brinquedo. Quando eu não estava sentada, as duas pulavam em cima dela e saíam empurrando a outra. John fazia a cadeira rodopiar com elas. Uma noite, Anastasia se aninhou no colo dele enquanto jantávamos.

Minha família antiga e minha família nova. Juntas.

Todos, menos Panos. Eu teria que invocar seu espírito, mais uma vez. Teria que ir até ele, uma vez que ele já não podia vir a mim.

Visitamos seu túmulo ao meio-dia, num dia intensamente ensolarado.

– É estranho estarmos todos de preto – comentou Ellen, a caminho de lá.

– Era a minha intenção – falei. – Para irmos ao cemitério.

– Não tinha pensado nisso. Não é uma coisa que costumamos fazer na Califórnia – disse ela.

Paramos para comprar flores. Nancy escolheu umas sempre-vivas roxas, que recebem esse nome porque nunca murcham, vivas ou mortas.

Panos estava enterrado no jazigo da família, num cemitério no meio de Nicósia – um cemitério tão antigo e lotado que, para abrir espaço para os novos defuntos, eles desenterram os caixões antigos, ensacam os ossos e tornam a enterrar os sacos.

Um lugar ancestral. Um lugar silencioso, com ciprestes elevando-se ao redor dos vivos e dos mortos.

Na minha primeira visita, eu tinha ficado sozinha à beira do túmulo. Panos Kelalis. 1932-2002. Só tinha sido capaz de ler o nome dele, escrito no alfabeto grego. Era como se fosse nossa língua secreta.

"Eu me orgulho de ser parte de você", eu lhe havia dito. "Lamento não tê-lo conhecido."

Dessa vez, fui lá com meu marido, meus parentes e amigos. Nancy pôs as sempre-vivas na sepultura. Eu me levantei da cadeira de rodas, por não querer ser um estorvo. Demonstrando respeito e força. A lápide de mármore branco refletia a luz quente com tanta intensidade que espremi os olhos por trás dos óculos escuros.

Nossa guia, Alina – a filha de Soulla que tinha vindo de Londres por ocasião da nossa visita –, pediu ao padre ortodoxo grego do cemitério que proferisse uma bênção junto ao túmulo.

O padre se colocou diante de mim, debaixo de sol. Tinha o cabelo muito branco e o rosto suado, muito vermelho. Usava uma batina longa azul com uma veste de tecido enrolada no pescoço, desbotada pelo sol.

Santo Deus, ele deve estar derretendo, pensei.

O padre levantou um turíbulo de incenso – uma corrente comprida cheia de sinos, com um globo decorado na ponta, contendo cinzas. Ele entoou uma oração monótona em grego. Entendi duas palavras e, por sua falta de emoção, percebi que o sacerdote já devia ter dito aquelas palavras umas mil vezes.

Entendi apenas "Panos" e "Theos" – Deus.

Fiquei tonta com aquele calor e o miasma da morte.

Pedi para ir embora, porque parar junto à sepultura do meu pai biológico – no frio ou no calor – não fazia com que eu me sentisse mais próxima dele.

Eu o via mais no quadro com aquela cena marinha que ele tinha adorado, na corrente de contas que costumava manusear e nas fotografias, especialmente as dele jovem e adulto, quando ele parecia comigo.

Sentia-me mais perto dele na terra que ele considerava sua pátria, e não no túmulo de mármore em que jazia agora.

Como todos nós, Panos permanecia vivo nas pessoas que ele havia deixado para trás, inclusive em mim e nos meus filhos, descendentes que ele nunca conheceu.

Nessa noite, seguimos num comboio de carros para a linda casa de campo de meus amigos George e Yioula. Stelios, o filho deles, tinha crescido 30 centímetros desde a última vez que eu o vira, e se aproximara mais do belo homem que estava destinado a ser.

Ah! Tomara que um dia Marina goste dele, pensei.

George e Yioula fizeram a gentileza de nos oferecer um jantar – para quinze pessoas –, apesar de estarem de partida para suas férias no dia seguinte.

Nos sentamos na área externa, que tinha vista para os campos em volta. Expliquei a George que eu já não podia beber como antes. Minha fala estava tão arrastada que bastava um drinque para eu ficar ininteligível.

– Mas, quando acabar o bate-papo, vou tomar todas!

Também compareceram alguns jornalistas cipriotas, amigos de George, que produz documentários e também é empresário. Na condição de ex-jornalista, senti pena deles, caídos de paraquedas no meio daquela saga, lutando para compreender.

– Deixem que eles façam as perguntas! – interrompi, calando o grupo, que os sobrecarregava com detalhes.

Nancy tinha levado presentes e os distribuiu depois do jantar. Anastasia, de 7 anos, a menor, se manifestou:

– Cadê o meu?

Adoro crianças!

Eu tinha levado um único presente: a Bíblia de Panos. Quis dá-la a Soulla nessa noite, enquanto eu ainda tinha forças. Sabia que não conseguiria dizer as palavras sem chorar, então as escrevi no iPhone e pedi a Nancy que as lesse. Quando Nancy pegou meu telefone, comecei a chorar, soluçando tão alto que baixei a cabeça para esconder o rosto. Ela leu:

Querida Soulla,

Vou lhe escrever estas palavras porque a minha voz está muito fraca e a minha força de vontade para não chorar é mais fraca ainda.

Na mesma ocasião em que eu soube quem era meu pai biológico, Panos Kelalis, soube também que ele havia morrido.

E então caí de paraquedas na sua vida, uma verdadeira estrangeira com uma história inacreditável, fazendo todo tipo de perguntas sobre ele – bisbilhotando, na verdade.

Tive medo de que ninguém acreditasse em mim, de que ninguém gostasse de mim, de que suspeitassem que eu era uma oportunista e me rejeitassem.

Em vez disso, você me acolheu com bondade e compartilhou muitas coisas comigo.

Naturalmente, falamos muito da ex-mulher dele, Barbara, na minha última visita. E quando você mencionou ter ficado decepcionada por ela ter vindo ao funeral de Panos sem trazer a Bíblia da família, mesmo você tendo lhe pedido...

"Se encontrar com ela, pegue a Bíblia!", você me disse, talvez de brincadeira, talvez não.

Fiquei curiosa para conhecer Barbara, não tanto por suas ações infames, mas porque eu queria saber quem era essa princesa americana que havia roubado o coração do meu pai.

Tive vontade de descobrir com ela como ele amava.

Nancy leu a história toda da ajuda de Pat e da reação de Barbara. E prosseguiu:

Um dia, sentada no sofá da sala dela, espremi os olhos por causa da luz ofuscante do sol.

"Você está espremendo os olhos igualzinho ao Panos", disse Barbara.

E, assim, finalmente, ela acreditou em mim. O que nem de longe era tão importante para mim quanto conseguir a Bíblia.

Que dou a você neste momento.

A sua bondade trouxe muito mais bondade, paz e força para a minha vida. Tudo que você me contou sobre Panos contribuiu para eu ter uma absoluta paz de espírito pelo fato de a ELA não ser hereditária, por não precisar temer que meus filhos venham a sofrer desta doença um dia.

Adoro as histórias de como Panos era destemido. Elas me ajudam a me sentir mais forte hoje. (...)

Soulla, você preencheu as lacunas na minha mente, me contou quem ele era, me deixou orgulhosa por ser parte dele e triste por não o haver conhecido. Hoje, tenho histórias sobre a personalidade dele, fotos e objetos pessoais, graças a você e a Ellen.

Tenho dele uma imagem de alguém que admiro muito. Torço, torço muito para conhecê-lo do outro lado da vida.

Eu não tenho medo da morte. Eu sou destemida.

Obrigada. *Efcharisto.*

Soulla permaneceu sentada, num silêncio perplexo.

Nadia, a de pavio curto, pediu para ver a Bíblia:

– Não, acho que não é essa – opinou, na mesma hora.

Avraam a examinou e descobriu uma coisa que havia escapado a Pat, a Nancy e a mim: um texto destacado em amarelo fluorescente a respeito de como a esposa deve fazer as vontades do marido.

Droga, era a Bíblia de Barbara!

– Bem, o que importa é a intenção! – eu disse a todos.

Nós demos boas risadas. E, naquele momento, o constrangimento se transformou em mais uma lembrança, mais uma história para compartilhar tomando vinho na cabana.

Stelios, o filho de George, nos convidou para um recital de piano dentro de casa. Tocou "The Star-Spangled Banner". Anastasia ficou a seu lado, regendo. Ao final da música, eu já havia praticamente casado Marina com Stelios. Pode revirar os olhos, Marina, mas é verdade.

George, Nancy e eu tínhamos estudado juntos no curso de pós-graduação em jornalismo, na Universidade da Flórida. Nancy e eu havíamos bancado as atrizes em alguns curtas-metragens que ele tivera que fazer na disciplina de produção para TV.

Ele tinha achado esses filmes e os projetou para nós. Lá estava Nancy, vinte anos mais moça, com a única diferença de que seu cabelo era três vezes mais volumoso naquela época.

E lá estava eu, muito, muito diferente. A cabeleira loura e farta, meu rosto rechonchudo, e não encovado como agora. E minhas mãos.

O vídeo me mostrava fazendo uma salada grega. A câmera deu um zoom nas minhas mãos, que seguravam um tomate, um pepino e uma cebola.

Meus dedos ágeis e finos, as unhas naturais, longas e lisas.

Dedos que agora se crispam com o enfraquecimento dos músculos. Unhas malcuidadas e frequentemente sujas, porque não sou capaz de cuidar delas.

E o que é que eu faço?

O que faço nesses momentos decisivos em que minha invalidez me acerta como uma martelada na cabeça?

Eu me detenho naquilo que resta e por que sinto gratidão.

Minhas mãos estão retorcidas, mas ainda posso tocar as pessoas e as coisas. Não posso segurar, mas posso sentir. Tenho minha ligação com o mundo, que a ELA jamais roubará.

Faltava mais uma jornada no Chipre. Uma jornada para casa. Uma viagem cheia de paisagens. Sons. Sabores. Toque. Uma jornada para deleitar meus sentidos.

Sentidos que serão sempre meus.

Praia da Tartaruga

Na minha primeira visita ao Chipre, Soulla me falara de um dia extraordinário que ela e Panos haviam passado juntos, mais ou menos em 1996. Eles tinham ido visitar lugares da infância, no norte do país: primeiro, uma praia que Panos adorava; depois, um mosteiro.

Soulla me mostrou uma foto de Panos numa passagem coberta do mosteiro, emoldurado por arcos.

– Quero ir lá – falei.

Porque é assim que a gente invoca os espíritos. Indo lá.

Não me dei conta do impacto que o meu pedido causaria.

Desde 1974, o Chipre é uma ilha dividida, com um lado grego e outro turco. Até a capital, Nicósia, é dividida. A mesma divisão rígida entre Berlim Oriental e Ocidental – assim é a Nicósia de hoje.

A guerra entre a Grécia e a Turquia, duas nações com uma longa história na ilha, foi violenta. As duas nações mandaram seus exércitos. Houve muitos mortos. Outros milhares foram arrancados de suas casas.

Todo cipriota sabe sobre essa época, até as crianças que apenas ouviram as histórias.

– Minha mãe estava pendurando roupa na corda – disse-nos um amigo turco, Firat, contando sobre um bombardeio grego. – Ela perdeu o chinelo na correria, de tão apavorada que ficou.

Avraam tinha 13 anos quando o exército turco se aproximou de sua casa. Ele, os três irmãos e os pais entraram no carro da família e foram buscar a segurança de uma floresta de pinheiros, numa cordilheira a horas de distância.

– Meu pai disse: "Vamos passar a noite aqui" – contou Avraam. – E eu perguntei: "Aqui onde?"

Passaram um mês dormindo na floresta de pinheiros, na expectativa de um dia voltarem para casa.

Nunca puderam regressar.

A ONU negociou uma linha de demarcação, a Linha Verde: gregos no Sul, na República do Chipre; turcos no Norte, na autodeclarada (e nunca reconhecida internacionalmente) República Turca do Chipre do Norte. Ninguém podia cruzar a fronteira entre as duas regiões.

A ilha ficou dividida – tão separada quanto eu do meu pai biológico, o homem a quem estava procurando conhecer.

Panos e Soulla eram cipriotas gregos do Norte. Em 1996, fazia mais de vinte anos que nenhum dos dois visitava os locais onde haviam passado a infância. E então Panos teve uma rara oportunidade.

Como renomado cirurgião pediátrico, ele salvara a vida do filho de um ministro turco. Agradecido, o ministro lhe perguntou o que poderia fazer por ele, como forma de retribuição.

Panos pediu autorização para atravessar a fronteira com Soulla e visitar os locais de sua infância.

O ministro lhes concedeu um dia, sob escolta militar – a divisão era rígida a esse ponto.

Quando fui ao Chipre pela primeira vez, em 2010, as tensões já tinham diminuído. A Linha Verde continuava a existir, mas George e Yioula tinham conseguido uma permissão de um dia para me levar ao outro lado da fronteira.

Eu não compreendera quanto isso era difícil para eles. Pedir aos cipriotas gregos que atravessassem para o lado turco era como pedir a um exilado cubano para levar alguém a Cuba. A sensação de perda, tanto pessoal quanto cultural, era profunda.

Ao passarmos pela fronteira, Yioula resumiu seus sentimentos num sussurro:

– Mil suspiros.

Naquela primeira viagem, passamos de carro pela casa da infância de Yioula, em Famagusta, um lugar usurpado por uma família turca. George havia tentado dissuadi-la, mas ela foi irredutível. Ficou olhando atentamente para a casa, mas não disse uma palavra.

Depois, seguimos por um cenário desolado até o litoral leste da ilha, refazendo o percurso que Panos tinha feito com Soulla em 1996. Assim como eles, dispúnhamos apenas de algumas horas. Eu não soubera dessa história na minha chegada, e só tinha conseguido encaixar um dia na minha agenda.

Nesta segunda viagem, estava decidida a voltar ao norte do Chipre. A imergir, ao contrário de na primeira vez, nos lugares que Panos havia amado. Ir ao mosteiro de Santo André, de onde viera a medalha que eu agora usava como colar – a medalha de Panos.

E à Praia da Tartaruga, onde, como Soulla me contou, Panos havia tirado os sapatos e dançado na areia dourada, com os braços levantados, rodopiando de alegria.

A península oriental de Karpaz, onde Panos foi criado, é cheia de morros, pedregosa, poeirenta e desolada. Poucas pessoas moram na região, especialmente depois da invasão turca, e a terra não é cultivada como no lado grego. Pode-se dirigir por quilômetros e quilômetros na estrada solitária, sem ver nada além de pedras e arbustos, campos marrons e sarças.

Depois se emerge 30 metros acima de uma enseada, onde a água azul-safira se mistura com o verde-azulado.

Mais umas dez curvas, e de novo uma travessia de quilômetros de campos marrons e de sarças, até que outra curva revela uma enseada maior, onde o safira se combina com o verde-azulado, e este com o turquesa.

Uma placa escrita à mão, no meio do nada, indicou que havíamos chegado: "Praia da Tartaruga do Hasan OK para carros."

Entramos numa estrada de areia que descia o morro até a praia. Mais ou menos na metade da descida, paramos num estabelecimento ao ar livre para comer – a única construção do local – e estacionamos.

E foi como se entrássemos num cartão-postal.

O dia estava tão claro que podíamos ver as montanhas da Turquia, a 65 quilômetros de distância. Não havia uma só nuvem. O sol brilhava em cada centímetro da paisagem, iluminando num tom azul brilhante a vastidão do Mediterrâneo diante de nós.

É comum eu me deslumbrar com as cores à beira-mar.

Com o violeta-escuro do Pacífico, visto da beira de um penhasco no Havaí com John.

Com todos os matizes de água-marinha das águas ao redor das Bahamas, onde os trechos rasos sobre os bancos de areia pareciam pedrinhas do mar azuis, quando Nancy e eu as sobrevoamos.

O oceano Atlântico, meu oceano, tem mais matizes de verde que de azul. Na minha cabeça, verde é bom para quartos, mas não para mares. Esta é uma opinião que vem das minhas lembranças infantis de incontáveis dias boiando em piscinas muito, muito azuis. Quando uma piscina estava esverdeada, isso queria dizer que estava suja.

Mas a cor do Mediterrâneo na Praia da Tartaruga...

Ah, a cor!

Não era azul-marinho nem azul-real. Azul-safira. Uma pedra preciosa com toques de verde-azulado e turquesa, e todo aquele espectro estendendo-se por quilômetros, para além de uma praia de areia dourada.

Pedi para me deixarem na minha cadeira de rodas, bem ali, junto do carro, embaixo de uma árvore, pois queria apenas ficar sentada, gravando aquela imagem na mente.

Entendi por que Panos adorava aquele lugar. Eu também o adorei.

A água ficava a uma distância maior que o comprimento de um campo de futebol. Eu disse a John que queria permanecer ali, sem descer até a praia.

Hasan (o gerente do restaurante) e John me carregaram na cadeira de rodas, levantando-a acima do solo irregular da trilha, até o restaurante de telhado de sapê. Pedimos cerveja e kebabs, na sombra, mas bem no meio da paisagem.

A praia poderia comportar milhares de pessoas. Devia haver umas vinte, talvez.

Os outros me deixaram e desceram até a enseada para nadar. Do meu posto de observação, pareciam pontinhos na areia.

Pensei naquela frase de Isaac Newton em que ele se compara a um menino brincando na praia, concentrado nas conchas, "enquanto o vasto oceano da verdade se estendia, inteiramente inexplorado, diante de mim".

Como era linda a minha vista do alto, de onde eu podia contemplar a cor e a vastidão do mar. Procurei ativamente ficar bem, mesmo não podendo descer até lá, nadar e dançar na areia.

Este é o segredo que venho aprendendo mais a cada dia: não querer coisas que não posso ter ou não posso fazer.

Eliminada a vontade, elimina-se a dor.

John e Nancy voltaram do mar.

– Como estava a água? – perguntei.

– Perfeita! – respondeu John. – Calma, limpa e morna.

Ele disse que a vista embaixo d'água era chata, não havia nada além de areia. Nada de peixes. Nem moluscos. Nem mesmo pedras.

Nancy derramou-se em elogios à luz embaixo d'água, que lembrava um caleidoscópio de vidro azul e amarelo.

Perspectiva. É tudo uma questão de perspectiva.

Tomamos mais cerveja, comemos mais kebabs e, por fim, com relutância, partimos no final da tarde em direção ao nosso hotel, no lado turco da fronteira. Fizemos a maior parte do trajeto em silêncio, exceto por erupções periódicas de gargalhadas.

Nancy, que conduzia o furgão com direção do lado direito (o Chipre tinha sido território britânico durante muito tempo, e eles ainda dirigiam na mão inglesa), esperava instintivamente que a alavanca da seta ficasse à esquerda do volante. Toda vez que a acionava, ela ligava o limpador de para-brisa.

Os limpadores corriam pelo vidro empoeirado.

– Tudo bem – dizia Nancy –, vou-me concentrar! E não vou fazer isso de novo.

E continuou fazendo durante todo o trajeto.

Uma bruma leve desceu, o mar ficou mais negro que azul. O sol se pôs no oceano, refletindo com tanta intensidade que parecia haver um calombo no horizonte, lá onde a luz se encontrava com a água, como se o sol puxasse uma onda para sua claridade.

A névoa do entardecer coloriu as montanhas. Em dado momento, vimos seis pequenas encostas, cada uma de um azul-acinzentado mais pálido, cada qual uma sombra das outras.

Uma paisagem extraordinária para encerrar nosso dia extraordinário, refazendo os passos de um homem extraordinário.

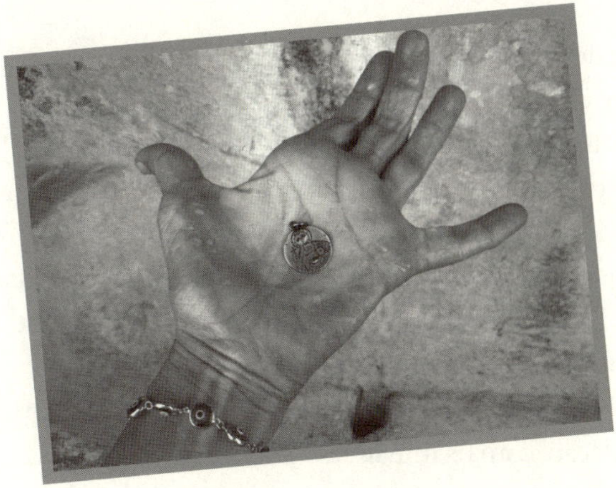

Santo André

O mosteiro ficava num cabo que se estendia para o mar Mediterrâneo. *Apostolos Andreas*. Um lugar de história. Um local de peregrinação para os fiéis da Igreja Ortodoxa Grega, que iam em busca do poder curativo de Santo André.

O escritor Colin Thubron, em seu livro *Journey into Cyprus*, observou que, já no ano de 1191, existira uma abadia nesse local. Atualmente, uma capela do século XV cobre suas fontes de águas curativas. Diz a lenda que a água brotou sob os pés de Santo André quando ele desembarcou na praia.

Em 1972, quando Thubron escreveu seu livro, várias barracas instaladas em volta do mosteiro, que fica numa gigantesca praça, abrigavam centenas de visitantes. "É que Santo André é um grande milagreiro, e esta é a Lourdes do Chipre."

Thubron descreveu um clima de parque de diversões, com uma aglomeração de pessoas em busca de bênçãos e milagres. Testemunhou uma profusão de batismos realizados com o "ímpeto de uma indústria", os fiéis levantando os filhos para beijarem os ícones.

Aquele devia ter sido o Santo André da infância de Panos, a lembrança que ele amava e fora buscar.

Em 1996, entretanto, o mosteiro de Santo André já não era o da juventude de Panos. Quando os turcos invadiram o lugar, em 1974, dividindo o país e expulsando do leste do Chipre sua população grega, as igrejas também foram atingidas. Se hoje você visitar um vilarejo na região de Karpaz, verá plantas crescendo no teto das igrejas e fezes de gato e de pombo revestindo seus santuários.

Agora existem mesquitas luminosas e brilhantes, construídas para a nova população, com os minaretes visíveis acima das casas das aldeias.

O mosteiro de Santo André não foi poupado. As paredes se esfarelavam, revelando pedras antigas, esburacadas pela negligência. As barracas que haviam abrigado peregrinos estavam cheias de detritos. No dia em que estivemos lá, gatos selvagens, cachorros esquálidos e dois jumentos selvagens eram os únicos outros visitantes.

– Aquele é o gato com a cara mais deprimida que eu já vi – disse Alina, filha de Soulla.

A arcada em que Panos tinha posado para sua fotografia parecia abandonada. Reboco lascado. Tinta descascando. Um local desolado, não o lugar feliz que parece ter sido, com meu pai biológico parado ali.

Mesmo assim, eu sorri, porque pude senti-lo nesse local que ele amava.

Imaginei o mosteiro repleto de fiéis, entre eles Panos, beijando os ícones dourados e se aglomerando de pé, enquanto o padre cantava e balançava o globo enfeitado de sinos e cheio de incenso queimando.

Imaginei sentir o cheiro do incenso adocicado em Panos, quando ele me desse um beijo de boa-noite.

É assim que a gente invoca um espírito.

É assim que se junta o que estava separado.

As águas sagradas de Santo André ainda fluíam, apesar do estado decrépito do mosteiro. Descendo muitos degraus, perto da praia, havia uma fonte.

Pedi a John que me ajudasse a chegar ao lugar onde fluía a água santa. Ele desceu um lance de escadas me carregando no colo, a respiração pesada, tentando não escorregar nos degraus de pedra desgastados.

Eu tinha ido ao mosteiro de Santo André em 2010, na minha primeira visita ao Chipre. Havíamos chegado no fim da tarde. Eu não tivera tempo para mais que uma fotografia, exatamente no ponto em que Panos havia posado para a dele, e uma caminhada até a fonte.

Enquanto o sol se punha a oeste, eu havia colocado a medalha de Santo André, que estava no bolso de Panos quando ele morreu, na minha mão esquerda murcha e a segurara sob a corrente de água fria.

– Olá, Deus – eu rezei. – Por favor, solucione este mistério. Por favor, permita que seja outra coisa que não ELA. Por favor, deixe meus filhos ficarem com a mãe deles. Porque eles não fizeram nada de errado.

Eu havia tirado uma fotografia da minha mão com a medalha na palma e a água correndo sobre ela.

E lá ficara, parada, em silêncio. Esperando.

Nessa segunda visita, achei que poderia rezar por um milagre.

É, eu acredito em milagres, como concluí no trajeto para o mosteiro.

Bastava olhar para a minha mãe. Ela era um milagre, por ter ficado tão perto da morte e estar viva até hoje.

Sim, acredito em milagres.

Mas eu não esperava milagre algum.

Nem achava que merecesse um.

Minha mãe foi uma devota fiel durante toda a vida. Eu não. Minha mãe sempre obedeceu a Deus, enquanto eu não.

Quando faltavam uns vinte degraus para chegarmos à fonte de água sagrada, John me pôs no chão para descansar um pouco.

– Está bom aqui – eu lhe disse. – Não precisa me levar mais para lá.

Uma lua cheia se elevava atrás de mim sobre o Mediterrâneo. Mal pude me virar para olhá-la.

A viagem ao Chipre tinha acelerado meu enfraquecimento. Eu já não conseguia virar o meu corpo. Não podia mais segurar coisas com a mão direita. Pela primeira vez, meu pé esquerdo dobrou-se inteiro, quando apoiei meu peso nele sem a órtese. Minha fala estava tão arrastada que eu relutava em falar.

– Tão triste – comentei, falando enrolado ao contemplar o mosteiro decrépito, sentada ao lado de John.

Ele consultou o relógio.

– São 19h40 – respondeu ele, que não entendeu o meu comentário.

A lua se ergueu mais alto sobre o Mediterrâneo e o mosteiro foi ficando às escuras. Alina trouxe o carro pelo estacionamento de cascalho para me buscar. *Crec, crec, crec*, fizeram meus passos lentos em direção ao automóvel, enquanto John me sustentava de pé. Agradeci por ainda conseguir andar.

Voltamos tarde ao hotel Theresa, cansados e famintos.

Havíamos encontrado esse hotel em 2010, dirigindo pela costa nas imediações de Yalusa, o vilarejo grego onde Panos crescera. Não havia ninguém quando tocamos a campainha na recepção, mas logo chegou um homem mais velho, carregando caracóis. Tinha saído para caçá-los.

Era Erdogan, o dono da pousada. Ele havia conhecido o pai de Panos, que era professor do ensino fundamental.

"O avô da sua amiga veio de Karava, perto de Kirênia", escreveu Erdogan a Nancy por e-mail, algum tempo depois. "Ele adorava Yalusa. Alugou uma casa e continuou a levar a vida. Era professor do ensino fundamental. Se dava bem com a gente do vilarejo. Ele os ajudou a fazer tabaco. Construíram uma grande fábrica para guardar tabaco. Depois ele criou uma organização para dar dinheiro aos aldeões. O povo de Yalusa o adorava."

O hotel Theresa era uma pousada sem estrela nenhuma, com móveis de plástico branco, lâmpadas sem cúpula e lençóis descombinados. Mas seu restaurante ao ar livre ficava num local cinco estrelas: o alto de uma colina de frente para o mar.

Esse canto da Terra era luminoso.

Pedimos uma *mezze* de frutos do mar, na expectativa de uma comida medíocre. Desculpe, Erdogan, mas é verdade.

Um garçom tatuado, de camiseta regata, foi trazendo os pratos. Primeiro, uma salada fresca de tomate-cereja e pepino picadinhos. Em seguida, uma salada de lentilhas e arroz. Uma salada de triguilho. *Homus*, iogurte e pão pita frescos. Azeitonas pretas condimentadas. Cerveja.

Depois vieram os pratos principais. Primeiro, uma montanha de camarões graúdos, cada um do tamanho de um punho fechado, as antenas curvando-se sobre a borda do prato. Lulas frescas fritas. Uma pilha de peixinhos prateados. Não sobrou espaço na mesa.

Comemos sem parar, passando os pratos adiante. John descascou os camarões para mim. No Chipre, nós dois desenvolvemos uma técnica para ele me dar comida em todas as refeições. Em vez de preparar uma pequena garfada e esperar que eu engolisse, ele me deixava mastigando e voltava para sua comida. Eu lhe dava um tapinha de leve quando estava pronta para a garfada seguinte.

Tap, tap, tap, fui dando tapinhas, encantada com aquele banquete.

Estávamos empanturrados quando o garçom veio com uma pilha de filés de peixe e lagosta.

Tap, tap, tap!

A refeição terminou com uma bandeja de fatias de melancia e ameixas. Ficamos lá sentados, bebendo, fumando e conversando.

Havíamos contratado uma equipe cipriota para filmar nossa viagem ao Norte. Stella, a técnica de som, disse que gostaria de mostrar uma música para a gente.

Bem, Stella era um fiapinho de moça, com membros longos e finos, tênis de cano alto e um corte de cabelo de garoto. Num dos locais em que estivemos, foi confundida com uma criança.

No terraço de Erdogan, ela fechou os olhos, abriu a boca e cantou *a cappella*. Cantou com uma voz que mal pude acreditar que viesse daquele corpo frágil. Com afinação perfeita, entoou uma canção em grego sobre uma mulher cujo homem amado, um marinheiro, vai partir para o mar.

Não entendi uma palavra sequer. Mas poderia ter ficado escutando para sempre.

O ancião de Karpaz

Um pouco mais cedo nesse mesmo dia, na mesma cadeira de plástico branca em que Stella cantou, sentara-se outra alma extraordinária: um homem chamado Savas.

Quando fizemos a reserva, Erdogan se ofereceu para nos ajudar a localizar pessoas das aldeias vizinhas que tivessem conhecido Panos ou o pai dele, Petros, o professor do vilarejo.

– O velho do vilarejo grego, o ancião de Karpaz, os conheceu – disse Erdogan. – Vou trazê-lo para vocês.

Antes de irmos ao mosteiro, o senhor de 82 anos apareceu. Savas usava óculos grossos de armação preta e andava com uma bengala. Tinha apenas um dente superior.

– Vou colocar meus dentes na segunda-feira – disse, com uma expressão radiante.

Savas havia optado por permanecer em sua aldeia grega depois da invasão turca. Tornou-se o perfeito diplomata da região, disse Erdogan, cativando os turcos, promovendo a paz e recebendo os funcionários da ajuda humanitária da ONU que abasteciam a aldeia.

Ele falava muito bem o grego, o turco e o inglês britânico. Tão bem que inclusive chegou a corrigir a pronúncia de Nancy uma vez.

– Ah, é isso mesmo, você é americana – sorriu.

Savas havia estudado com meu pai biológico. Perguntei-lhe se Panos tinha sido bagunceiro nas aulas. Eu tinha: adiantava o relógio, cortava pontas de rabos de cavalo e – o favorito de Nancy – pendurava lápis nas minhas narinas nas aulas de matemática.

– Não, não, Panos era um bom menino. Filho de professor – disse Savas.

Savas conhecera meu avô, Petros, e minha avó, Julia – você deve se lembrar da mulher de bigode numa fotografia que confundi com um homem.

– Susan parece com Panos? – perguntou Nancy.

– Ela parece com a avó – foi a resposta.

Nós caímos na gargalhada. Nancy partiu para a tacada final:

– Ela era bonita?

– Ela era... uma dama – disse Savas rapidamente.

Nancy e eu caímos numa gargalhada incontrolável. Alina, que se lembrava de ter medo da avó bigoduda quando criança, sorriu em silêncio.

Mudei de assunto, interessada na vida de Savas como refugiado em sua própria terra.

Erdogan tinha mencionado que havia algo que Savas não nos contaria. Que ele perdera um filho na guerra. Perdera mesmo. Esse filho nunca mais voltara para casa, nem vivo nem morto.

Savas nos disse que sua aldeia grega estava agora reduzida a 68 pessoas, em vez das centenas anteriores. O aldeão mais jovem tinha 42 anos e finalmente se casara, mas não podia ter filhos.

Perguntei se Savas era feliz por ter ficado.

– Um milhão por cento feliz – respondeu-me.

Não expressou nenhum ressentimento, nenhum ódio. Não culpou ninguém, apesar de ter visto seu vilarejo definhar e de ter perdido o filho.

Nunca me esquecerei dessa postura dele.

Obrigada, ancião de Karpaz. Obrigada.

Deixo o Chipre, a ilha física e o lugar no meu coração, levando comigo a sua maneira de enxergar as coisas.

Nova York

Julho

Os Kardashians

Marina, minha filha, estava me fazendo morrer de rir com a descrição de Alex, mãe de Lizzy, sua amiga cubano-americana, e suas várias crendices.

Por exemplo: ela acha que, se você falar no celular quando a bateria estiver fraca, ficará com câncer. Se dormir com o cabelo molhado, terá pneumonia. Se nadar numa piscina em que haja folhas, terá alguma doença terrível.

Marina é vegetariana há anos – por opção dela, não minha – e isso deixa Alex horrorizada. A mãe de Lizzy está convencida de que é algo que vai prejudicar a fecundidade da minha filha.

– Ela me disse que um dia vou ter que pôr iogurte na vagina – contou Marina.

Marina e a amiga não têm permissão para dormir juntas na cama queen size de Lizzy, por medo de que as duas virem "lesbos", como diz minha filha, fazendo aspas no ar.

Certa manhã, o pai de Lizzy as encontrou dormindo na mesma cama.

– Ele perguntou se a gente tinha se beijado – contou Marina, franzindo o rosto numa expressão de "Que merda é essa?".

Mas os olhos de Marina se arregalaram e seu rosto foi tomado por uma verdadeira expressão de horror, quando ela declarou:

– Eles fazem a Lizzy arrumar a casa inteira!

Aqui, na residência dos Wendel, uma das maiores causas de discussões é a extrema bagunça que a Srta. Marina faz.

É comum o quarto e o banheiro dela darem a impressão de terem sido invadidos por travestis que vasculharam todas as gavetas, experimentaram todas as peças de roupa, abriram todos os potes de maquiagem, escovaram os dentes, deixaram respingos de cuspe na pia e largaram a chapinha chamuscando a penteadeira.

Quando eu podia andar e gritar – já não consigo projetar a voz o bastante para produzir um som alto –, muitas vezes irrompia pelo quarto de Marina, recolhendo as coisas espalhadas e gritando "Vou dar essas coisas a uma criança que cuide delas!".

Lembro-me nitidamente de parar diante de meus filhos, berrando "Parem de gritar!!".

Agora não mais.

Agora sou mais água com açúcar, o que é outro motivo de consolo nesta confusão toda com a doença de Lou Gehrig. Fico plantada na minha cabana, sem poder ver a bagunça do quarto de Marina, entrando no meu clima zen e ruminando a ideia de que não se pode lutar contra a natureza. Não se pode lutar contra os hábitos bagunceiros de uma adolescente.

E não posso lutar contra o que está acontecendo comigo. Não existe cura para a esclerose lateral amiotrófica.

(O que é um absurdo, aliás. Setenta e três anos depois do famoso discurso de Lou Gehrig, ainda não se desenvolveu nenhuma cura. É um absurdo! Quer dizer, o meu telefone é capaz de falar comigo. Podemos brincar com carros por controle remoto em Marte. Mas não conseguimos descobrir como manter os nervos vivos.)

O que tiver de ser será, digo a mim mesma.

E lá vem John, aos gritos:

– Não acredito que você deixou que ela fosse à praia, com o quarto daquele jeito!

– Não lute contra a natureza – respondo, calmamente.

– Susan! Isto é anti-higiênico!

Relaxei muito nesse setor da maternidade. O de encher o saco dos filhos para transformá-los em pessoas melhores, mais arrumadas e mais higiênicas. Posso viajar à Hungria e ao Chipre, mas não sou capaz de entrar no quarto da minha filha para mandá-la pegar a blusa suja do chão.

Sobrecarreguei o pobre do meu marido com essa tarefa.

John, que já foi um dos sujeitos mais equilibrados que você poderia conhecer, agora tem ataques quase diários, na tentativa de fazer as crianças recolherem papéis de bala e outras embalagens, guardarem a roupa, tirarem a mesa ou ajudarem a esvaziar a lava-louça.

Um papel de barrinha de cereal largado no sofá pode se tornar uma comoção de quinze minutos que começa com "Eu já disse pra vocês não comerem no sofá!".

Hoje de manhã, John acordou Aubrey batendo numa panela e mandando-o levantar da cama imediatamente para recolher o tal papel.

Pobre John, deixei as coisas correrem frouxas, por não querer mandar as crianças fazerem o que eu costumava fazer. E agora o transformei no disciplinador. Naquele que entra num cômodo – agora que não posso andar – e diz "não" aos filhos.

– Não se atreva a fazer Marina achar que ela tem que ser a mãe – vivo dizendo a ele.

Felizmente, Marina tem 14 anos. O que equivale a dizer que está morando em outro planeta. É comum ficar ocupada demais com os amigos para pensar em mim.

Durante grande parte do tempo, ela bem que poderia ser guiada por controle remoto, como aquele carrinho em Marte.

Eu me lembrei disso outro dia, quando ela entrou saltitante na sala e perguntou se podia mudar de canal para assistir a um reality show chamado *Keeping Up with the Kardashians.*

– É claro – concordei, ansiosa por compartilhar algo com ela.

Prefiro *Law & Order*, *Planeta gelado* ou talvez *Meu grande casamento cigano*. Pelo menos o programa sobre casamentos ciganos tem a seu favor um toque de ostentação barata. Mas e os Kardashians?

Marina ficou assistindo, completamente absorta, enquanto um bando de mulheres deslumbrantes, cujos nomes começam todos por "K", brigavam com seus maridos emasculados. Elas faziam brincadeiras como esconder as Ferraris umas das outras. As mamães entravam e saíam apressadas das mansões, ocupadas demais com seus negócios em ascensão para fazer o jantar dos filhos, e transportavam as crianças em seus carros esportivos, fazendo gestos obscenos e gritando palavrões para os outros motoristas.

Marina estava fascinada.

– Por que diabos você quer assistir a esse programa? – perguntei.

– O que ele tem para não gostar? – retrucou minha filha.

– Do que é que você gosta nele? De quê? Ajude-me a entender.

– Ah, mamãe, você é tão fofa.

É, é comum Marina dizer que eu sou fofa, enquanto saltita de um cômodo para outro, tingindo o cabelo ou assaltando meu closet, e passando por mim quando estou na cadeira, tentando comer numa bandeja, feito uma criança de 2 anos.

– Você é muuuito fofa – diz ela.

E a minha alma sorri.

Fico contente por ela me achar uma fofa.

– Quero levar você numa viagem – eu disse a ela. Uma viagem de que ela possa se lembrar muito depois de eu ter partido. Quero encontrar uma maneira de entrar no mundo dela, pelo menos por alguns dias. Não lhe falei dessa parte.

– Aonde você gostaria de ir?

Os olhos de Marina se arregalaram. Ela sorriu:

– A Calabasas, na Califórnia. Para conhecer os Kardashians.

Ela não estava brincando.

Anos atrás, assisti ao filme *A vida é bela*, sobre um homem num campo de concentração com o filho pequeno. O homem reinventa toda a experiência para o menino, escondendo o horror no humor e na fantasia. Escondendo o horror com seu entusiasmo.

Tento fazer o mesmo diariamente com a ELA. Durante muito tempo nem sequer dissemos esse nome perto das crianças, porque no Google elas estão a uma busca de distância do horror.

No começo, um psicólogo recomendou que John e eu não falássemos da minha doença com as crianças. Ele nos disse que os filhos fazem perguntas quando estão prontos.

Marina não perguntou praticamente nada.

Torço muito, muito, muito para estar fazendo a coisa certa. Para estar fazendo o que deveria por meus filhos. Fico me perguntando se um dia tudo isso vai ter o efeito contrário, se Marina vai ficar decepcionada por não termos discutido minha doença ou falado sobre o que a situação de morrer jovem me ensinou.

Espero que não.

Ela só tem 14 anos. E é perfeitamente ela mesma.

Sou péssima em prever o comportamento humano. Nunca teria imaginado que os seres humanos pagariam cinco dólares por uma xícara de café se a chamássemos por um nome em italiano. Ou que gastariam uma nota preta para ficar de pé, embaixo de sol, vendo carros de corrida andando em círculos. Ou que assistiriam a *Keeping Up with the Kardashians*.

Mas de uma coisa eu sei ou, pelo menos, acho que sei: quanto mais forte eu for, mais fortes serão os meus filhos.

Wesley acha o maior barato eu comer numa bandeja agora, igualzinho a ele na escola. E também está protegido pela síndrome de Asperger.

– Mamãe, posso usar a sua bandeja? – pergunta.

– É claro – respondo.

Ele se afunda no assento ao meu lado.

– Isso é legal – diz.

Observa atentamente enquanto pego uma azeitona e a levanto devagar em direção à boca.

– Você gosta da Lilo ou do Stitch? – pergunta.

Eu o olho, mastigando devagar. Ele sorri. É, meu filho, isto é mesmo muito legal.

E Marina?

Eu a teria levado num piscar de olhos a Calabasas, na Califórnia, meu amor. Mas você não pode simplesmente chegar andando à casa dos Kardashians – mesmo que ainda consiga andar.

A viagem de Marina

A viagem a Nova York foi planejada num segundo, bem ali no salão de beleza, enquanto minha cabeleireira tingia meu cabelo.

Kerri é mais que minha cabeleireira – é minha amiga. Nós nos conhecemos há dez anos. Nossas filhas são amigas desde o jardim de infância. Nossos meninos costumavam ir juntos para a escola.

Ela já era divorciada quando a conheci. Agora vai se casar com a namorada, Pam.

Pam é microbiologista. É amável, de alma doce, tão hábil no trato com as pessoas quanto com as placas de Petri. Kerri vinha andando nas nuvens de tanta felicidade por tê-la conhecido. Não precisava nem dizer isso – embora dissesse, centenas de vezes.

Dava para perceber em seu jeito saltitante de espalhar a tinta pelo meu cabelo.

Kerri é o que eu chamo de uma mulher do tipo "abrace os empregados" – tão afetuosa que sai abraçando todo mundo, inclusive minha empregada doméstica Yvette, toda vez que vai à minha casa. Quando ela está feliz, sabe?

Enquanto esperávamos a tintura pegar nos meus fios grisalhos, Kerri me contou os detalhes da cerimônia de casamento que estava para acontecer.

Seria em Nova York, onde o casamento entre pessoas do mesmo sexo já foi legalizado. Seu vestido seria azul-celeste e o de Pam, preto. A recepção seria na casa da irmã de Pam, em Hackensack, Nova Jersey. Haveria cupcakes feitos pela Cake Boss, com flores de hortênsia, porque elas parecem borboletas. A falecida mãe de Kerri adorava borboletas.

Havia uma porção de outros detalhes planejados para homenagear os entes queridos que as duas haviam perdido. Os buquês seriam lembranças dessas almas. As moedas que o vovô costumava esfregar; as flores que a vovó fazia com tecido de seus vestidos velhos; uma pequena foto do filho bebê que havia morrido; uma pedrinha do mar – azul-celeste e em formato de gota – que elas haviam achado num dia em que Kerri estava com uma saudade enorme do seu irmão morto.

No lugar dela, eu estaria hiperconcentrada num buquê perfeito: rosas purpúreas de haste curta, atadas com uma fita da cor perfeita. E ali estavam Kerri e Pam, muito preocupadas em segurar os mortos em suas mãos.

Fiquei tão comovida que me convidei para o casamento.

Então lembrei que, no ano anterior, Marina quisera desesperadamente participar de uma excursão da escola a Nova York. Eu lhe disse que primeiro ela teria que melhorar as notas. E então ela concluiu que isso ia dar trabalho demais.

– Você quer ir a Nova York? – perguntei-lhe nessa noite. – Kerri vai se casar lá.

– É claro – disse Marina.

– Há algum outro lugar aonde você preferiria ir?

Marina sorriu. Tenho que me gabar, o sorriso dela é a coisa mais linda que existe.

– Não, mamãe – disse ela. – Nova York está ótimo.

– Podemos fazer compras.

– Sério? – Nessa hora ela se empolgou.

– Podemos ir a um show na Broadway. Um que tenha trompetes. E, quem sabe... à Kleinfeld?

Marina e eu adoramos um programa de televisão chamado *Say Yes to the Dress*: um reality show de noivas se arrumando na famosa loja de noivas Kleinfeld, com todo estilo e dramaticidade, e suas famílias reunidas. Eu lhe disse tantas vezes: "Querida, um dia nós vamos à Kleinfeld comprar seu vestido de noiva."

E sempre cumpro minhas promessas.

Pelo menos as que significam alguma coisa.

– Está bem – disse Marina.

– Talvez você possa experimentar um vestido.

– Mamãããe!!!!! Eu só tenho 14 anos.

No fim de semana anterior, Marina tinha ido a um baile do oitavo ano. Seu primeiro. Passara horas e mais horas nas compras para escolher o vestido, os brincos, os sapatos, o tom certo de base e, depois, foi novamente a algumas lojas para escolher o tom exato do batom. Ela é mesmo minha filha!

Ficou deslumbrante, com um ar maduro, mas jovem. Com seus primeiros sapatos de salto alto, andava feito um pônei recém-nascido, com as pernas compridas demais para o corpo, sem equilíbrio. Era a imagem da juventude, com aquele sorriso sem jeito.

Ela ainda nem havia entrado no ensino médio e eu estava sugerindo um vestido de noiva.

– Só de brincadeira, Marina. Você nunca teve vontade de conhecer essa loja?

– Acho que sim. – Ela se animou: – E aí podemos fazer compras.

– É claro.

Eu não lhe disse o que estava pensando naquele momento. Que ela estava absolutamente no auge. Que poderia ser qualquer pessoa que quisesse.

Que eu não veria a mulher em que ela ia se transformar. Não veria sua formatura nem chegaria a conhecer seu acompanhante ao baile de formatura.

Não lhe disse quanto eu queria isso. Visitar a Kleinfeld. Ver minha filha sair do vestiário usando seda branca e, de repente, imaginá-la dali a dez anos no futuro, nos bastidores antes do casamento, num momento que jamais compartilharei.

Nada de expectativas, eu disse a mim mesma.

A vida de Marina só diz respeito a ela.

Em Nova York, prometi a mim mesma, faríamos as coisas naturalmente. Marina experimentaria todos os vestidos que quisesse, mas só os que quisesse, mesmo que não fosse nenhum. Eu não lhe pediria nada. Não teria expectativas. Não forçaria minha filha a fazer nada que ela não quisesse.

Compreendi há muito tempo, quando fui diagnosticada, que não posso obrigar ninguém a nada. Fique zen, Susan. O que tiver que ser será.

Não compraríamos um vestido. Um jornalista escreveu isso mais tarde: que Marina e eu estávamos indo a Nova York comprar um vestido de noiva.

Que homem, esse redator! Nenhuma mulher em seu juízo perfeito compraria um vestido de casamento pelo menos uma década antes da cerimônia. Nenhuma mulher imporia isso à sua filha. A moda se transforma. Os tempos mudam.

Eu queria simplesmente criar uma lembrança.

Queria ver minha linda filha no dia de seu casamento. Queria ter um vislumbre da mulher que ela será.

Talvez eu chorasse. As mães choram, não é? Mas eu sabia que também ia dar risada. Porque estaria com a minha Marina. Estaria imaginando a felicidade dela.

Era essa a lembrança que eu queria criar.

Quando minha única filha pensar em mim no dia do seu casamento – como eu espero que pense – quero que se lembre do meu sorriso ao lhe dizer, na Kleinfeld: "Você está linda, minha menina."

– Você é muito fofa, mamãe – disse Marina, trazendo-me de volta ao presente. – É claro que a gente pode ir à Kleinfeld.

Ela pegou uma mecha de cabelo que se soltara do meu rabo de cavalo e a prendeu atrás da minha orelha. Isso era algo que eu já não podia fazer, mesmo quando o cabelo me fazia cócegas no nariz.

Ela passou o braço em volta de mim, num quase abraço adolescente. Dei-lhe um tapinha com meus dedos crispados.

Um breve momento, perfeito assim.

Ela deu um pulo, com aquele sorriso no rosto:

– Você me dá uma grana? O Casey vai comprar sorvete.

– É claro, meu bem. Pegue minha carteira na bolsa.

Ela foi pegá-la.

– Nova York – disse eu, enquanto Marina enfiava uma nota de vinte dólares no bolso traseiro. – Traga o troco, por favor.

– Ah, mamãe, você é muito fofa.

E foi-se embora.

Tatuagens

Não sei como surgiu o assunto das tatuagens. Nunca fiz nenhuma. Nunca tive vontade.

Mas estávamos na cabana. Stephanie. John. Alguns amigos. Marina.

A gente fala de tudo ali. Tudo mesmo. Ela parece ter um efeito diurético: as palavras simplesmente escapam da boca das pessoas.

Por isso, acho que deve ter sido uma piada. Iríamos à Kleinfeld, que tem um programa no canal Discovery Home & Health. Por que não à Wooster Street Social Club, um estúdio de tatuagens do Brooklyn que também tem seu próprio programa, o NYInk, no TLC?

Droga. Para quem tinha passado a maior parte da vida sem TV a cabo, com certeza estávamos sendo influenciados pela televisão.

– Vou fazer uma aqui – falei, rindo.

– Onde, mamãe? No alto da perna?

Argh. Eu já não conseguia curvar o corpo para apontar.

– Não, no tornozelo. Vou escrever... – fiz uma pausa, para controlar a língua. Tenho que fazer isso quando uso palavras complicadas. – Serendipidade.

– O que é isso? – perguntou Marina.

Serendipidade. Boa sorte. O dom de fazer descobertas desejáveis por acaso.

Era a palavra que eu usaria para descrever a minha vida inteira.

– Olha no dicionário – respondi.

– Ah, mamãe – objetou ela, revirando os olhos. – Eu não pesquiso as coisas. Você sabe disso.

Não dei grande importância a essa conversa até alguns dias depois, quando Marina se aproximou da minha cadeira e se sentou no braço, como é seu costume fazer. Pegou uma mecha do meu cabelo e a prendeu devagarzinho atrás da minha orelha. Adoro isso.

– Eu quero mesmo fazer uma tatuagem em Nova York – disse ela.

Ai, caraca. O que foi que eu fiz?

– Uma centáurea-azul no tornozelo.

Ela sorriu, mas percebi que estava falando sério.

– Por quê, benzinho?

– Porque é o símbolo da ELA.

Acho que ela pesquisa as coisas, sim. E sabe.

É claro que sabe. Ela é uma garota esperta. Não posso protegê-la. Ela conhece o meu diagnóstico. Meu futuro. Sabe que não há cura. Que o fim está próximo.

E quer me manter por perto. Quer que eu fique com ela, sob sua pele, para sempre.

Por pouco não me convenceu. Por pouco mesmo.

Até que John, a voz da razão, disse:

– Nada de tatuagens, Susan. Caramba! Ela tem 14 anos.

Apoio

O Marriott Marquis é um hotel imenso, em plena Times Square. Se há um lugar no mundo que é a antítese da Praia da Tartaruga, é a Times Square.

Há gente por toda parte, inclusive no meio da rua. É proibida a circulação de carros por aqui.

Os prédios se elevam, imponentes. Cada loja parece ter luzes a dez metros de altura. O arranha-céu onde fica o globo luminoso do Réveillon é coberto por um monte de cartazes eletrônicos. O posto policial fica bem no meio da rua.

Será que mencionei as pessoas inteiramente vestidas de personagens de desenho animado pedindo moedas para tirar fotos com as crianças?

Chega-se à entrada principal do Marriott Marquis por um pequeno túnel, atravessando quatro fileiras de táxis. Lá dentro, as pessoas circulam com todo tipo de roupa – de sáris a chapéus de caubói. Há uma fileira de elevadores para o saguão do oitavo andar e, depois, um átrio central com quarenta andares de altura.

No centro disso tudo, os elevadores redondos de vidro levam as pessoas para cima num piscar de olhos, sem parar. Parecem tubos pneumáticos. Daqueles em que a mamãe costumava pôr os cheques quando passávamos pelo guichê de serviços do banco.

Aqueles tubos que aparecem em filmes em que há antigas salas de expedição de correspondência.

Adorei.

Eu não ia a Nova York desde 1988, quando passara o verão estagiando na Organização das Nações Unidas. Na época, morava num quarto sem banheiro na Martha Washington, um pensionato só para mulheres com ratos do tamanho de gatos.

Adorei aquele verão. Eu trabalhava duro na ONU. Caminhava pela cidade. Fiz amizade com estagiários do mundo inteiro. Andava de metrô com eles para ir ao Queens e a recantos misteriosos do distante Brooklyn, para provar a culinária nativa dos países deles.

Agora, estava tendo uma visão diferente de Nova York. Não só pela diferença de altura por causa da cadeira de rodas, mas do ponto de vista de uma mãe cuja filha fica embasbacada diante de tantas lojas.

Para não falar de Stephanie, que tropeçava ao nosso lado, ainda se recuperando de ter passado as três horas inteiras do voo torcendo as mãos, morrendo de medo.

Havíamos acrescentado mais um dia de viagem a pedido da minha editora. No começo, eu ficara ressabiada. Queria que esse tempo fosse só de Marina. Mas uma editora de Nova York estava bancando nossa hospedagem por mais uma noite e pagando para trocar nossas passagens de avião. Como diria Marina: "O que isso tinha para eu não gostar?"

Assim, a primeira parada foi do outro lado da cidade, para uma entrevista na editora.

Enquanto eu trabalhava, os "dois papais gays" de Marina, meu agente Peter e um amigo dele, a levaram para um passeio rápido. (Isto é uma piada interna – os dois são heterossexuais e casados.)

Depois, tive uma entrevista com uma redatora da revista *People*. A mulher mais agradável do mundo.

Mais tarde, tentamos ir à Serendipity, uma sorveteria famosa. Mas os degraus são altos e não há acesso para cadeiras de rodas. Fiquei sentada do lado de fora, aproveitando o sol e escrevendo, enquanto Marina e Stephanie estavam comprando sorvete. Alguém passou e me deu um dólar.

Elas me trouxeram chocolate quente congelado, um sabor especial da Serendipity. Tomei-o do lado de fora, ao sol. Perfeito.

De volta ao hotel, dei meu cartão de crédito a Marina. Ela saiu para fazer compras na Times Square. Sim, eu a deixei fazer compras sozinha em Nova York. Não se pode controlar tudo. É preciso confiar nos filhos e no mundo.

Ainda na semana anterior, Marina e uma amiga ficaram pulando de uma ponte em nosso lago local. A ponte tinha apenas três metros de altura, mas alguns pais não deixariam seus filhos irem.

Quem era eu para dizer "não"? Por acaso não passara a vida inteira saltando de pontes? Pois é, literalmente, na minha adolescência. Aliás, eu havia saltado exatamente da mesma ponte.

E também quando fui para a Hungria. Quando fui para a Colômbia. Quando me casei com John do nada. Quando abri a carta da minha mãe biológica.

Mas e os jacarés? Há sempre jacarés nas vias fluviais da Flórida, não é? Não, há apenas a possibilidade de jacarés, e a gente não pode se acovardar diante das possibilidades.

O próprio John tinha entrado naquele lago no ano anterior, quando, de algum modo, o aparelho ortodôntico de Marina saltara da boca e caíra dentro d'água, num dia em que estávamos no quintal de Steph. Ele e Marina passaram meia hora cavucando aquela água cheia de algas, e se John, cauteloso do jeito que é, achava que a água era suficientemente segura para ser vasculhada pelos dois, como é que *eu* podia negar um pouquinho de diversão à minha filha?

(A propósito, eles acharam o aparelho enterrado em meio às plantas.)

– Tome cuidado com este cartão – foi tudo que eu disse a Marina, antes de ela correr porta afora. Não estava com medo de que ela se perdesse, gastasse demais ou se expusesse a perigos.

Também não estava preocupada com os batedores de carteira. Minha única preocupação era que os jeans dela fossem apertados a ponto de a pressão catapultar o cartão do bolso para longe.

Quando foi que essas roupas colantes entraram tanto na moda?

Marina voltou para a festa dessa noite. Era uma recepção oferecida por Peter no restaurante giratório do quadragésimo sei lá qual andar do Marriott Marquis. Gente da editora e da agência dele. Charles Passy, o amigo que escrevera sobre mim em seu blog do *Wall Street Journal*. David Smith, o advogado que havia mostrado essa matéria a Peter. Duas pessoas da indústria cinematográfica que queriam fazer um filme sobre a minha vida.

– Eles vieram lá de Los Angeles para conhecer você – disse-me Peter, mais tarde, claramente impressionado.

Fui me deitar logo depois da festa. Quando a pessoa leva quinze minutos – e despende todas as forças que possui – só para se sentar no vaso sanitário, ela tende a ficar cansada.

A última coisa de que me lembro é de Marina parada à janela do nosso quarto de hotel, contemplando as luzes da Times Square.

Quando acordei na manhã seguinte, tudo parecia igual. A cidade obviamente não tinha dormido. Apenas continuava, sem parar.

Seguimos com ela. Para o café da manhã. Para mais compras.

O casamento de Pam e Kerri seria ao meio-dia, no Rockefeller Center, então resolvemos percorrer os oito quarteirões a pé. Stephanie me empurrou na cadeira de rodas.

Chegamos cedo o suficiente para dar uma volta por lá. Contemplamos os arranha-céus marrons, estranhamente silenciosos, e o famoso rinque de patinação, repleto de mesas para o verão. Havia umas cem bandeiras, pelo menos, do mundo inteiro.

E quinze degraus, sem rampa. Stephanie me ajudou a subir, um degrau de cada vez, enquanto Marina carregava a minha cadeira de rodas. Ao chegarmos ao topo, ambas estávamos suadas em nossos vestidos de casamento. Até eu, com meu traje preto e branco sem mangas que Stephanie tinha ajudado a escolher algumas semanas antes.

– Vamos – falei. – Está na hora.

O casamento era no Top of the Rock, o terraço panorâmico. Havia um tapete vermelho de verdade na calçada do lado de fora. Os convidados se aglomeravam na parte interna.

As noivas chegaram. Beijaram todo mundo. Distribuíram presentes. Uma mulher eficiente nos conduziu por um corredor especial e nos fez contornar a fileira de turistas até o elevador.

O elevador estava um tumulto. Vinte e tantas pessoas sugadas para o alto tão depressa que nossos ouvidos estalaram. Um vídeo no teto piscava imagens em movimento rápido, com uma música alta.

Chegamos com um sibilar de freios hidráulicos. A música e as imagens pararam. Os outros convidados começaram a sair, enfileirados.

– Olhem – cochichou Steph, apontando para cima.

Ali, no teto do elevador, havia uma joaninha. Tinha ficado escondida pelo vídeo.

Pensei no enterro do meu sobrinho Charlie, quando as joaninhas pousaram no caixão. Pensei em dias de verão. No presentinho em minha mesa de cabeceira, em casa.

– Isso é sinal de boa sorte – disse Stephanie. – É uma bênção.

– Tem outra ali – observou Marina, ao saltarmos.

Estávamos a 67 andares de altura, no meio de Manhattan, cercadas por joaninhas. Uma bênção.

Stephanie me empurrou até a sacada panorâmica. Daquela altura, Nova York parecia uma cidade de brinquedo, com os milhões de pessoas escondidos. Estávamos no topo do mundo.

Agora, durante os próximos minutos que estiver lendo, peço que você deixe de lado a sua opinião sobre o casamento entre pessoas do mesmo sexo. Já havia uma mulher no casamento – uma parente de Pam – alardeando sua desaprovação.

Isto não tem a ver com moral nem com a Bíblia. Tem a ver com Kerri, minha amiga de muitos anos. Aquele tipo de pessoa que está sempre presente para dar uma força quando a gente precisa. Alguém cujos relacionamentos eu tinha visto fracassarem durante anos. Uma mãe solitária que se sacrificava pelos filhos e trabalhava duro, mas nunca tinha alegria em sua vida pessoal.

Até conhecer Pam.

– Ela é a pessoa certa, Kerri – eu lhe dissera. – É a alegria que você estava esperando. E você merece.

Ela chorou e retrucou:

– Eu sei, e eu quase tinha desistido.

Eu quis ir ao casamento por causa de Marina. Porque não estarei presente quando minha filha se casar, mas quero que ela saiba que, independentemente de quem escolher – homem ou mulher, preto, vermelho, roxo ou marrom –, ela terá o meu apoio. Desde que essa pessoa a faça feliz e a trate bem, minha filha terá o meu apoio.

E eu queria estar presente por Kerri.

Ela me dera um presente no saguão. Típico dela – dando presentes, quando os devia estar recebendo. Enquanto esperávamos as noivas, eu o abri. Era um colar com a palavra *Serendipidade* gravada nele. Kerri e Pam haviam adotado a minha palavra.

Pus o colar junto com a medalha de Santo André que Soulla me dera no Chipre. Aquela que estava no bolso de Panos no dia em que ele morreu.

As noivas saíram. O vestido azul-claro de Kerri iluminava seus olhos azuis. Quanto a Pam, era a primeira vez que eu a via sem seus óculos de cientista, o que revelou grandes e lindos olhos castanhos.

Torci para que, para além do rosto uma da outra, elas olhassem para a cidade lá embaixo. Para os milhões de pessoas em todas aquelas torres de brinquedo. Como um lembrete da extraordinária bênção – a feliz coincidência – de encontrar, entre milhões de outras, aquela pessoa que é capaz de nos iluminar a alma.

Mas Kerri e Pam já sentiam isso.

Era possível ouvir em suas palavras. E ver na alegria de seus rostos.

Pude sentir isso quando o ministro disse "Eu as declaro casadas", e Pam comentou, quase inaudível, por entre as lágrimas:

– Nunca pensei que fosse ouvir essas palavras.

Kleinfeld

A história da nossa ida à Kleinfeld não pode ser entendida sem examinarmos de perto essa garota de 14 anos que é minha filha.

E a palavra-chave é esta: *quatorze.*

No avião para Nova York, Marina me contou sobre um passeio que fizera recentemente com a banda da escola, no qual um dos integrantes mastigou umas barras de granola, cuspiu-as dentro de um saco para enjoo e acrescentou suco de laranja, de modo a produzir um efeito realista de vômito. Ela achou a brincadeira hilária.

Ao pararmos o carro diante do hotel na Times Square, Marina notou uma de suas lojas favoritas de roupa, do outro lado da rua:

– Ah, meu Deus! Tem três andares!

Dentro do hotel, uma noite, entramos no elevador com umas caixas de pizza. Um outro casal ali também segurava uma pizza, e conversamos com eles.

– Cara, isso foi um hor-ROR! – disse Marina do papo sobre pizzas, ao sairmos do elevador.

Foi essa garota que levei à loja sofisticada de vestidos de noiva.

Uma criança.

Uma linda criança desajeitada.

Eu havia agendado essa ida à Kleinfeld com meses de antecedência: esmiuçando os detalhes, acalmando a gerência, convencendo a loja a nos deixar fazer uma sessão especial de prova, apesar de não termos nenhuma intenção de comprar um vestido.

Com a aproximação da viagem, eu ia perguntando a Marina se ela estava animada. "Sim", dizia a sua voz esganiçada e aguda, a que ela usa quando não tem muita certeza de algo.

– É claro, mamãe – dizia, encolhendo os ombros.

Mas ainda era efusiva ao falar da tal loja de tatuagens.

É... Marina estava mais entusiasmada com a ideia de (supostamente) tatuar uma centáurea-azul no tornozelo, para representar a luta de sua mãe contra a ELA, do que com a de experimentar aqueles vestidos de casamento de dez mil dólares.

Desajeitada, linda, querida.

Nossa ida à Kleinfeld seria na sexta-feira de manhã. Stephanie e Marina providenciaram um serviço de transporte para nos conduzir pelos 25 quarteirões: um extravagante furgão para deficientes, com elevador para a cadeira de rodas, embora, com ajuda, eu fosse capaz de sair dela e entrar num carro convencional.

As portas se abriram e a rampa elétrica subiu. O motorista me empurrou para dentro na cadeira, fixou-me com tiras como se eu fosse Hannibal Lecter e depois fechou tudo.

– Parece que eu estou levando você na carrocinha! – disse Steph, caindo na gargalhada.

Também ri.

Sabia que, se começasse a chorar, talvez não parasse nunca mais.

No trajeto, Marina ficava virando para trás e olhando para mim, na traseira do carro.

– Tudo bem com você, mamãe?

– Estou ótima – respondia.

Na Kleinfeld, fui descarregada feito uma encomenda. Caminhamos pela calçada movimentada e suja da cidade – com andaimes no alto e um cheiro nítido de maconha – e entramos num sonho.

Arranjos de flores de três metros de altura. Grades brancas numa sacada tipo Romeu e Julieta. Um vestido marfim posando ao lado de um smoking preto, formando um casal de noivos sem cabeça.

– Nossa! – exclamei.

Eu estava usando uma roupa preta nova, das quatro que havia comprado com Stephanie antes da viagem. Marina usava um short de brim, camiseta sem mangas e tênis. Postou-se ali, de braços cruzados, dando a impressão de que aquele era o último lugar do planeta em que queria estar.

Até a pergunta "Lembra-se disto, no programa?" provocou pouco mais que um aceno de cabeça.

As gentis funcionárias da Kleinfeld começaram a nos conduzir pelo salão de exposição. Stephanie empurrava minha cadeira, com Marina a meu lado. As moças foram apontando as salas como guias turísticas experientes, citando os nomes dos estilistas em exposição. Alita Graham, Pnina Tornai. Havia fileiras e mais fileiras de vestidos. Ofuscantes. Cheios de enfeites espalhafatosos. Nuvens de tule que faziam o vestido da princesa Diana parecer modesto.

Marina não disse palavra.

Dobramos uma curva em direção às salas de provas. Ao salão branco. Ao famoso depósito onde ficavam penduradas centenas de vestidos sob capas protetoras de plástico. O depósito a que Randy volta correndo, no programa de TV, para escolher "o vestido perfeito" para a noivinha atarantada que discute com a mãe na sala de provas.

Na televisão, o depósito é um banquete de delícias congeladas. Na vida real, é um closet embelezado. A Kleinfeld estava parecendo muito menor.

E os vestidos, muito maiores, como se fossem para noivas de contos de fadas com 2,5 metros de altura, em cerimônias de casamento realizadas num castelo. As mulheres da família Spencer-Wendel mal passam de 1,5 metro.

Marina e eu estávamos atordoadas.

– Quer experimentar algum deles? – perguntei, com a fala arrastada, tocando a mão de minha filha.

Estávamos num salão repleto de vestidos voadores, com os olhos levantados para suas bainhas. Um depósito extra, disseram-nos. Uma esteira rolante de vestidos que se estendia até o outro quarteirão.

– Está bem – respondeu Marina, com sua voz aguda.

– Diga a elas qual estilo você gostaria. Escolha uma silhueta.

A "silhueta" é o feitio do vestido – vestido de baile de saia ampla, reto, evasê.

Marina permaneceu muda.

Eu me senti mal por tê-la levado lá. Por impingir uma experiência tão adulta a uma criança. E chorar, eu sabia, só iria piorar tudo mil vezes. Então me contive.

Enquanto Marina desaparecia em silêncio no provador, procurei não pensar na minha garotinha no dia do seu casamento.

Procurei não pensar nela como um bebê no meu colo. Nem nela com o próprio bebê no colo, um dia.

Procurei não pensar em Marina nesse exato momento, constrangida com os planos da mãe. Com coisas que ela não podia e ainda não devia compreender.

Em vez disso, enchi Stephanie de dicas sobre vestidos de casamento.

Vou registrar no meu testamento que quero que uma parte do meu dinheiro seja para o vestido de casamento de Marina. Stephanie prometeu levá-la à Kleinfeld para comprá-lo. O que, por si só, já é uma maluquice divertida e adorável.

Sabe, a loja de roupas favorita de Stephanie, em todas as épocas, é o que chamamos de loja "unha de fome", onde minúsculos vestidinhos de verão de poliéster e sapatos altos de plástico custam 9,99 dólares.

Quando fomos visitar meu editor, tive que dizer a ela: "Cubra o busto. Use algo menos decotado."

E era com essa mulher que eu estava contando para ajudar Marina a escolher o vestido mais sofisticado e suntuoso de sua vida.

Que pena. Eu só torcia para que, àquela altura, essa multidão pavorosa de vestidos tomara que caia tivesse sido terceirizada na China. Na minha opinião, eles fazem as mulheres parecerem zagueiros de futebol americano.

– Que não seja branco ofuscante! – recomendei a Stephanie. – Marfim. Sem excessos de tule. Pense em renda.

Marina tinha escolhido um vestido evasê, desses que se abrem na base, feito a letra A. Ou, para ser mais exata, as vendedoras da Kleinfeld o haviam escolhido para ela. Minha filha estava atordoada demais para fazer outra coisa além de assentir com a cabeça.

– Pense na realeza, ao escolher um vestido – aconselhei Steph, enquanto esperávamos do lado de fora do provador. – Pense na princesa Kate. Sofisticada. Elegante. Pense em mangas compridas. Elas deixam os vestidos mais formais.

Marina saiu.

De tomara que caia. Saia evasê. Parecia uma garota de 14 anos parada no meio de um cupcake gigante, pronta para encarar o zagueiro.

– Não gosto dessa coisa estufada – comentou.

Era mesmo a minha filha!

– Que tal experimentar um de manga comprida? – perguntei.

Eu tinha mencionado ao pessoal da Kleinfeld que meu eterno favorito era o vestido usado por Bella no filme *Crepúsculo: Amanhecer*. Um invólucro de seda ajustado ao corpo, com renda transparente nas costas e mangas compridas cujas pontas de renda se estendem sobre as mãos.

As vendedoras trouxeram um vestido parecido com o da Bella e o da princesa Kate. Mangas compridas de renda e decote império, cintura justa com preguinhas, saia de seda longa e lisa, com cauda.

Marina entrou no provador. Continuei com a série de conselhos para Stephanie sobre "quando chegar o dia": "Quando chegar o dia, escolha *x*." "Quando chegar o dia, faça *y*." Conselhos de que não consigo me lembrar, porque meu coração estava naquele provador.

A porta se abriu. Marina apareceu, 30 centímetros mais alta e 10 anos mais velha.

Pude ver com clareza a bela mulher que um dia ela virá a ser.

Fiquei olhando fixo, simplesmente.

O que é que a pessoa faz nesses momentos decisivos em que sua perda lhe acerta uma martelada na cabeça, em que ela vislumbra um acontecimento importante que não viverá para ver?

Baixei a cabeça. Respire, eu disse a mim mesma.

Levantei os olhos. Sorri, e Marina retribuiu o sorriso. Posicionei minha língua para falar.

– Eu gostei – disse-lhe.

Em geral, Marina tem aquela postura encurvada dos adolescentes, mas, com aquele vestido, ficou ereta, radiante e alta.

– Você está linda – murmurei, com a língua não querendo cooperar. Não sei se ela me ouviu. Eu estava comendo as palavras e lutando para não chorar.

Tiramos algumas fotos.

E seguimos em frente.

Uma lembrança criada.

Marina devolveu o vestido e voltou para seu short de brim e seus tênis. Atravessamos em silêncio a sala das medidas, a sala dos smokings e o grande salão subterrâneo em que dezenas de mulheres se debruçam sobre as máquinas de costura.

Havia gente demais por perto para eu poder dizer o que queria a Marina. O quanto ela é especial para mim.

E que o meu espírito sempre estará com ela.

Sempre.

A Kleinfeld não era o lugar para esse tipo de conversa. Não com duas vendedoras nos cercando, dando conselhos sobre o véu. Com noivas de olhos vermelhos, circulando, acompanhadas por um séquito. Com o fluxo de pessoas que passavam por nós e nos cortavam o caminho, entrando em provadores.

A Kleinfeld havia hesitado em permitir que experimentássemos os vestidos, com medo de que inúmeras mães com doenças terminais pudessem baixar na loja. Não havia por que se preocupar, já que a loja não era o lugar para a pessoa dizer as palavras que espera que a filha se lembre pelo resto da vida.

Era melhor assim, provavelmente.

Porque Marina é uma criança.

Uma criança que conta com a mãe para estar ao seu lado. Para protegê-la.

Tornaram a me colocar no furgão para deficientes, com sua gaiola para cadeiras de rodas. Steph fez a mesma piada sobre a carrocinha. Ri para não chorar. Ah, minha doce irmãzinha, não me parta o coração.

– A gente pode comer uma pizza na volta? – foi tudo o que Marina disse.

– É claro – respondi.

Nessa noite, enquanto eu dormia, Marina se deitou a meu lado.

– Você é muito fofa, mamãe – Stephanie a ouviu dizer.

Ela me beijou.

Quando acordei, na manhã seguinte, minha filha estava dormindo ao meu lado.

Para sempre

Nós reservamos a última noite em Nova York só para nós três: Marina, Stephanie e eu.

Na viagem, não houvera nenhuma conversa com Marina sobre doença ou morte. Não com uma criança que acha que uma conversa superficial sobre pizzas é um horror. Não com uma criança tão encantada com suas roupas novas, compradas em Nova York.

– Estava em liquidação e era a única em tamanho extrapequeno! – guinchou ela, referindo-se a uma minissaia preta da loja mágica de três andares, perto do hotel.

Não, nada de conversas profundas com ela. O que eu podia dizer?

E assim, nessa última noite, fizemos uma coisa que não exige conversas. Algo que nos deixou sem fala. Fomos a uma peça na Broadway: *Wicked*.

É uma paródia de O *mágico de Oz* – a história sobre a amizade entre Glinda, a Fada Boa, e a invejosa Bruxa Má. Foi espetacular, com macacos voadores, trajes deslumbrantes e uma estrela de pele verde que cantava com a alma. Sentei-me ao lado de Marina. Toquei sua mão com meus dedos tortos, dando graças pelo silêncio, pelo escuro na plateia e pelo musical extravagante diante de nós.

Em Nova York, eu havia chorado uma vez, quando alguém me perguntou sobre os meus filhos. Não chorei na Kleinfeld, ao ver Marina com aquele vestido. Nem no casamento. Nem quando fui jogada naquele furgão para deficientes, feito uma encomenda.

Não até Marina se inclinar para mim, naquele teatro escuro, e começar a cantar junto com os atores uma música chamada "Para Sempre". As feiticeiras estavam se despedindo uma da outra, com um acompanhamento de harpa e clarim:

– *É bem possível*
Que nunca mais nos encontremos
Nesta vida,

Marina cantou, baixinho.

Meu coração disparado, os olhos ficaram marejados.

Por isso, deixe-me dizer, antes de nos separarmos:
Muito de mim
É o que aprendi com você.
Você ficará comigo
Como uma digital impressa em meu coração.

Olhei para minha filha. Minha garotinha. Levantei a mão devagar e enxuguei as lágrimas. Ao meu lado, Marina também enxugou as dela.

Terminada a peça, perguntei-lhe por que havia chorado.

– Porque você estava chorando, mamãe.

Está bem, pensei. *Chega disso.*

Ilha captiva

Agosto

A pata-de-leão

Como sua viagem especial, meu filho Aubrey escolheu ir à ilha Sanibel, na Flórida. Estivera lá alguns anos antes, com nossa vizinha Sabra e os filhos, e esse era seu lugar favorito.

A ilha Sanibel e sua vizinha, a ilha Captiva, são ilhas de barreira, planas e compridas, na costa oeste da Flórida – lugares famosos por suas conchas marinhas e seu lindo pôr do sol.

Entenda bem, nem toda praia tem conchas. A praia perto da minha casa, na Costa Leste, em geral tem só uma tira fina de conchas de 2 centímetros e cacos de conchas depositados pela maré. Sanibel e Captiva estão posicionadas de tal maneira no golfo do México, que milhões de conchas deságuam nas suas praias.

O sonho dos colecionadores.

E as ilhas ficam a apenas três horas de viagem a oeste de Palm Beach, após uma travessia tranquila do interior pantanoso da Flórida. Um mundo fechado, familiar, mas, assim mesmo, separado e especial.

Maravilhoso, pensei. *Perfeito*.

Pus mãos à obra.

Aubrey e eu nos sentamos na cabana e fizemos uma pesquisa na internet. Ele escolheu uma casa na ilha Captiva que acomodava dez pessoas, bem junto à praia. Tinha três andares, "com elevador, mamãe, pra você poder subir e descer".

Passaríamos uma semana lá no fim de agosto, com John, nossos outros filhos, Nancy, os filhos dela, Steph e a família, fazendo um rodízio. Mas nos primeiros três dias só eu e Aubrey.

E Steph, que cuidava de mim.

Eu sabia exatamente qual era a lembrança que eu queria plantar.

Quando meninas, Steph e eu ficamos apaixonadas por um livro chamado *A pata-de-leão*. Assim que o lemos – no quarto ano –, ele se tornou nosso livro favorito.

Adorávamos Nick e Penny, dois irmãos que fogem de um orfanato em que eram tratados cruelmente em busca de uma vida melhor. Eles conhecem Ben, um adolescente cujo pai desapareceu na guerra. Ben está convencido de que, se achar uma pata-de-leão – uma concha rara encontrada nas ilhas Sanibel, Captiva e nos arredores –, seu pai desaparecido voltará.

As crianças saem às escondidas no barco do pai de Ben, à procura da conchinha. Viajam por todo o sul da Flórida, lutando com jacarés, se escondendo em mangues, passando a perna nos vilões que os perseguem, estabelecendo uma sólida amizade, aprendendo lições e vivendo a grande aventura de sua vida.

Durante anos eu quis ser como Penny e Nick, ou até como Ben. Queria partir às escondidas e encontrar o que estava faltando na minha vida.

Tenho uma pata-de-leão perfeitamente intacta, uma concha com todos os cinco "nós dos dedos". Essas "articulações" são protuberâncias que fazem com que a concha pareça uma verdadeira pata de animal. Ganhei a minha concha depois de adulta, e guardei-a ao longo dos acontecimentos da vida – ela é um dos meus bens mais valiosos.

Gosto dela porque, à primeira vista, a pata-de-leão não é singular. Tem aquela forma básica de leque de quase todas as conchas marinhas, com uma preponderância de castanho.

Mas a verdadeira pata-de-leão vem de uma determinada espécie de vieira.

Tem o tamanho de um punho. Suas cristas características são tão altas e recurvadas que quase se assemelham a dedos dos pés. E a cor, examinando mais de perto, não é marrom, e sim uma mistura de tons de laranja, com faixas púrpura que se espiralam e desaparecem ou desenham estrias na concha – ou que se mesclam com o laranja e formam o ocre. É uma dessas belezas que a gente pode deixar escapar num relance, mas que se torna mais expressiva quanto mais se contempla a peça. Cada concha é uma história singular.

Resolvi levar minha pata-de-leão para a ilha Captiva.

Depois de ler o livro com Aubrey, eu levaria meu filho de alma antiga à praia. A uma daquelas partes muito extensas na faixa de areia. Conversaríamos sobre a história da pata-de-leão ao pôr do sol, que pintaria no céu minhas cores favoritas – safira, manga e magenta.

E aí, "Puxa, olhe só, uma pata-de-leão!". A minha pata-de-leão, com a borda saindo da areia, bem ali onde Stephanie a teria enterrado.

Aubrey iria sorrir. Era provável que dissesse: "Tome, mamãe, guarde-a para você." Mas eu retrucaria: "Não, não, não, ela é sua, meu filho. Você a encontrou, como Nick e Penny. Guarde-a por toda a vida."

Eu – coração – você, filho.

Eu – coração – você também.

É claro que, se você leu até aqui, sabe que as coisas raramente acontecem como prevemos. As luzes do Norte que não apareceram, o enjoo de Stephanie no cruzeiro, a Bíblia de Panos, até mesmo a ida à Kleinfeld – nenhuma dessas coisas saiu exatamente como o planejado.

Mas eram lembranças perfeitas assim mesmo.

É que eu não tinha expectativas. Acho que isto é uma lição, se é que tem de haver alguma. Aceitar a vida do jeito que ela vem. Trabalhar e se esforçar, mas aceitar. Não obrigar o mundo a ser aquele que sonhamos.

A realidade é melhor.

Por isso, não me afligi quando várias coisas deram errado no plano para Aubrey.

– A sua mãe me contou que ela tem uma pata-de-leão! – disse Ellen a meu filho. Droga! Que tal estragar a surpresa, não é?

Meus pais falaram disso com alguns amigos, que fizeram a gentileza de comprar uma pata-de-leão pela internet. Minha mãe a deu a Aubrey com enorme alegria. Não era uma pata-de-leão verdadeira, mas ele achou que sim. Caraca!

E, é claro, ele não estava nem um pouco ansioso para ler o livro.

Steph o perseguiu pela casa durante metade do verão:

– Docinho, você não quer ler? É meu livro favorito! E é sobre Sanibel!

– Não – dizia ele.

Resolvi lê-lo com Aubrey. Mas minha fala estava arrastada demais, e ele não tinha interesse em se sentar e ler para a mamãe.

Não tinha problema.

A verdadeira questão veio no momento em que chegamos à nossa casa na ilha Captiva. A praia. Eu tinha começado a bolar meu plano quatro meses antes. Naquela ocasião, ainda teria podido caminhar com Aubrey. Não muito, mas por uma distância suficiente.

Agora, porém, depois do esgotamento no Chipre e em Nova York, e de mais quatro meses de ELA, eu não podia mais andar sem auxílio. Especialmente na areia fofa.

Não anseie por aquilo que não pode ter, pensei, *porque esse é o caminho da loucura.*

Fiquei longe da areia. Entrei na nossa casa alugada, mobiliada do jeitinho que era para ser, com sua piscina coberta e a banheira de hidromassagem, sacadas particulares, cinco quartos, uma escada em espiral – uma casa tão extravagante e agradável que Aubrey não queria sair dela.

– Tem TV de tela plana em todos os quartos! – deslumbrou-se.

Ele mergulhou num pote de quase um quilo de jujuba. Essas jujubas vêm numa porção de sabores, tipo pipoca amanteigada, algodão-doce, cappuccino e ameixa. Aubrey pescava duas balas iguais para Steph e eu, e nós adivinhávamos o sabor. Ele olhava no guia de sabores.

– Não! Não! Essa era de romã! – dizia.

Eis uma síntese de Aubrey: numa noite dessas, ele se mostrou preocupado com a aproximação da volta de John à faculdade:

– Papai, vão derrubar você. Os alunos mais novos vão implicar com você e arriar suas calças.

Este ano, ao ser admitido numa prestigiosa escola de artes de nível fundamental, Aubrey preferiu não contar a notícia a uma das coleguinhas da banda que não havia conseguido uma vaga. Não quis magoá-la.

Aubrey gostava de passar momentos tranquilos comigo. Mas três dias inteiros? Eu sabia que ele gostaria mais de ter outras companhias. Assim, convidei Nancy e os filhos dela, Liam e Devin, que foram nos encontrar na ilha.

– Tem elevador! – anunciou o animado Devin. – Numa casa!

– Sim, meu bem, é para Susan – disse Nancy.

Bem, esse elevador viria a ser uma bênção e uma maldição. É que em cada andar havia duas portas que precisavam ser bem fechadas para que o aparelho funcionasse, e essas portas tendiam a emperrar.

O elevador era do tamanho de um closet, comportando no máximo uma cadeira de rodas e duas pessoas. E era tão abafado que o caseiro pediu que mantivéssemos as portas abertas para arejá-lo. Não havia telefone de emergência nem alarme, apenas um cabo solitário. Quando as portas emperravam, o que acontecia com frequência, espetava-se uma haste de metal num buraquinho acima da porta, o que supostamente faria as portas se abrirem. Supostamente.

É claro que as portas emperraram imediatamente. Não quiseram abrir para me deixar entrar. Nancy e Steph subiram e desceram as escadas correndo, para garantir que todas as portas estivessem fechadas e o elevador pudesse funcionar.

Por fim, tiveram que me carregar escada acima.

Steph me segurou por baixo dos braços e Nancy me agarrou os pés. Imagine um saco de batatas de 43 quilos. Agora, carregue-o subindo dois lances de escada.

Nancy, que segurava minha extremidade mais leve, queria andar depressa. Steph, que aguentava a mais pesada, dizia: NÃO. Foram me baixando de bunda no chão, da maneira mais delicada que puderam, mas não tanto quanto seria do meu agrado.

Então, contentei-me em permanecer na minha varanda privada no terceiro andar, escrevendo e desfrutando o farfalhar da palmeira a meu lado. A varanda se tornou meu centro de comando. Meu lugar para estar sozinha, algo com que me sentia cada vez mais à vontade.

Continuei sentada na varanda enquanto as crianças exploravam a casa. Ligaram todos os televisores. Foram à praia com Nancy e Steph. Devoraram todo o pote de um quilo de jujuba.

Não me impus a Aubrey. Não o forcei a ficar perto de mim. Ele estava perto. Estava se divertindo, e isso bastava.

À noite, desci para me reunir com os outros. Temperamos e grelhamos alguns bifes, já que Aubrey adora um filé. Nancy quase se incendiou junto com a churrasqueira a gás.

Durante o jantar, brincamos de Puxa-Conversa, um jogo que encontramos na casa. Eram cartas com perguntas que iniciavam conversas: "Se você pudesse se encontrar com uma pessoa famosa, quem seria?" Barack Obama. "Você gosta mais de praia ou de montanha?" De praia, é claro. (Steph e eu resolvemos comprar esse jogo para nossos pais, na tentativa de conhecê-los melhor.) Uma pergunta para todos: "Quando você morrer, onde quer que ponham os seus restos mortais?"

E meu filho de alma antiga respondeu:

– No túmulo dos meus pais.

O jogo prosseguiu. As crianças foram tomar sorvete.

Sozinha na cama, chorei até dormir.

– Venham, meus amores, vamos ler! – ouvi Stephanie chamar, na manhã seguinte. Estava lendo *A pata-de-leão* para as crianças em todas as oportunidades. Os filhos de Nancy, Liam e Devin, ficaram interessados. Aubrey também começou a ficar.

Mandei uma mensagem de texto para John: "Venha para cá." Se ia ser uma festa, eu queria todo mundo lá.

Nessa manhã, a irmã da Nancy, Sally, e seu marido, Paul, nos levaram para um passeio de barco. Fiquei desolada quando os amigos que costumavam me convidar para sair de barco pararam de fazê-lo. Sentamos na popa, batendo papo, tomando sol, aproveitando o ar salgado. Navegando rápido pela água, mas parecendo parados. Sally e Paul me fizeram ganhar o dia – Aubrey também adorou.

John chegou com Wesley, Marina e sua amiga Lizzy. O clima da casa começou a mudar. Aubrey e Marina discutiam. Marina desaparecia com Lizzy sempre que possível. Wesley bateu com um carrinho de golfe (que já estava na casa) na parede da garagem.

Fiquei na minha varanda, acima do caos. Deixando os ruídos subirem até mim. De vez em quando, aparecia uma criança com uma pergunta. Ou Aubrey, tentando fugir de Wes. Ou então vinha um adulto se sentar comigo ou me perguntar se eu estava bem.

Entrei no meu estado zen. Fui digitando este livro, escrevendo o capítulo sobre o ônibus espacial. Vendo as nuvens cruzarem o céu, sopradas pelo vento.

– O que eu faria sem este livro? – perguntei a Steph em dado momento.

É que, sem ele, eu teria querido estar lá embaixo com meus filhos, com meus amigos, e querer é a parte mais difícil.

Uma tarde, me deitei para descansar. John me ajudou a me acomodar na cama king size. Ele me virou de lado e me posicionou bem do jeito que eu gosto. Prefiro ficar com um travesseiro entre as pernas, para os ossos não baterem uns nos outros, e detesto o cabelo em cima da orelha, entre a cabeça e o travesseiro. São as pequenas coisas que John sabe, os mínimos detalhes de que ele sempre cuida, porque, para mim, encontrar a posição mais confortável é uma felicidade.

Lá estava eu deitada, toda aninhada em edredons de plumas, quando ouvi a voz abafada de Wesley:

– Socorro! Socorro!

Silêncio. Ele tornou a gritar.

– Socorro!

Fiquei escutando, à espera de uma resposta lá debaixo. Ouvi alguém gritar:

– Ah, não! Wes está preso no elevador!

Tentei me virar na cama. Para ir até ele.

Caramba, pensei. *Tomara que achem aquela haste de metal. E tomara que ela funcione.*

Wesley continuou a chamar:

– Estou preso! Estou preso! – Sua voz foi ficando mais alta.

Ouvi pessoas ao longe:

– Está tudo bem, filhinho. Vamos tirar você daí.

Esperei, presa e sozinha. Ouvindo com tanta atenção que seria capaz de escutar um átomo se mexer.

E então Wesley começou a ganir como eu nunca ouvira antes. Feito um animal selvagem ferido. Ele estava histérico.

Pensei nele, preso naquele elevador abafado, sozinho, engolindo o volume limitado de oxigênio que havia lá dentro.

Tornei a tentar me aproximar da borda da cama, aos milímetros, decidida a me atirar no chão e rastejar para fora do quarto.

Wes gania sem parar, cada vez mais alto. Aquilo parecia interminável.

Imaginei-o vermelho, suando, os olhos azuis esbugalhados de pavor. Imaginei as paredes do elevador espremendo meu filho cada vez mais.

Por que não estão chamando o corpo de bombeiros?, pensei.

Eu não estava com o telefone. Não podia me mexer. Não podia ajudá-lo.

Tive um acesso de pânico e comecei a gemer:

– Socorro! Socorro! – gritei, o mais alto que pude, o que não foi grande coisa.

Finalmente, John entrou correndo no quarto e me encontrou arriada junto à lateral da cama. Eu conseguira deslizar do colchão para o chão, mas não tinha conseguido ficar em pé.

– O que aconteceu? – perguntou-me. – Susan, o que houve?

– Ligue para a porra da polícia!

– Por quê?

– Porque a droga do seu filho está preso no elevador!

– Ele já saiu! Já saiu! – disse John. – Está chorando porque ficou assustado.

– Tem certeza? Você está mentindo?

– Não. Ele está ótimo. Histérico, mas bem.

Mais tarde, Stephanie me descreveu como Wesley tinha se jogado nas cadeiras – "aos pinotes, feito uma truta", nas palavras dela – depois que o soltaram do elevador.

– Ele estava mais calmo preso lá dentro – disse Steph.

Nessa noite, mais uma vez chorei até dormir.

A família de Steph veio se juntar a nós nos últimos dias em Captiva. O marido, Don; os filhos, William e Stephen; e as namoradas deles, Kristi e Kami. Os dias ficaram compridos e preguiçosos. Descansar, nadar, comer, rir, apenas ficar juntos.

Os filhos de Steph, sempre muito afetuosos com a mãe, eram abertamente afetuosos com as namoradas na frente dela, o que era muito gostoso de ver. John e eu estamos casados há vinte anos, mas eu ainda me sentiria esquisita trocando carinhos com ele na frente dos meus pais.

Aubrey adorou o fato de nos reunirmos por causa dele. Eu o ouvi dizer a uma das outras crianças:

– Sabe, estas férias são MINHAS.

Ele não disse isso em tom arrogante, mas de um jeito feliz.

– Você sabe que esta é a minha viagem, não é? – disse-me, quase no final. – Bom, tem uma coisa que eu quero muito fazer.

Aposto que não é encontrar uma pata-de-leão, pensei.

– Eu queria andar de parapente – disse ele.

Aubrey tinha visto umas pessoas praticando o esporte na praia – basicamente, uma atividade em que a pessoa se amarra a um paraquedas atrás de um barco, este avança em alta velocidade, e ela sobe uns dez, 12 metros no ar.

Veja bem, Aubrey tem 11 anos.

– Quantos anos você tem que ter? – perguntei, achando que, com certeza, não deixariam crianças fazerem uma coisa tão arriscada.

– Só 6! – respondeu Aubrey, com um sorriso radiante. – Eles já aceitam crianças de 6 anos.

– Ah! Não conte nada ao seu irmão!

Aubrey é miúdo como eu, e muitas vezes é impedido de entrar em brinquedos por causa de exigências de altura. Ainda está ressentido com sua última ida ao Sea World, onde lhe faltou pouco mais de um centímetro para entrar na montanha-russa.

– Existe alguma exigência de altura? – perguntei, meio que torcendo para que houvesse.

– Não! – retrucou Aubrey, entusiasmado.

Bem, ele não é uma criança dada a temeridades. Se estava ansioso para fazer isso, quem era eu para impedi-lo? Ele que experimentasse coisas novas, eu disse a mim mesma. Que experimentasse a vida. Andar de parapente. Comer pimenta. Pular de pontes baixas. Não ter medo de jacaré no canal, se não o vir por lá. Temer as possibilidades não é um bom jeito de se viver.

Aubrey andou de parapente com o primo, Will, que tem 18 anos. Não fui assistir. Não queria que minha complicada movimentação tirasse o foco da experiência dele. Não podia vê-lo da minha varanda, mas podia imaginá-lo lá fora, voando livre, rindo, sem mim.

Gostei dessa ideia.

Ele adorou. Durante 12 minutos inteiros, pairou acima da praia.

– Muito alto! As pessoas na praia pareciam desse tamaninho – disse, afastando o polegar do indicador uns dois centímetros.

– Nossa! Você ficou com medo?

– Não. Bom... fiquei, no começo. Fiquei morrendo de medo.

Mas aí o primo Will o ajeitou e ele percebeu que as correias o segurariam firme, então relaxou.

E olhou em volta, maravilhado.

Para a água verde ao longo da praia, que se fundia com o azul num ponto mais ao longe. Para as dunas lisas ao longe. Para as figuras minúsculas na areia.

E escutou o silêncio.

– Tudo tão quieto! – disse ele. Havia só uma aba solta no paraquedas, onde o vento batia e fazia um barulho.

– Era tudo silêncio, menos isso – contou Aubrey. – Foi tão legal!

No fim, não houve chance de um momento sossegado para me sentar com Aubrey. Não houve chance de lhe dar de presente a minha pata-de-leão. Nós não lemos os últimos dois capítulos do livro.

Foi melhor assim. A concha, eu me dei conta depois, seria um presente terrível para Aubrey. Eu estava tão concentrada no meu momento hollywoodiano com ele que me esqueci do que a concha representa no livro: que, se você tiver a sorte de possuir uma delas, seu pai ou sua mãe voltará.

Não vou voltar para Aubrey, pelo menos não em carne e osso.

Mas espero voltar em espírito. Nas coisas que ele vir e sentir. Nas lembranças que criamos.

Procurem por mim no coração, meus filhos. Sintam-me nele e sorriam, como eu pude sentir Panos naquele mosteiro decrépito.

Procurem por mim no pôr do sol.

Durante toda a vida dos meus filhos, eu me deslumbrei com o pôr do sol diante deles. "Não é lindo?", eu me derramava.

Agora, eles fazem a mesma coisa.

– Olhe! – exclamou Aubrey, recentemente, ao ver as nuvens ficando douradas e cor-de-rosa e laranja.

Marina fala em morar em Nova York um dia. Wesley, em ser treinador de golfinhos ou cuidar de tartarugas marinhas. Suas lembranças já estão florescendo.

Não parti. Tenho o dia de hoje. Tenho mais para dar.

Sei que o fim está chegando, mas não me desespero.

Tenho a tranquila certeza de que meus filhos serão bem cuidados. E de que John, Stephanie e Nancy cuidarão do jardim e da alma deles.

Eles prometeram levar Aubrey ao Chipre para ele conhecer os parentes, com quem ele tanto se parece. Prometeram ajudar Marina com o vestido de noiva. Prometeram incentivar o talento notável de Wesley para o desenho.

Deixo a vocês, meus filhos, as lembranças de tudo o que apreciamos e descobrimos.

Deixo este livro. O livro em que trabalhei todos os dias, durante a maior parte do nosso ano mágico. *Tap*, *tap*, digitando com o meu último dedo, uma letra de cada vez.

M-A-R-I-N-A.

A-U-B-R-E-Y.

W-E-S-L-E-Y.

A-D-E-U-S, meus amores.

Não chore porque acabou.
Sorria porque aconteceu.

– Dr. Seuss

Agradecimentos

Além das que foram nominalmente citadas neste livro, eu gostaria de agradecer às pessoas invisíveis.

Àquelas que abriram mundos inteiros para mim.

Por exemplo, meus professores, que me inspiraram a aprender. Tive alguns notáveis, entre eles a Sra. Herpel, o Sr. Signer, o Sr. Trotsky e o catedrático da UCN Dr. Andrew Scott, que me ajudou a conseguir um estágio na Organização das Nações Unidas, alterando para sempre a minha maneira de ver o mundo.

E aos meus colegas do *Palm Beach Post* que me incentivaram como escritora, investigadora e buscadora de experiências.

Meu sincero agradecimento a meu coautor, Bret Witter, que foi rearrumando o livro até ele ficar direito.

E a meu agente, Peter McGuigan, da Foundry Literary, que apostou em mim, uma autora que já não podia digitar. Nossa!

Também da Foundry, agradeço a Stephanie Abou, Rachel Hecht e Matt Wise.

A avaliação rigorosa de Claire Wachtel, editora da HarperCollins, melhorou muito o livro.

Também da HarperCollins, um agradecimento a Rachel Elinsky, Tina Andreadis, Leah Wasielewski e Jonathan Burnham.

Superando todas as minhas expectativas, a Universal Pictures comprou os direitos e talvez faça um filme baseado neste livro. Meu agradecimento ao agente Brandy Rivers e aos produtores Scott Stuber e Alexa Faigen.

É minha esperança que todos os que lucrarem com esta história façam doações para a pesquisa sobre a esclerose lateral amiotrófica.

E você também, caro leitor.

Quando eu era pequena, minha mãe, Tê, costumava parar do meu lado, insistindo que eu melhorasse a minha escrita. Ela me incentivava e criticava.

Reconheço que mãe alguma sabe que seu filho um dia escreverá um livro.

Obrigada, mamãe.

Créditos das fotografias

Página 41, foto de Gary Coronado, *Palm Beach Post.*
Página 110, foto da Moya Photography.
Página 120, foto da Moya Photography.
Página 210, foto de Greg Lovett, *Palm Beach Post.*
Todas as demais fotografias são cortesia da autora e de seus familiares.

INFORMAÇÕES SOBRE A SEXTANTE

Para saber mais sobre os títulos e autores
da EDITORA SEXTANTE,
visite o site www.sextante.com.br
e curta as nossas redes sociais.
Além de informações sobre os próximos lançamentos,
você terá acesso a conteúdos exclusivos
e poderá participar de promoções e sorteios.

www.sextante.com.br

facebook.com/esextante

twitter.com/sextante

instagram.com/editorasextante

Se quiser receber informações por e-mail,
basta se cadastrar diretamente no nosso site
ou enviar uma mensagem para
atendimento@esextante.com.br

Editora Sextante
Rua Voluntários da Pátria, 45 / 1.404 – Botafogo
Rio de Janeiro – RJ – 22270-000 – Brasil
Telefone: (21) 2538-4100 – Fax: (21) 2286-9244
E-mail: atendimento@esextante.com.br